公認心理師の基礎と実践 ４

野島一彦・繁桝算男 監修

心理学研究法

村井潤一郎・藤川　麗 編

遠見書房

巻頭言

心理学・臨床心理学を学ぶすべての方へ

　公認心理師法が2015年9月に公布され，2017年9月に施行されました。そして，本年度より経過措置による国家資格試験が始まります。同時に，公認心理師の養成カリキュラムが新大学1年生から始まります。

　現代日本には，3万人を割ったとは言えまだまだ高止まりの自殺，過労死，うつ病の増加，メンタルヘルス不調，ひきこもり，虐待，家庭内暴力，犯罪被害者・加害者への対応，認知症，学校における不登校，いじめ，発達障害，学級崩壊などの諸問題の複雑化，被災者への対応，人間関係の希薄化など，さまざまな問題が存在しております。それらの問題の解決のために，私たち心理学・臨床心理学に携わる者に対する社会的な期待と要請はますます強まっています。また，心理学・臨床心理学はそのような負の状況を改善するだけではなく，より健康な心と体を作るため，よりよい家庭や職場を作るため，あるいは，より公正な社会を作るため，ますます必要とされる時代になっています。

　こうした社会状況に鑑み，心理学・臨床心理学に関する専門的知識および技術をもって，国民の心の健康の保持増進に寄与する心理専門職の国家資格化がスタートします。この公認心理師の養成は喫緊の非常に大きな課題です。

　そこで，私たち監修者は，ここに『公認心理師の基礎と実践』という名を冠したテキストのシリーズを刊行し，公認心理師を育てる一助にしたいと念願しました。

　このシリーズは，大学（学部）における公認心理師養成に必要な25科目のうち，「心理演習」，「心理実習」を除く23科目に対応した23巻からなります。私たち心理学者・心理臨床家たちが長年にわたり蓄えた知識と経験を，新しい時代を作るであろう人々に伝えることは使命であると考えます。そのエッセンスがこのシリーズに凝縮しています。

　このシリーズを通して，読者の皆さんが，公認心理師に必要な知識と技術を学び，国民の心の健康の保持増進に貢献していかれるよう強く願っています。

2018年3月吉日

監修者　野島一彦・繁桝算男

はじめに

　本書は，心理学研究法について入門的な解説をするものです。心理学研究法についての理解は，実際に心理学研究を遂行するうえで必須になるのはもちろんのこと，研究を遂行せずとも研究論文を読む場合にも重要ですし，さらには，研究の文脈を離れ，人を見る場合にも有用な視点を提供することでしょう。ただ漫然と人と対峙するのではなく，研究法の観点，枠組みから人を見ることで初めて見えてくる側面もあると思います。

　心理学研究にはさまざまなアプローチがありますが，本書は，その主なものについて一通り触れているつもりです。特に，実験法，質問紙調査法，観察法，面接法は，心理学研究でしばしば用いられ，「主要4手法」とも言えると思いますので，これら4つについては，各2章を設けています。すなわち，前半の章で基礎的な解説を行い，直後の章において，実際の研究の文脈において，直前の章の内容の理解を深めるという構成です。本全体として，コンパクトに説明をまとめている部分も多いので，記述がやや簡潔だと感じられましたら，他の心理学研究法の書籍もあわせて手に取っていただくとよいでしょう。複数の書籍を見比べてみると，理解が深まるものです。同じ手法の説明であっても，執筆者によってずいぶんと異なることがありますので，記述を比較してみるのも面白いでしょう。本書も，各著者の考え方，筆致などをできるだけ尊重し仕上げました。

　数ある心理学研究法の書籍の中で，本書がどう位置づくのか未知数ですが，忌憚ないご意見を頂戴できれば，編者としてはうれしく思います。

2018年7月

村井潤一郎・藤川　麗

目　　次

はじめに　4

第1章　心理学研究法……………………………………………… 11
村井潤一郎

　Ⅰ　心について研究すること　11
　Ⅱ　心理学研究の流れ　12
　Ⅲ　心理学研究を垣間見る　16
　Ⅳ　まとめ　21

第2章　実験法の基礎……………………………………………… 24
井関龍太

　Ⅰ　実験とは何か　24
　Ⅱ　剰余変数・交絡変数の統制　28
　Ⅲ　要因計画法　32
　Ⅳ　さまざまな実験法　34

第3章　実験法の実際……………………………………………… 38
井関龍太

　Ⅰ　研究の構想　38
　Ⅱ　実験計画の立案　42
　Ⅲ　データの分析と解釈　46

第4章　質問紙調査法の基礎……………………………………… 49
篠ヶ谷圭太

　Ⅰ　質問紙調査法の概要　49
　Ⅱ　質問紙調査法の基礎概念　50
　Ⅲ　質問紙調査の分類とデータ収集の手順　55

第5章　質問紙調査法の実際……………………………………… 62
篠ヶ谷圭太

　Ⅰ　近年の質問紙調査研究の特徴　62
　Ⅱ　環境要因に着目した横断研究　62
　Ⅲ　縦断研究による因果関係の検討　64
　Ⅳ　縦断研究による変動パターンの検討　67
　Ⅴ　おわりに　69

第6章　観察法の基礎………………………………………………… 71
野澤祥子

- Ⅰ　心理学における観察法とは　71
- Ⅱ　量的方法　75
- Ⅲ　質的方法　79
- Ⅳ　倫理的配慮　81

第7章　観察法の実際………………………………………………… 84
野澤祥子

- Ⅰ　観察法を用いた研究事例の概要　84
- Ⅱ　研究テーマの着想と計画　85
- Ⅲ　観察の実施　88
- Ⅳ　データの分析　90
- Ⅴ　結果のまとめ　93

第8章　面接法の基礎………………………………………………… 95
野村晴夫

- Ⅰ　面接法による研究の立案　95
- Ⅱ　調査面接法のさまざまな形　97
- Ⅲ　調査面接法によるデータの収集　98
- Ⅳ　調査面接法によるデータの分析の準備　101
- Ⅴ　調査面接法によるデータの量的・質的分析　103
- Ⅵ　臨床面接法　106

第9章　面接法の実際………………………………………………… 109
野村晴夫

- Ⅰ　研究法としての面接　109
- Ⅱ　調査面接の準備　110
- Ⅲ　調査面接法のデータ収集　112
- Ⅳ　調査面接法のデータ分析　114
- Ⅴ　臨床面接法の実際　116

第10章　検査法………………………………………………………… 120
松田　修

- Ⅰ　検査法を用いた心理学研究　120
- Ⅱ　知能検査　122
- Ⅲ　神経心理・脳画像検査　123
- Ⅳ　発達領域の検査　127
- Ⅴ　パーソナリティ検査　130
- Ⅵ　症状評価の検査　131
- Ⅶ　適応行動・生活機能の検査　133
- Ⅷ　おわりに　134

第 11 章　実践的研究法 …………………………………… 136
藤川　麗

　Ⅰ　実践的研究法とは　136
　Ⅱ　事例研究　138
　Ⅲ　実践的フィールドワーク　143
　Ⅳ　アクション・リサーチ　145
　Ⅴ　プログラム評価　148
　Ⅵ　実践的研究法を実施するうえでの留意点　152

第 12 章　精神生理学的研究法 …………………………… 156
滝沢　龍

　Ⅰ　心の生物学的基盤　156
　Ⅱ　心を〈見える化〉する　162
　Ⅲ　おわりに：「心は目に見えない」　167

第 13 章　研究レビュー …………………………………… 169
岡田　涼

　Ⅰ　研究をレビューする　169
　Ⅱ　研究レビューの方法　170
　Ⅲ　メタ分析の手続き　174
　Ⅳ　メタ分析の実際　179
　Ⅴ　まとめ　181

第 14 章　研究倫理 ………………………………………… 183
金沢吉展

　Ⅰ　職業倫理の基本　183
　Ⅱ　架空状況　183
　Ⅲ　架空状況に見られる倫理的問題　187
　Ⅳ　研究発表に関わる留意点　192
　Ⅴ　研究倫理に関する国内外の状況　193
　Ⅵ　何のために研究を行うのか　196

　　索　　引　199
　　付　　録　204
　　執筆者一覧・編者略歴　巻末

公認心理師の基礎と実践

第4巻　心理学研究法

第1章

心理学研究法

村井潤一郎

Keywords　心理学研究法，実験法，質問紙調査法，観察法，面接法

1　心について研究すること

　心理学の書籍で述べられている諸知見のほとんどは，何らかの研究から生み出されたものである。研究そのものを引用，紹介する場合はもちろんのこと，それに基づき著者が自身の意見を述べる場合も，研究がベースになっている。つまり，心理学書に記述されている実質すべての知見の背後に研究が想定されるわけだが，その方法はさまざまである。データの種類・有無という観点から言えば，量的なデータを得て分析する研究，質的なデータを得て分析する研究，データを自ら収集するのではなく多くの先行研究をレビューする研究，などがある。データをどう取得するかという観点からは，実験法（第2章・第3章），質問紙調査法（第4章・第5章），観察法（第6章・第7章），面接法（第8章・第9章），などが比較的頻繁に用いられる。調査法を広く捉えれば，そこには観察法，面接法も含まれるが，本書ではそれらを切り分け，各章に割り当てている。さらに，検査法（第10章），実践的研究法（第11章），精神生理学的研究法（第12章），なども，研究対象，明らかにしたい事象に応じて用いられる（実験法か調査法かという分類では，検査法，実践的研究法は調査法に，精神生理学的研究法は実験法に相当する）。研究レビュー（第13章）は，諸研究を統合する，つまりそれぞれの研究をデータとみなす，メタ的な研究である。研究倫理はすべての研究に関わる問題である（第14章）。以上について図1に整理した。本書では，以上のすべてについて，以降具体的に説明されていくわけだが，それに先立つ本章で心理学研究法の概観を試みる。

　さまざまな研究法が存在する理由の一つとして，心の理解の困難さがある。仮

実験法	：実験法（2・3），精神生理学的研究法（12）
調査法	：質問紙調査法（4・5），観察法（6・7），面接法（8・9），検査法（10），実践的研究法（11）
共　通	：研究レビュー（13），研究倫理（14）

図1　本書の見取り図（カッコ内の数字は該当する章番号）

に心を理解するための唯一絶対の方法があるならば，それに従っていれば事足りるのである。各研究者が，ある方法を絶対的なものとして信じることはよくあるが，それは特に目くじらを立てることでもない。各研究者に信じられている研究法がそれぞれで遂行され，心理学界全体としてさまざまな研究法が遂行されることで初めて，有益な知見が生み出されていくという構図である。

　研究とは，簡易的に言えば，（明示的にせよ非明示的にせよ）研究を立案し，何かを行い，最後にそれらを言葉としてまとめる（端的には論文化する），という一連のプロセスである（図2a）。本章では，真ん中に位置する「研究遂行」に焦点を当てる。研究が終了すれば，それをもとに次なる研究が遂行され，という具合に循環が起きていくのが，学問の発展形態である。研究立案については，下記でも触れるが，研究法の書籍によっては解説されることもある。例えば，安藤ら（2017）ではコンパクトに説明されており，問題の設定方法として「自分の経験から考える」「他者に尋ねる」「メディアに接する」「雑誌論文などを読む」「データベースを利用する」の5つを挙げている。一方，まとめる段階については，論文の書き方についての本がいくつもある。安藤ら（2017）でも村井（2012）でも説明がなされているので参考にされたい。なお，研究全体の流れをより詳細に述べると，図2bのようになる。本書の主な焦点は⑦になるが，実際には他のプロセスについても適宜解説される。心理学研究法と特に関わりの深い⑧については，本シリーズの心理学統計法の巻（繁桝・山田，2019）に相当する。図2bを見ると，研究の流れには，着想から始まり最終的に心理学的知見が産み落とされるまでのすべてのプロセスが含まれることがわかる。

II　心理学研究の流れ

1．問題の設定

①問題（テーマ）

　心を持つ私たちは，すでにして心理学研究のテーマ設定について一定の準備性

a．簡易版

b．詳細版（安藤ら（2017）をもとに作成）

図2　心理学研究の流れ

を備えていると言ってよい。自身の心，他者の心について考えたことのない人はいないだろう。心について何かしらの思考をしたことがあれば，その際「なぜなのか？」と問うているはずである。これは研究テーマの原型である。例えば，集団の中で大勢に逆らって自我を押し通そうとする人に出会えば，なぜあの人はああなのか，なんとかできないか，と考えるであろう。

　心に関する研究テーマの原型が各人の心の中にあるというのは，多くの学問の中にあって，研究テーマの設定における心理学の特殊性と言ってよい。テーマ選びについては，ある意味で心理学は恵まれた分野である一方で，設定したテーマが，自身の心に大なり小なり関わっている以上，研究遂行において意図せぬ偏り，つまりバイアスが生じないように留意する必要が，他の学問以上にあることを認識する必要がある。例えば，導出された結果を，自身の心の傾向に沿うように解釈し他の解釈可能性を軽視するといったことである。こうしたことを意識的に，作為的にすることのまずさについては論を待たないが，問題はそれが無意識的になされる場合である。これを防ぐために，ゼミでの発表，指導教員の指導，研究会での発表，先輩後輩や友人との議論という形で，自分の研究を，何らかのコミュニティで公にすることを薦める。冒頭で，研究の最後の段階で論文という形で公にすることを述べたが，研究が走り出す時点でも公にするのである。

　以上の点を念頭に置きつつ，まずは研究の最初の段階として，ラフに，暫定的

にテーマを設定することから出発する。ここにおいては，キーワード程度でも構わないだろう。

②文献探し

　ラフなテーマ設定だけでは研究につながっていかない。そのテーマについて，これまでどのような研究が展開されてきたか，先行研究にあたっていくことが次のステップになる。読んでいくうちに，琴線に触れる文献に巡り合うことがある。特に有用なのがレビュー論文であるが，この点については第13章を参照されたい。

　先行研究を読み進めるうちに，自分が当初掲げていたキーワードが，実は別の専門用語として検討されていることがわかったりすることもある。そのたびに，キーワードを再設定して文献を検索し，さらに読み進める。やがて，自分が研究したいことが像を結んでくるが，この段階では，当初の段階よりも正確なキーワードが複数挙がってくることであろう。

③再度のテーマ設定

　複数のキーワードが挙がってきたならば，変数Aと変数Bの関係はどうなのだろうか，変数Aは変数Bにどのような影響を及ぼすのであろうか，といったように，研究テーマを文章の形で表現する。これが論文タイトルの原型である。研究テーマは，必要に応じて仮説の形にする。

　これまでの流れを例に基づいて述べておこう。例えば，当初は嘘について研究したいという漠とした興味関心だったとしよう。このままでは研究はできない。そこで文献を読み進め，嘘と○○の関係，といったように，核となるキーワードを複数挙げる。その核となるキーワードの中でも中核的なテーマが，その研究にとっての最重要概念である。最終的には，○○が嘘の○○に及ぼす影響について，といった形で研究テーマが像を結ぶに至る。

2．研究法の選択

①研究法の選択指針

　研究テーマが決まると，それを明らかにするために最も妥当な研究法を選択することになる。実際には，研究テーマの設定と並行して研究法についても考えることが多い。実験法，質問紙調査法，観察法，面接法の4つについて，大まかな選択指針について述べると，

第1章　心理学研究法

- 「○○が○○に及ぼす影響」型の研究テーマを設定した場合→実験法
- 「○○と○○の関連」「○○に関する探索的検討」型の研究テーマを設定した場合→質問紙調査法
- 「○○に関する探索的検討」型の研究テーマで，質問紙調査法では現象を把握できないと判断され，主に行動に注目する場合→観察法
- 「○○に関する探索的検討」型の研究テーマで，質問紙調査法では現象を把握できないと判断され，主に語りに注目する場合→面接法

という感じにはなるが，以上はあくまで大まかな指針である。実際には，研究対象となる現象の性質，研究参加者の年齢，研究者のいる環境，などによって，柔軟な選び方をする。詳細については，後続の該当する章を参照されたい。

　ただし，原因と結果の関係，つまり因果関係を明らかにしたいのであれば基本的には実験法の一択である。第5章で紹介されるように，縦断調査を通して因果関係を検討することはあるが，一時点で因果関係について検討するのであれば実験法である。また，第6章・第7章の通り，観察法の中に実験的観察法があるが，これをあくまで観察法と捉えると（書籍によっては，実験的観察法を実験法に分類している場合がある），因果関係については基本的には実験法でないと検討できないと考えたほうがよい。

　一方，研究参加者の集団を全体として見た場合に，一方の変数の値が大きい人ほど他方の変数の値も大きくなるといった関係，つまり相関関係については質問紙調査法が得意とするところである。相関関係について何らかの示唆を得たい場合，そもそも関係について検討するのではない場合などに，観察法，面接法が用いられる。

　明らかにしたいことに応じて研究法が決まってくるわけであるが，時として，まず好みの研究法ありきになる場合もある。それは必ずしも間違っているわけではない。例えば，何より実験が好きで，実験法をすることが先に決まっていて，研究テーマが後に決まるケースである。テーマが先か研究法が先かというと，通常はテーマが先ではあるが，順序はさておき，要は，明らかにしたいことと，研究法が合致していることが求められる。

②研究法の分類

　実際の研究法について概観する前に，村井（2003）を改変した図3を見ていただきたい。先に触れたように，広義の調査法には，質問紙調査法だけでなく，観

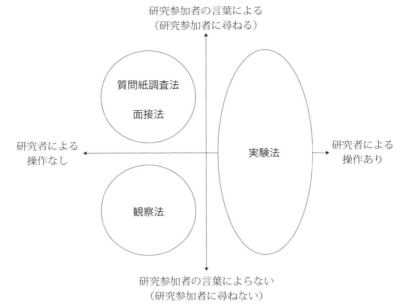

図3　実験法・質問紙調査法・観察法・面接法の位置づけ（村井，2003を改変）

察法，面接法もすべて含まれるが，図ではそれぞれを切り分けている。横方向の軸には，研究者による操作の有無を設定している。操作については第2章・第3章で説明されるが，ここではひとまず，条件，群を設定するといった，研究者によるコントロールだと捉えていただきたい。縦方向の軸には，研究参加者に尋ねるかどうか，つまり言葉の使用の有無について設定している。右半分すべてを占める実験法には，研究者による操作があり，研究参加者との間で言葉を用いる場合も用いない場合もある。質問紙調査法，面接法では研究者による操作はなく，研究参加者に言葉で尋ねる。観察法は研究者による操作はなく，研究参加者に言葉を用いて尋ねない，ということである。なお，図3は説明のわかりやすさのために単純化してあることをお断りしておきたい。

III　心理学研究を垣間見る

1．テーマ設定

　次に具体例を用いて説明しよう。心理学では，何らかの意味で心が関わることであれば，どんなことでもテーマに設定し得る。以下，村井ら（Murai et al., 2018）

第1章　心理学研究法

をもとに，各研究法の意味内容を説明していく。本論文は，最も広く言えば嘘に関する研究である。ただしこれでは研究テーマとしていかにも漠としているので，実際の研究テーマの設定においては，枠をどんどん狭くしていくことになる。つまり，嘘の研究をする→嘘の何について検討するのか？　→嘘の中でも嘘っぽさ（欺瞞性認知）を研究する→嘘っぽさの何について検討するのか？　→嘘っぽさの原因について研究する→原因として何を検討するのか？　→他者の顔の魅力を研究する→どのような他者を検討するのか？　→女性の顔の魅力について研究する，といった流れである。研究テーマは「女性の顔の魅力が欺瞞性認知に及ぼす影響」となる。なお，研究テーマの設定は，論文タイトルと不可分であり，論文タイトルを考えることは，自分が何を実際にやっているのかについて意識的になることである。妥当なタイトルを設定できるということは，自分がその研究で実際にやっていることを自覚していることになる。ときに，大きすぎるタイトルを付けるケースや，実際にやっていることと乖離のあるタイトル設定に遭遇することがある。

　以下，村井ら（Murai et al., 2018）をもとに，代表的な研究法である，実験法，質問紙調査法，観察法，面接法についてのみ，述べることとする。

2．実験法

　村井ら（Murai et al., 2018）は実験法を用いている。目的は，女性の顔の魅力が高ければ，その相手に対して欺瞞性を低く認知する（つまり，嘘っぽいと思わない）という仮説を検証することである。独立変数，すなわち原因にあたる変数は女性の顔の魅力であり，研究者が設定した女性の顔の魅力の高低について，研究参加者による主観的な魅力評定をもとにチェックしている。一方，従属変数，すなわち結果にあたる変数が欺瞞性認知である。実験法の特徴としては，第2章・第3章でも説明されるように，操作があることと，因果関係を検討することが挙げられるが，本研究は，女性の顔の魅力→欺瞞性認知，という方向性のある仮説を検討している。そのために，高魅力のメイクをした女性モデルの動画を呈示される群と，低魅力のメイクをした女性モデルの動画を呈示される群を設け（これが研究者の側の操作である），研究参加者には，動画が呈示されるたびに欺瞞性の評定を求めた（評定には質問紙を用いている。質問紙を用いたからと言って調査というわけでにない。質問紙を用いた実験もあり得る）。その結果，仮説は限定的ではあるが支持された。つまり，高魅力群の欺瞞性認知の平均値の大きさが，低魅力群の欺瞞性認知のそれよりも低いことが，部分的に見出された。魅力度の異

なる2群間の比較をすることで、魅力の程度→欺瞞性認知という因果関係が検討されたのである。

3．質問紙調査法

村井ら（Murai et al., 2018）の興味関心は前述のように因果関係であった。もし仮に、会話相手の顔を魅力的であると認知した人ほど、欺瞞性を低く認知するのか、ということを明らかにしたいとする。この問いは、先ほどの実験法の問いとは異なる。つまり、欺瞞性を低く認知した人ほど、会話相手の顔を魅力的だと認知する、と、変数を逆にしても差し支えない。しかし、こういうことは先の実験法ではあり得ない。因果関係では、独立変数から従属変数への影響という方向性が決まっているからである。

この場合、例えば、研究参加者に、集団形式の質問紙調査を実施し、過去の何らかの経験を想起してもらい、そのときの会話相手の顔の魅力度と、そのときに感じた欺瞞性認知を評定してもらうという手法があろう。こうした回顧的な手法の是非については措いておくが、ともかくここで検討しているのは因果関係ではなく相関関係である。

次に、似た問いとして、ある人が会話相手の顔を魅力的だと認知したときに、欺瞞性を低く認知するのか、ということを考える。これは個人内の共変関係である。共変関係と相関関係は異なるものであり、後者は集団全体を、前者は個人の中の心的過程を見ている（詳細は、南風原ら、2002）。これについて検討する場合、上述のように、ある一時点で、多数の人々に同じ質問項目に回答してもらうタイプの質問紙調査法では対応できない。なぜならば、集団全体を対象に正の相関が認められたとしても、それは、ある一人の人の中で、「魅力的だと思ったときに欺瞞性を低く認知する」ということを検討したことにならないからである。この場合、例えば研究参加者にある一定期間日記をつけてもらう、あるいはスマートフォンにて記録をしてもらうといった方法を用いて検討することができる。

以上、相関関係、共変関係、そして因果関係について言及した。多くの書籍では、相関関係と因果関係にのみスポットが当てられるが、共変関係と相関関係の違いに留意することは重要である。上記のように、どちらの関係について明らかにしたいかによって、研究法が変わってくるからである。なお、因果関係の一歩手前に、何らかの処理、操作によってある変化が生じることを、処理－効果関係と呼び、因果関係と区別することもある（南風原、2002）。以上、心理学研究で取り扱い得る関係には、相関関係、共変関係、処理－効果関係、因果関係、とい

第1章　心理学研究法

う異なるタイプがあることになる。

4．観察法

　第6章・第7章では，実験的観察法・自然観察法の区別について説明される。実験的観察法を用いる場合，高魅力条件の女性モデルと相互作用する場合，低魅力条件の女性モデルと相互作用する場合，双方を観察することにより，2条件間で欺瞞性認知を思わせる行動の比較が可能であるが，これは実験法の範疇である。一方，自然観察法ではこのような操作をせずに，複数の女性モデルと相互作用する中で観察された，欺瞞性認知を思わせる行動を検討するだろう。実験法遂行の際，研究者の側から研究参加者に欺瞞性認知の評定を求めるということは，そうすることを通して，研究参加者に欺瞞性を必要以上に意識させることにもつながるので，現実とは異なる面がある。自然観察法であれば，そういった研究者による「水路付け」が最小限になるというメリットがある。

5．面接法

　いわゆるデート商法，アポイントメントセールスにおいては，外見的魅力の高い人が騙す側になることが多いだろう。犯罪防止のためには，手口の詳細について知る必要があるが，そのためには，被害経験について被害者に面接法で尋ねることが考えられる。質問紙調査法では決まった質問項目になってしまうが，第8章・第9章で説明されるような半構造化面接を用いれば，決まった点について質問することに加え，適宜質問を加えることができ，被害の全体像を把握しやすくなる。こうした面接を可能な限り多く行うことで，各手口に共通する点を抽出し，犯罪防止に役立てることができるだろう。

6．研究法のあり方

　以上に述べた研究テーマは，どれも嘘という大きなテーマの傘下にあるが，それぞれに嘘の異なる側面について検討している。ローカルに遂行された各研究が全体として互いに補完し合うことで，大きな現象の特質が明らかになっていくのである。各研究は，どれも大きなテーマの中の一つの歯車であり，その歯車を確実に動かすことで，心理学全体が動いていく。

　さて，以上見てきた方法ではいずれも，研究参加者が必要である。稀に研究者自身が研究参加者になるという一人二役の状態になることはあるが（例えば神谷，2003），ほとんどの場合，研究者以外の人・動物が対象者となる。研究対象

19

者，古くは被験者とも呼ばれる[注1]。このとき，（ひとまず人を対象にした研究を想定すると）何人を対象にするか，という重大な問題が発生する。すなわちサンプルサイズ設計の問題であり，これについては村井・橋本（2017；2018）で詳しく述べているが，図２ｂで言えば「⑤資料収集の企画」に相当する段階である。基本的にはサンプルサイズは大きいことが望ましいわけであるが，一方で，最近ではスミスとリトル（Smith & Little, 2018）の議論などもあり，決まった正解があるわけではない。ここでは，スミスとリトルでも引用されているが，スキナーSkinner の「1時間に1000個体の動物を研究するよりも，1個体の動物を1000時間研究するほうが，より有用である」という言葉を引用しておきたい（Saville & Buskist, 2005 より）。実際には，心理学界全体で，1時間に1000個体研究するタイプの研究がなされ，一方で，1000時間に1個体研究する研究がともになされることが重要であり，前者は後者を「サンプルサイズが小さい」という理由で貶めるべきではなく，後者は前者を「各個体をきちんと見ていない」という理由で貶めるべきではない。同じことは，量的データを用いる研究と用いない研究の関係性についてもあてはまる。人間そのものにいろいろあるわけで，いろいろな研究法があっての心理学だと考える。もちろん，安易に二項対立の図式を描くべきではなく，ここでは説明のためにあえてそうしているわけであるが，両者は必ずしも互いに手を取り合う必要はない。ただ，互いに貶めることなく（リスペクトし），自らの信じる研究法を遂行するということである。

　問題がある研究はある。一方で問題がない研究はない。当然問題の程度にもよるが，問題があるからといってそれを研究誌に掲載しないとなると，本当に限られた，優等生の研究ばかりが研究誌に掲載されることになってしまう。むしろ玉石混交であることが，心の理解に幅を持たせるのではないだろうか。欠点のある研究のほうが，意義があったり面白かったりするものである。少なくとも，問題のある研究のほうが，後続の研究の活性化につながる面がある。著しく問題があるものを除いては，研究誌に掲載していったほうがよいのではと考える。問題の少ない模範的な研究のみ掲載することで，後続の研究に問題点が少なくなる（多くの場合，研究は先行研究の手法を参考にするので）というメリットはあろうが，

注1）「研究協力者」と言った場合には，社会心理学領域ではいわゆるサクラを指すことも多いが，他領域では「研究協力者」＝「研究参加者」であることもある。このように，「研究参加者」に相当する語の使用については各研究領域の固有性があり，以下各章で各著者の専門領域に応じた語の使用がされているが，領域の慣例を尊重し，あえて全体で統一することはしていない。

第 1 章　心理学研究法

本当に良いものしか載せないというのは一種の選民意識であり，そこにおけるデメリットも考える必要があろう。本書は，心理学研究法における最低限のラインとは何か，理想を言えばどうなのか，といった点について説明するものである。

IV　まとめ

　以上，心理学研究法について，簡単に見てきた。ここで再度強調しておきたいのは，言葉にすること，である。心という目に見えないものを，目に見えないからこそ，（論文・書籍であれば）筆の力でできるだけ描き切ること，（口頭発表であれば）言葉を尽くして話すことが，心理学の専門家であることの一つの重要な証であると考える。

　研究とは，研究を立案し，何かを行い，最後にそれらを言葉としてまとめる，という一連のプロセスであると述べた。最後の「言葉としてまとめる」プロセスがなければ，その "研究" は研究者の個人的経験にとどまり，共有知としての心理学的知見にならない。したがって心理学書には載らないだろう。例えば，実験が大好きな研究者がいて，しかし，常にその結果を論文化しないとしよう。この研究者の営みはあくまで実験であって，研究とは言えないだろう。画家を画家たらしめているのは，唯一，絵である。脳内にいくらすばらしい心象，風景があっても，それを絵としてこの世に産み落とさない限り，それは画家ではない。他の領域，例えば運動でも同様である。フィギュアスケートの羽生結弦選手は，成功や失敗した時に体の各部分がどう動いていたかを整理し，共通点を書き出しているそうである（2018年2月17日朝日新聞朝刊）。体の動きも，心の動きと同様に，文章で書くことが難しい。「心は筆などで表せるものではないから，下手に表してもしょうがない」という意見を持つ心理学者もいるだろうが，であっても言葉にするのが心理学者である。たとえ表現し切れずとも，この世に言葉として現出させてみてわかることは多いはずである。

　精神論は措いておき，言葉にすることには，研究上の意義として，引き出し問題への対処という重要な側面がある。第13章にも言及があるが，論文として書かずに「引き出し」の中にしまうことで，公刊されている結果に偏りが生じてしまうのである。この点においても，言葉にすることには学問全体に寄与する側面があるのである。

　言葉にしないと知見にならない，言葉にしてこその研究，なのではあるが，何でも言葉にすればよいというものではもちろんない。例えば，目の前の人を理解

するために，長い時間をかけて吟味することは重要であり，思考をあたためることなくあっさりと論文化することには問題がある。納得のいかない段階で論文として世に出すことは，ときに不誠実である。しかしながら，最終ゴールはあくまで言葉にすることであって，それを端から放棄するならば，それはすなわち心理学者アイデンティティの放棄であると言ってよいかもしれない。

　本書で書いていることは，心理学的知見をこの世に体現させる技である。学問には公共性があるので，研究法という共通のトンネルを通過させることを通して，この世に心理学的知見を産み落としていくのである。

◆学習チェック表
□　心理学研究の全体的な流れについて理解した。
□　主な心理学研究法について，概略的な説明ができる。
□　心理学研究法の意義，それを学ぶ意義について知ることができた。

より深めるための推薦図書

　安藤清志・村田光二・沼崎誠編（2017）社会心理学研究入門　補訂新版．東京大学出版会．

　南風原朝和・市川伸一・下山晴彦編（2001）心理学研究法入門—調査・実験から実践まで．東京大学出版会．

　南風原朝和・市川伸一・下山晴彦編（2003）心理学研究法．放送大学教育振興会．

　村井潤一郎編（2012）Progress & Application　心理学研究法．サイエンス社．

　高野陽太郎・岡隆編（2017）心理学研究法—心を見つめる科学のまなざし　補訂版．有斐閣アルマ．

文　　献

安藤清志・村田光二・沼崎誠編（2017）社会心理学研究入門　補訂新版．東京大学出版会．
南風原朝和（2002）心理統計学の基礎—統合的理解のために．有斐閣アルマ．
神谷俊次（2003）不随意記憶の機能に関する考察—想起状況の分析を通じて．心理学研究, 74; 444-451.
村井潤一郎（2003）研究法．In：西野泰広編：こころの科学．東洋経済新報社, pp.20-29.
村井潤一郎編（2012）Progress & Application 心理学研究法．サイエンス社．
村井潤一郎・橋本貴充編（2017）心理学のためのサンプルサイズ設計入門．講談社．
村井潤一郎・橋本貴充（2018）統計的仮説検定を用いる心理学研究におけるサンプルサイズ設計．心理学評論, 61; 116-136.
Murai, J., Nose, I., & Takiguchi, Y. (2018) The More Attractive, the Less Deceptive? Effects of Female Facial Attractiveness on Perceived Deceptiveness. *Psychology*, 9; 529-539. doi: 10.4236/psych.2018.94032.
Saville, B., & Buskist, W. (2005) Traditional Idiographic Approaches: Small-N Research Designs. In: Davis, S. F. (Ed.): *Handbook of Research Methods in Experimental Psychology*. Blackwell

Publishing, pp.66-82.

繁桝算男・山田剛史（2019）公認心理師の基礎と実践　第5巻　心理学統計法．遠見書房．

Smith, P. L., & L.ttle, D. R.（2018）*Small is Beautiful: In Defense of the Small-N Design.* Psychonomic Bulletin & Review, https://doi. org/10. 3758/s13423-018-1451-8

第2章

実験法の基礎

井関龍太

Keywords 実験計画法，統制条件，独立変数，従属変数，剰余変数，交絡変数，カウンターバランス，無作為割り当て，要因計画法，参加者内要因，参加者間要因，交互作用

I 実験とは何か

1．変数の観点から見る

　心理学にはさまざまな研究方法があるが，実証的な心理学を基礎づけるうえで最も大きな影響を与えたのが実験法である。19世紀にヴントWundtが実験室を創設したことが近代的な心理学のはじまりとみなされるのも実験法の重要性のためだろう。なぜ実験法がそのように重要であるかと言えば，観察法や調査法とは違い，データに基づいて因果関係を確立できるからである。実験法では，関心のある要因以外の影響力をできる限り除いた，いわば小世界を構築してその中で現象のふるまいを観察する。そのために，観察すべき対象やそれに関わる事柄を抽象化・一般化して捉える必要がある。本節では，実験法の基本的な考え方について，そのつど基本的な用語を導入しつつ説明する。

　関心のある現象に直接・間接に関わる要素を変数と呼ぶ。数学では定数と対になる用語である。定数はつねに変わらない数量を指すのに対して，変数は一定でなく変化する可能性がある数量を指す。水温を例として考えると，水の沸点はいつも変わらないので定数だが，やかんの中の水温はそのときどきで変化するので変数である。しかし，よく考えてみると，沸点そのものは直接測ることはできない。やかんを熱していくうちに水が気体に変化したときの温度を測定し，そのときの温度を沸点の候補として記録するのみである。このようにして記録した沸点の候補の値は計測のたびにわずかずつずれることだろう。そこで，何回か同じような計測を行って，その代表値（平均など）を計算することによって真の沸点を推測することが考えられる。このように，実験や調査で得られるデータは基本的

第 2 章 実験法の基礎

に変数である。研究の目的によっては，変数であるデータに基づいて定数である真値を推測することが主な関心となる。

　変数という用語を導入するならば，実験法とは，研究者によって変数のふるまいを管理し，関心のある現象のみを観察できる環境を作るための方法論であると言える。実験では，変数を操作することによって，その変数が結果に影響を及ぼすかどうかを調べる。ごく素朴な実験を考えてみよう。音読することによって単語をおぼえやすくなるかを調べたいとする。実験に使用する単語のリストを用意し（30 個の漢字二字熟語など），音読の方法も具体的に限定し（各単語を一度のみ，早口でないスピードで読み上げるなど），テストの方法（5 分間の自由再生など）を決めたとしても，それだけでは実験として不十分である。仮に 30 個の単語を見せられて音読した後で，25 個を正しく思い出せたとしよう。音読の効果があったと言えるだろうか？　この結果だけを聞かされても，音読の効果があったかどうかを説得力を持ってはっきりと結論づけることは困難である。

　この仮想の研究を成立させるには，少なくとも一つの統制条件（分野によっては対照条件ともいう）が必要である。統制条件とは，理想的には，研究者が操作した変数を除いてすべての状況が実験条件と同じ条件である。例えば，音読をしないで単語を見ておぼえるだけの条件である。ここで関心があるのは，音読をするか否かによって記憶に影響が現れるかを明らかにすることなので，その他の点は厳密に同じでなくてはならない。例えば，音読をする実験条件の単語は小学校で学習する程度の難しさであったのに対して，音読しない統制条件の単語は大学生にとっても難しい難読語ばかりであったとしたら，この 2 つの条件の結果は公平に比較できない。つまり，実験条件のほうが統制条件よりも思い出せる単語が多かったとしても，それは単語の難しさが違ったことによるものであり，音読の効果ではない可能性がある。したがって，音読の効果があったかどうかを明確に結論できるためには，これら 2 つの条件の間で単語の難しさの程度を同じくらいにする必要がある。これが変数を統制（コントロール）するということの意味である。同じように，実験条件に参加した人は小学生ばかりで，統制条件に参加した人は大学生だけだったとしたら，この 2 つの条件もやはり公平に比較できない。もともとの漢字に対する知識の量や記憶の発達レベルが異なるために 2 つの条件で記憶成績に差が生じるかもしれないからである。すると，実験参加者の知識や年齢も 2 つの条件の間で同じくらいに統制する必要がある。

2．変数の種類

　統制という概念との関係から，実験において扱う主要な変数を2つの種類に区別することが一般的である。それが独立変数と従属変数の区別である。独立変数とは研究者によって操作された変数のことである。先の例では，音読をするかしないかが独立変数にあたる。従属変数とは，独立変数による影響を受けると考えられる変数のことである。先の例では，正しく思い出せた単語の数（再生数）が従属変数である。実験にはこれら2つの変数だけでなく無数の変数が関係する。音読が記憶に及ぼす効果を調べる実験では，研究者にとって関心がある，音読をするかしないか（独立変数），どのくらい思い出せるか（従属変数）という主な2つの変数のほかに，さまざまな変数が結果に影響を及ぼす可能性がある。例えば，単語の難しさ，実験参加者の知識や年齢である。これらの，研究者の主な関心の外にあるが，結果に影響を及ぼしうる変数を剰余変数という。実験は，剰余変数が結果の解釈に影響を及ぼさないように構成する必要がある。独立変数という表現は一見わかりにくいが，これら無数の他の変数から独立させて（切り離して）研究者が操作した変数という意味を含む（Stanovich, 2013）。従属変数は，この独立変数に従って変動する変数という意味である。

　独立変数の操作に伴って，従属変数に影響を及ぼす可能性のある別の変数も変動するような場合には，第三の変数が交絡しているという。この第三の変数を交絡変数と呼ぶ。交絡変数は剰余変数の特殊な場合（独立変数と相関がある場合）とみなせる。例えば，提示された単語を音読する実験条件と見ておぼえるだけの統制条件では，音読したかしないかのみが異なるようにしたい。しかし，音読する場合には，音読しない場合よりも，読み上げるためにより長い時間が必要になる。読み上げる時間に制限を設けないとすると，実験条件では統制条件よりも実験参加者がより長い時間単語を見ることになる。このような場合には，独立変数の操作は成功しているとは言えない。なぜなら実験条件と統制条件の間で違いが見られたとしても，それが研究者の意図通りの独立変数の操作によって起こったのか，意図しない交絡変数の変動によって起こったのかを区別できないからである。この例で言えば，音読をしたから記憶がよくなったのか，より長い時間単語を見ていたからよくおぼえられたのかが区別できない。これを防ぐためには，単語を読み上げる時間に制限を設けるなどして，単語の提示時間を条件間で違わないようにする必要がある。

　独立変数を交絡変数から切り離して操作し，適切に従属変数を測定できる環境

を作ることによって，その実験の結果に基づいて因果関係を確立することができる。単語の記憶の例であれば，実験条件と統制条件には音読以外に異なる点はないとする。それでいて従属変数である再生数に違いが生じたならば，それは音読の有無を操作したこと以外の原因によるものとは考えられない。そこで，音読の有無を原因として記憶成績が変化したと結論づけることができる。

　現在知られている主な方法論のうち，因果関係を確立できるのは実験法のみである。一見して実験法であるように見える研究でも，独立変数の操作が適切に行われていない場合には因果関係について明確に結論できない。例えば，事前－事後計画と呼ばれる種類の実験計画がある。これは，何らかの操作（処遇）を行う前と後の従属変数を比較するものである。先の例になぞらえて，音読訓練を行う前と後で単語の記憶成績を比較する実験を行ったとしよう。単語は同等の難しさのものをそれぞれ訓練前と訓練後のテストに用いたものとし，実験参加者は訓練前後で同じ人々なので知識や発達レベルの差はない。この実験を実施し，訓練前よりも訓練後に記憶成績が高くなったとしても，このことから因果関係については結論できない。なぜなら統制条件がないからである。訓練前が統制条件であるように見えるが，事前－事後比較では事前の状態は公平な比較対象とはならない。もし操作を行わなかったとしても，単に時間や状況の推移によって変化が生じた可能性があるからである。例えば，この音読訓練の場合には，単語をおぼえて記憶をテストされることに慣れたことによって，訓練前よりも訓練後に記憶成績が高まったのであり，音読訓練による効果ではなかったかもしれない。このことは，疾病と治療法に置き換えて考えるとわかりやすい。自然治癒する可能性のある病気にかかったとして，ある治療法Xを行う前と後の状態を比較する。治療後には治療前よりも状態はよくなるかもしれないが，それは治療法Xの効果ではなく，自然治癒した結果であるかもしれない。因果関係について明確な主張を行うには，音読訓練をしないで訓練前と訓練後に相当する時点での記憶成績をテストする群や治療法Xを行わないで治療前と治療後にあたる状態を調べる群が必要である。

　同様に，独立変数を研究者が直接的に操作できない場合も，因果関係についての主張は弱くなる。例えば，性別によって香水の好みが異なるかを調べたいとする。ある人が男性であるか女性であるかは研究者が操作できないので，それぞれ，男性と女性の実験参加者を募集することになる。このような場合，独立変数は他の交絡変数から独立させることができていない。男性は女性よりも身長が高い傾向にあり，趣味の傾向や文化的な期待も異なることが予想される。そこで，性別が異なるか否かだけを純粋に操作したとは言えず，できる限りの統制を行ったと

しても交絡変数を完全になくすことは難しい。そのため，実験の結果が操作した変数だけによっているという主張が弱くなる。同様のことは，知能やパーソナリティを測定した結果に基づいて，能力や気質が高い群と低い群に分けてこれを独立変数とした場合にもあてはまる。例えば，外向性が高い人と低い人とでは休日に出かける距離に違いがあるかどうかを調べたいとする。実験参加者に外向性の度合いを調べる質問紙を実施して，その中から外向性得点が高い人と低い人を選んで実験を行うことにする。この場合も，外向性得点が高い人と低い人の間で，外向性以外の特性（心配性の度合い，体力の違いなど）について研究者は統制できない。したがって，結果の違いは外向性による違いであると主張しにくくなる。しかし，これらの場合にも，剰余変数や交絡変数を統制することによって状況をある程度改善することはできる。変数の操作や統制に何らかの問題点があるが，因果関係についての主張を強めるためのさまざまな工夫がなされた実験を特に区別して準実験と呼ぶ（準実験については章末の付記を参照）。上のような実験参加者の属性を独立変数として扱う実験もこれにあたる。事前－事後計画については，測定が一回のみの場合には実験が成立しているとは認められないが，複数回の測定をくり返すことで準実験の一種として認められる。訓練前と訓練後のそれぞれに3～4回の記憶成績の測定を行い，訓練の前後にのみ記憶成績の変化が認められたならば，単に時間の経過によって記憶成績が変化したとの見方に反論する材料となるからである。

■ II　剰余変数・交絡変数の統制

　これまでに見てきたように，実験法の強みは因果関係を確立できることにある。因果関係について強い主張を行える理由は，変数を適切に統制していることにある。したがって，変数をいかに適切に統制するかを考えることが実験法の肝になる。変数を適切に配置するための方法論が実験計画法である。ここでは，実験計画法で用いられる代表的な変数統制の方法について説明する。

1．カウンターバランス

　変数を独立に操作できるようにしたつもりでも，具体的な実験手続きを構成するなかでその前提が崩れてしまうことがある。そのようなことが起こりやすいのが，同じ実験参加者に複数の条件を割り当てる場合である。知識や発達のレベル，その他の個人差変数を同じにするには，同一の人に複数の条件に参加してもらい，

第 2 章 実験法の基礎

その成績を比較することが簡便である。しかし，複数の条件をひとりの人に割り当てようとすると，たいていはまったく同時に実施することはできず，順番に条件を割り当てることになる。例えば，音読が記憶に及ぼす効果の実験であれば，実験条件と統制条件のどちらかを先に行い，どちらかを後に行うことになるだろう。このとき，事前－事後計画の場合と同じ問題が起こる。つまり，独立変数ではなく，実施する順序によって結果が変わる可能性がある。実験条件でも統制条件でも，最後に記憶のテスト（自由再生）を行うことは同じである。そうすると，はじめての場合よりも，後から行ったほうがテストのやり方がわかっているので，音読の有無にかかわらず思い出しやすくなっているかもしれない。また，音読の有無が異なるといっても，どちらも単語を見ておぼえるという点は同じであるので，後半の条件ではおぼえるこつがつかめて記憶に残りやすいかもしれない。また，課題によっては，後半になるにつれて疲れてしまい，成績が下がるものもある。このような，慣れと疲労の効果はほとんどの実験において避けることはできない。

そこで，条件と順序の対応関係を実験参加者ごとに入れ替えることによって，慣れや疲労の効果を相殺することが考えられる。例えば，半数の実験参加者には実験条件の後に統制条件に参加してもらい，残り半数の実験参加者には統制条件の後に実験条件に参加してもらう。このように，どちらの条件も前半と後半に均等に配置することによって，条件間の比較を行う際に慣れと疲労の効果がどちらの条件にも同じくらい含まれるようにする。このような条件の割り当て方をカウンターバランスという。カウンターバランスを成立させるには，すべての条件の組み合わせ（この場合，条件と順序の組み合わせ）を均等な回数実施する必要がある。

条件が2つであればすべての順序の組み合わせを実施することは容易である。しかし，3つ以上の条件がある場合，すべての組み合わせを実施することは困難になる。例えば，3条件を行う場合6通りの順序があり，4条件では24通りの順序がある。そこで，もう少し簡略化した割り当ての方法として，ラテン方格デザインを用いることがある。これは，割り当ての相対的な順序は固定したまま，実験参加者ごとに絶対的な順序をずらしていく方法である。例えば，A，B，Cの3つの条件があったとき，1番目の実験参加者にはA，B，Cの順，2番目の実験参加者にはB，C，Aの順，3番目の実験参加者にはC，A，Bの順でそれぞれの条件を実施する。4番目以降は，1～3番目の実験参加者への割り当てをくり返す。このようにすると，条件の組み合わせ数ではなく条件数の倍数のパターンですむことになり（この場合は3通り），実験参加者全員がすべての条件を経験し，かつ，どの条件も1，2，3番目に実施される回数が全体を通して等しくな

29

る。ただし，特定の条件を連続して行うことによって結果に違いが生じるとしたら，その効果を相殺することはできない。例えば，音読条件のあとに黙読条件を行うとどうしても読むときに音のイメージを作ってしまうといった効果があるとしたら，逆の順序も実施したほうがよい。

　ここまでは各条件を実施する順序について考えてきたが，それぞれの条件に特定の材料を割り当てる際にも同じことが起こる。音読の実験では，実験条件と統制条件で同じくらいの難しさの単語をそれぞれ用意することを考えた（両方の条件で同じ単語を使うことも考えられるが，同じ人が両方の条件に参加する場合，明らかに後半の条件で有利になるので違う単語を使うことを前提にする）。しかし，単語は研究者が好きなように作り変えたり新たに作り出せるものではないので，慎重に難しさをそろえたとしても完全に同じ難易度になるとは考えにくい。また，研究者の想定外の違いもあるかもしれない（一方のみに最近急に話題になった単語が含まれていたなど）。そこで，材料と条件の組み合わせについてもカウンターバランスやラテン方格デザインを適用することが望ましい。例えば，用意した単語を無作為に半数ずつのAセットとBセットに分け，半数の参加者には実験条件にAセット，統制条件にBセット，残り半数の参加者には逆の組み合わせで実験を実施するなどである。研究の目的によっては，材料を条件から分離できない場合もある（名詞条件と動詞条件を比較したいなど）。その場合には，条件間に潜在する違いの大きさ（単語の難易度など）に応じて（すなわち，交絡変数の量に応じて）何の要因が従属変数に影響を及ぼしたのかという因果関係に関する主張が弱められることになる。

2．無作為割り当て

　カウンターバランスやラテン方格デザインによる割り当てを実験のすべての側面にわたって徹底することは難しい場合もある。3つ以上の条件があり，実施順序と材料の割り当ての両方についてすべての組み合わせを実施しようとするとかなりの組み合わせ数になるかもしれない。そのような場合には，それぞれの組み合わせに対して，どの実験参加者や材料を割り当てるかを無作為に選ぶことがよく行われる。ここでいう無作為とは，研究者が作為的に（意図的に）期待する効果が現れそうな（あるいは，現れにくそうな）組み合わせばかりを実施しないという意味である。例えば，A，B，Cの3つの条件を実施しようとするとき，ある実験参加者に最初にどの条件を実施するかをまず無作為に決める（サイコロや乱数を用いるなど）。Bが選ばれたなら，次は二番目にどの条件を実施するかを同様

に無作為に決める（Aなど）。以下，同様である。どの組み合わせも無作為に実施し，ある程度の回数くり返していれば，完全に同じ回数でなくても十分に代表的な結果が得られるであろう。特定の組み合わせのみを多く実施したり，逆にほとんど実施しないことは好ましくないので，無作為割り当てであっても，各組み合わせの頻度は全体的に同じくらいになるように統制されることが一般的である。例えば，40名の実験参加者にそれぞれA，B，C条件を実施したとすれば，条件と実施順の組み合わせは6種類である。それぞれの組み合わせに6〜7名ずつの実験参加者が割り当たっていたならば，大きな偏りはないと言えるだろう。逆に，A条件が二番目になる組み合わせにだけ20名の実験参加者が割り当たっていたら，この実験の結果はA条件を二番目に実施することの影響を受けていなかったと主張することが難しくなる。実際にどのような変数が厳密に統制され，どのような変数が無作為割り当ての対象となるかは，研究の目的や対象によって異なり，分野ごとに経験的に決まってくることが多い。つまり，具体的に先行研究を参照することが最も役立つ。

　条件の割り当てに限らず，実験参加者や実験の材料を選ぶ際にも無作為に選ぶことがよく行われる（無作為抽出）。実験参加者や実験の材料は，研究者には統制できない，想定外の特性を持っており，それらすべてを意識的に統制することは必ずしも可能でない。そこで，なるべく偏りが出ないように，また，なるべく多くの人や材料を無作為に集めることが対策の一つとなっている。近年では，具体的にどのくらいの数の実験参加者を集めることが適切であるのかについての統計的なアプローチが発展している（村井・橋本，2017）。

3．均一化とマッチング

　実験参加者や実験の材料について，従属変数に影響を及ぼすことは明らかだが統制することは難しい変数を持つ場合，それらを積極的に偏らせるという対策をとることがある。一つは均一化（斉一化，恒常化，等化，一定化と呼ばれることもあり，いずれも equating の訳語である）であり，これはある変数のすべての値を同じにするというものである。単語の記憶を扱った場合，長い単語は短い単語よりも再生成績が低くなることがわかっている。そこで，長さの異なる単語を材料として使った場合，2つの条件で単語の長さが異ならないように配慮しなくてはならない。材料をすべて二字熟語に限定すれば，このような配慮をしなくてもすむ。以上が均一化である。もう一つのアプローチがマッチングである。これは，比較する2つのグループの間で，影響力の大きい交絡変数の値をできる限り一致

させるという方法である。例えば，単語の認知や記憶はふだんどのくらい見かけるかという出現頻度によって影響を受ける。そこで，名詞と動詞の間で単語そのものを同じにすることはできないが，頻度については同じくらいのペアをたくさん作り，出現頻度という交絡変数については全体として同じくらいの名詞リストと動詞リストを作るといったやり方である。マッチングは臨床母集団と対照母集団の比較などに比較的よく用いられるが，つねにぴったりのペアが作れるとは限らず，期待通りに実現することは難しい。均一化やマッチングは無作為化とは逆の操作のように見えるが，交絡変数を統制し因果関係についての主張をしやすくするという目的は同じである。また，交絡変数を具体的に測定し，共変量として統計的（数学的）に統制するというアプローチもある（清水・荘島，2017）。

III　要因計画法

　ここまでに取り上げた例では，独立変数が一つだけの単純な場合を考えた。実際の研究では，同時に複数の独立変数を取り上げた実験が多く行われている。ここでは，独立変数の種類について説明し，複数の独立変数を含む実験に特有の性質を取り上げる。この後の説明のために，まず，要因と水準という用語を導入する。要因（factor）とは従属変数に影響を及ぼすと考えられる変数のまとまりを指す。独立変数のことを指すことが多いが，交絡変数のことも要因と呼ぶことがある。一方，水準（level）は，独立変数の具体的な値を指す。例えば，単語について，音読，黙読，イメージ（単語の表すものを視覚的にイメージする）の3つのおぼえ方をしたときの自由再生の成績を比べる実験を計画しているとしよう。このとき，どのようなおぼえ方をするかという記憶のしかたを操作したことがこの実験の要因なので，記憶法要因と名づけよう。それに対して，音読，黙読，イメージといった具体的な記憶のしかたが水準である（音読水準，黙読水準，イメージ水準）。

1．参加者内要因と参加者間要因

　心理学の実験における要因は，大きく参加者内要因と参加者間要因に分けることができる。参加者内要因とは，各実験参加者が要因に含まれるすべての水準を経験する要因である。単語の記憶実験の例で言えば，音読，黙読，イメージのすべての水準について一人ひとりが課題を遂行したことになる。これに対して，参加者間要因とは，各実験参加者がいずれか一つの水準しか経験しない要因である。

例えば，音読水準で実験を行った人は他の水準では実験に参加しない。実験参加者は，音読群，黙読群，イメージ群の3つのグループに分かれて実験に参加したと考えると理解しやすいのではないだろうか。

　このように，同じ独立変数であっても参加者内要因と参加者間要因のいずれで実施するかについて研究者に選択の余地がある場合がある。どちらの要因として実施するかには長所と短所がある。実験参加者の数という観点から言えば，参加者内要因のほうが参加者間要因よりも少なくてすむ。参加者内要因の場合はすべての水準をそれぞれの実験参加者が経験するが，参加者間要因では水準ごとに別々の実験参加者が参加するので，単純に同じ量のデータを得ようとするならば，水準数倍の参加者が必要になる。一方，同じ実験参加者が複数の水準に参加することによって，さまざまな交絡変数が生まれる可能性がある。まずは慣れと疲労の効果が加わることが考えられる。これに伴い，実施順序のカウンターバランスなど，実験計画も複雑になる。また，同じ人が複数の水準に参加することによって，実験の意図を察知しやすくなる可能性がある。音読水準を行った後に黙読水準に参加すれば，音読と黙読の効果を比較するであろうことは実験参加者にも推測しやすい。そのことによって，実験者の意図通りに，あるいは，意図とは逆に行動しようとする実験参加者も現れるかもしれない。また，ひと通り音読水準で実験を終えたなら，単語を学習した後にテストがあることがわかり，それがどのようなテストなのかもわかるので，テストに備えるようになるかもしれない。もしこれが偶発記憶（おぼえようとする意図がなかったときにどのくらいおぼえているか）の研究だとしたら，このやり方は不適切であることになるかもしれない。このように，実験の目的によっては，参加者間要因で実施することのほうが適切な場合もある。

　参加者内要因として実施するほうが好ましいと思われる場合としては，意図の察知が問題になりにくく，個人差の影響が大きい場合がある。反応時間を従属変数とした課題の場合，基本的な反応時間の長さに個人差が大きいために，直接的に比較したい条件を参加者間要因で実施することは少ない。

2．多要因計画と交互作用

　必要があれば，2つ以上の要因を含む実験を計画することができる。この場合には，複数の要因の間に交互作用が生じる可能性がある。交互作用とは，ある要因の効果が他の要因の水準ごとに異なるふるまいをすることをいう。例えば，音読，黙読，イメージのいずれかのおぼえ方で単語を記憶する実験について考えよ

う。ここで，おぼえ方の効果は単語の種類によって違うのではないか，という仮説を提案することにする。具体的には，具象名詞であればイメージしやすいのでイメージしておぼえることによって，音読や黙読よりも成績がよくなるが，抽象名詞はイメージそのものがあいまいなので，他の記憶法よりも成績が悪くなると予測する。この結果の予測を実験計画法の用語を使って整理してみよう。

　この実験には，記憶法要因と名詞の種類要因の2つの要因がある。記憶法要因には，音読，黙読，イメージの3つの水準がある。名詞の種類要因には，具象名詞と抽象名詞の2つの水準がある。先ほどの予測によれば，具象名詞はイメージでおぼえることによって他の記憶法よりも記憶が促進される。一方，抽象名詞はイメージでおぼえるとかえって記憶が阻害される。そこで，記憶法要因の効果は，具象名詞か抽象名詞かという，他の要因の水準によって異なることになる。つまり，これは記憶法要因と名詞の種類要因の間に交互作用が生じるという予測である。もし交互作用が生じないと考えるのであれば，どちらの種類の名詞でも同じ効果が起こる（例えば，イメージでおぼえると他の記憶法よりも成績がよくなる）という結果が予測されるはずである。

　2つ以上の要因を含む実験を積極的に計画する理由としては，交互作用が生じるかどうかを検証できることがある。交互作用は現象の境界条件を明らかにするうえで有用である。境界条件とは，その条件を超えるとある現象や効果が現れなくなる条件のことである。例えば，視覚的な感覚記憶は刺激の提示から1秒以内であれば保持されているが，それ以降は消失するなどである。一般に，現象はある特定の条件のもとでのみ生じることが多いし，その条件を明らかにすることが現象の背後にあるメカニズムの解明につながることもある。そのため，境界条件を明らかにすることが研究の目的である場合もある。

　なお，2つ以上の要因を含む場合に，参加者内要因と参加者間要因の両方を含む計画を混合要因計画と呼ぶ。実験の実施とデータ分析の際には，それぞれの要因がどちらにあたるのかを区別して行う必要がある。

IV　さまざまな実験法

1．手段の多様性

　ここまでに見てきたように，実験法とは変数の管理と観測の方法であって，特定の具体的な手続きに必ずしも依存しない。実験計画法の考え方にしたがって独立変数と従属変数の因果関係を確立できるのであれば，どのような手段を使って

いても実験法であると言える。実際に，データ収集の手段，すなわち，従属変数の測定が質問紙や行動観察によっている実験もある。ただし，独立変数と従属変数の関係が遠くなる（介在する過程が多くなる）ほど統制は難しくなり，準実験と呼ぶほうがふさわしいものになりやすい。

　交絡変数には，実験を実施する場所などの環境変数も含まれる。変数を統制しやすいという理由から，実験は実験室で行われることが少なくない。特に，心理物理学，知覚や認知の領域の実験では，他の環境刺激の影響を避けたり，刺激の観察距離を一定にしたりすることが容易になるので，実験室においてパソコンを使って刺激の提示と反応の取得を行うことが多い。一方で，従属変数がそのような環境刺激の影響を受けにくいと考えられる場合は，これらの要因にこだわらず，実験室以外の通常の部屋などで実験を行うこともある。最近では，ウェブを通してオンライン上で実験を行うこともある。総じて，関連分野の先行研究を参考にして，どのような交絡変数に注意が払われているのかを調べるのがよい。

2．実験計画法によらない実験

　研究対象そのものの重要性，希少性に鑑みて，変数の統制を行うことが難しい状況で実験を行うことがある。フィールド実験や単一事例実験などがそのような場合にあたる。例えば，幼稚園での自然な遊びの場面を観察したいとか，脳の損傷によって特定の認知機能が損なわれた人を調べたいなどといった研究である。もし該当する研究において適切な変数の統制が行われていなかったり，統制条件が設定されていなかったりしたとすれば，典型的な実験法の枠組みに基づいて評価することは難しい。そのような研究からは因果関係についての結論を下すことはできない。もちろん，精密な測定と綿密な記録が行われていたならば，それらは今後の研究に示唆を与える貴重な報告である。しかし，そこから直接的に因果関係に関する結論を下すことは誤りである。実際のところ，これらの研究の内実は多様であり，一概に評価することは難しい。フィールド実験の場合，適切な統制が行われていれば，その度合いに応じて因果関係についての主張を行うことは可能である。単一事例実験の場合にも，研究の対象となる個人とは別に，統制群となる実験参加者のデータを合わせて収集し，比較対象とするものもある（脳損傷患者と脳損傷を負っていない群を比べるなど）。また，すでに多くのデータが収集されている課題を用いて，既存のデータをベースラインとして少数事例と成績を比較することもある。したがって，フィールド実験や単一事例実験の場合も実現可能な限りの工夫を行うことによって，研究知見をより有用なものとすることができる。

付記）準実験

　準実験は，無作為割り当てを行わない実験であると説明されることがある。教科書や辞典にもこの種の記述が見られるが，この説明は十分に正確なものとは言えない。もともと準実験という用語は，キャンベルとスタンレー（Campbell & Stanley, 1963）によって，研究者が実験の操作を完全にはコントロールできないような，さまざまな種類の実験を総称的に指すものとして導入された。彼らはそのような実験の例として10種類を挙げている。この枠組みを発展させて，シャディッシュら（Shadish et al., 2002）は，研究者によるコントロールが成立した実験を無作為化実験と呼び，これに含まれない実験を準実験と呼んだ。そのため，彼らの枠組みでは準実験とは無作為化実験でないもののことである。ただし，ここでいう無作為化実験は，フィッシャー（Fisher, 1925）が提示したような，統制条件が設定され，独立変数の操作や剰余変数・交絡変数の統制が適切になされた理想的な実験のことであり，単に無作為割り当てがなされていればよいというわけではない。また，シャディッシュらは，条件が割り当てられるのは「実験単位」であるとしており，これには，人，動物，時点（測定もしくは操作を行う時点であると思われる），設備などが相当し，条件を実験単位に割り当てる（例：潜水して記憶する条件をプールAに割り当てる）ことも実験単位を条件に割り当てる（例：水泳選手Bを水泳選手条件に割り当てる）こともあると述べている。したがって，シャディッシュらを典拠とするならば，準実験を「参加者を条件に無作為に割り当てていない実験」として定義することは適用範囲を狭めており正確でない。条件を設備など（実験単位）に割り当てる場合もあるからである。さらに，割り当てるべき複数の条件がない準実験（後述）や，参加者と条件の関係は無作為だが測定時点が無作為割り当てでない準実験もあり，簡潔に定義することは難しい。

　準実験には，統制条件がない実験，時系列計画（同一個体についてある時点と別の時点のデータを比較する計画。本文中の事前－事後計画もその一つである），単一事例実験なども広く含めて考えることが一般的である。これらはいずれも「無作為割り当てが行われていない実験」という枠組みでは説明しきれない。統制条件がない実験や事前－事後計画にはそもそも割り当てる複数の条件がないし，単一事例実験には実験条件と統制条件が含まれる場合もあるが，これを完全な実験とみなすことはまずない（結果が複数の個体を通して一般化できるか明らかでないため）。実際に，準実験を広く捉えている文献もある。例えば，ピッツら（Pitts et al., 2005）は，準実験を大きく2つに分けるなら，一部の参加者にしか条件の実施がなされないものと時系列計画に相当するものがあると述べている。ジャクソン（Jackson, 2009）は，準実験に相当する場合として，統制群がない場合，独立変数が操作されていない場合（能力や特性といった参加者の属性を用いる），条件が無作為に割り当てられていない場合を挙げている。また，高野・岡（2017）は，無作為割り当てに言及しつつも，準実験を大きく横断的比較を行うもの（同一時点における複数条件の比較）と縦断的比較を行うもの（複数の時点における同一条件の変化の検討）に分けて解説している。このように，どのような実験を準実験と捉えるかは複数の文献の間で大きくは異ならないが，つきつめると一致しない部分も出てくる。したがって，ある種の実験が準実験に含まれるかどうかを問うことはあまり意味がない。典拠によって結論が変わる可能性があるからである。それよりも，ある種の実験を具体的な問題に適用した場合，因果関係につい

第 2 章　実験法の基礎

ての主張を行うにあたってどのような点に弱みがあり，それを解決するにはどんな手段があるのかを考えるほうが建設的であろう。また，準実験の定義を一つに定めることも困難であると思われる。シャディッシュら（2002）のいう「実験単位」にさまざまな意味を読み込むことで「条件に実験単位が無作為に割り当てられていない実験」にすべてを回収することができるのかもしれないが，この説明は多くの人にとって準実験のさまざまな実像を思い起こさせ，議論を円滑にするものではないだろう。むしろ，実験法を学ぶという観点からいえば，なぜ準実験をこうも入念に完全な実験から区別する必要があるのかを理解することのほうが重要であろう。

◆学習チェック表
- ☐　統制条件が必要な理由を説明できる。
- ☐　交絡変数を統制する方法の例を挙げられる。
- ☐　要因と水準の違いを説明できる。
- ☐　参加者内要因と参加者間要因の違いを説明できる。
- ☐　交互作用を調べることの意義を説明できる。

より深めるための推薦図書

　大山正・岩脇三良・宮埜壽夫（2005）心理学研究法―データ収集・分析から論文作成まで．サイエンス社．
　大山正・中島義明編（2012）実験心理学への招待［改訂版］―実験によりこころを科学する．サイエンス社．
　高野陽太郎・岡隆（2017）心理学研究法―心を見つめる科学のまなざし［補訂版］．有斐閣．

文　　献

Campbell, D. T., & Stanley, J. C. (1963) *Experimental and Quasi-experimental Designs for Research.* Houghton Mifflin Company.
Fisher, R. A. (1925) *Statistical Methods for Research Workers.* Oliver & Boyd.（鍋谷清治・遠藤健児訳（1970）研究者のための統計的方法．森北出版．）
Jackson, S. L. (2009) *Research Methods and Statistics: A Critical Thinking Approach.* 3rd Edition. Wadsworth CENGAGE Learning.
村井潤一郎・橋本貴充編（2017）心理学のためのサンプルサイズ設計入門．講談社．
Pitts, S. C., Prost, J. H., & Winters, J. J. (2005) Quasi-experimental Design in Developmental Research: Design and Analysis Considerations. In: D. M. Teti (Ed.), *Handbook of Research Methods in Developmental Science* (pp. 81-100). Blackwell Publishing.
Shadish, W. R., Cook, T. D., & Campbell, D. T. (2002) *Experimental and Quasi-experimental Designs for Generalized Causal Inference.* Houghton Mifflin Company.
清水裕士・荘島宏二郎（2017）社会心理学のための統計学．誠信書房．
Stanovich, K. E. (2013) *How to Think Straight About Psychology.* Pearson Education, Inc.（金坂弥起監訳（2016）心理学をまじめに考える方法―真実を見抜く批判的思考．誠信書房．）
高野陽太郎・岡隆編（2017）心理学研究法―心を見つめる科学のまなざし［補訂版］．有斐閣．

第3章

実験法の実際

井関龍太

Keywords　無作為割り当て，均一化，マッチング，要因計画，交互作用

I　研究の構想

1．本章で取り上げる論文

　本章では，具体的な論文を取り上げ，その流れに沿って実験法がどのように用いられているのかを紹介する。取り上げる論文は，「音韻的親近性が語彙判断を促進する─意味分類との相違」（水野・松井，2017）である。ウェブブラウザのアドレス欄に「https://doi.org/10.4992/jjpsy.88.16327」と入力すれば本文のPDFにアクセスできる。この論文を取り上げた理由は，材料の選択に特に配慮がなされた研究であり，主に二要因の分散分析によって分析が行われているからである。論文によってはさらに要因数が多い計画を用いることもあり，その場合は結果の報告が煩雑になりやすいことから，交互作用の検討を含むものの，より単純な二要因の分析を用いたものを選んだ。

2．研究テーマの背景

　この論文は，広い範疇で分類するならば単語認知の心的過程に関わる研究である。われわれはふだん日本語の単語を見ればそれが意味のわかる単語であるかどうかがわかる。意味がわからない単語であった場合，日本語の単語らしいけれども自分の知らない単語であると思うこともあれば，あり得ない架空の単語であるとはっきりわかることもある。そのような判断が可能であるのは，われわれの長期記憶に単語についての知識が貯蔵されているからである。しかし，単語についての情報を長期記憶から検索する過程は単純ではない。われわれは膨大な数の単語を知っているが，その一つひとつを意識的に記憶の中の情報と照合することに

第 3 章　実験法の実際

よって，目の前の単語が意味のある単語かそうでないかを判断しているのではない。また，単語には，それを構成する文字の形態情報と発音するときの音韻情報がある。印刷された文字を見て判断するのであれば音韻情報は使わなくてもよさそうなものだが，人間は視覚的な単語認知を行うときでも，音韻情報を切り離して形態情報だけを使っているわけではないらしい。そのことがはっきりするのが，同音異義語を扱う場合である。水野・松井（2017）は，この同音異義語に関する先行研究の検討からはじまる。

　単語認知の心的過程を調べるための代表的な課題として，語彙判断課題というものがある。単語を提示して，その単語が実在の単語かどうかをできるだけ速く，かつ，正確に判断することを求める課題である。例えば，提示された刺激が"学校"や"木琴"なら単語であると回答し，"校学"や"琴木"なら単語でないと回答するのが正答である。一般的には，実験参加者にはボタン押しによる反応を求め，刺激を提示してから反応がなされるまでの時間（反応時間）と正しい回答の割合（正答率）を分析の対象とする。特に，反応時間を分析することで，人が単語を見てから単語であると判断するまでに働く心的過程（長期記憶へのアクセスなど）について調べることができる。

　同音異義語を刺激として語彙判断課題を行った場合，興味深い結果が得られる。同音異義語には，音は同じだが形と意味が異なる仲間（mate）がある。例えば，"汽車"という単語には，音が同じだが形と意味の異なる"記者"という仲間がある（他には"貴社"や"喜捨"もある）。このような仲間が存在することは，同音異義語の認知にどのような影響を及ぼすだろうか。文字による単語認知が形態情報のみを使って行われているのであれば，仲間の存在は語彙判断に影響しないはずである。しかし，音韻情報も同時に処理されているのであれば，仲間がたくさんあることは語彙判断に影響するかもしれない。例えば，"工学"には"高額"，"後学"，"好学"などの複数の仲間があるが，"結婚"の仲間に一般的に使われる単語としては"血痕"くらいである。実際には，刺激となる同音異義語の出現頻度が仲間の出現頻度よりも低い場合には，同音異義語についての語彙判断には非同音異義語についての語彙判断よりも時間が長くかかる。これを同音異義語効果と呼ぶ。

　ここで，出現頻度について説明しなければならない。日本語には無数の単語があるが，すべての単語が同じくらい頻繁に使われるわけではない。"時計"や"天気"のようによく使われる単語もあれば，"妙味"や"滴定"のように日常生活ではあまり使われない単語もある。単語の数は膨大であるのに対してわれわれの認

知能力には限界があるから，記憶を検索するときに，すべての単語の情報について同じように検索をかけるのは効率的ではない。よく使われる単語を優先的に調べたほうが当たりである可能性は高い。そこで，単語認知は，ふだんよく見かける単語ほどすばやく正確であると予想される。出現頻度とは，“ふだんよく見かける程度”を定量化したものである。具体的には，何年分かの新聞や雑誌記事のデータをもとに，それぞれの単語がどのくらいの頻度で出現したかを調べた数値である。実際に，出現頻度が高い単語（高頻度語）のほうが低い単語（低頻度語）よりも語彙判断の時間は速くなる。

　さて，同音異義語の話に戻ろう。同音異義語には複数の仲間がある。このとき，仲間どうしの間で出現頻度に違いがあることが多い。例えば，多くの人は“汽車”に比べて“喜捨”を見かけることは少ないだろう。すると，同音異義語の仲間どうしの間でも高頻度語と低頻度語があることになる。同音異義語効果とは，刺激として用いる同音異義語が仲間に比べて相対的に低頻度語である場合に，非同音異義語よりも語彙判断に時間がかかるという現象なのである。このとき，単語認知の心的過程では何が起こっているのだろうか。おそらく，同音異義語について判断しようとするとき，同じ音の単語（仲間）がいっせいに検索されるのだろう。そして，その仲間たちの中でも，より頻度の高い語から順に，いま刺激として提示された単語と合致するかどうかの判定がなされるのではないか。そのように考えると，同音異義語の中でも低頻度である語は，高頻度な仲間よりも単語認知に時間がかかるはずである。また，そもそもそのような仲間がない非同音異義語よりも単語であると判定するのに時間がかかるはずである。非同音異義語であれば，音韻情報が同じであることに基づいて検索される仲間がいないはずだからである。

　このように，同音異義語の語彙判断について調べることを通して，単語認知の心的過程における形態情報と音韻情報の処理についてさまざまなことがわかる。なお，ここまで説明してきた内容のほとんどは水野・松井（2017）では直接述べられていない。議論を単純化したところもある。以上は，予備知識のない読者と問題を共有するための説明である。研究領域ごとの前提知識は，自分で先行研究を何本か読んだり，概説書を読んだりして習得する必要がある。専門性の高い研究領域ほどこの傾向は強い。

3．問題の特定と研究の目的

　同音異義語効果についてのこれまでの研究は，英語によるものが中心だった（以

第3章　実験法の実際

下，先行研究の詳細については，水野・松井，2017 を参照）。では，日本語でも同様に同音異義語効果は見られるのだろうか。このことを問題として取り上げる理由がいくつかある。一つは，日本語を用いた同音異義語効果の先行研究が一貫した結果を示していない点である。同音異義語効果を見出した研究と逆の効果を見出した研究があった。ここでいう逆の効果とは，仲間の多い同音異義語を用いた場合には，非同音異義語よりも語彙判断の時間が短くなるというものであった。これに対して，水野・松井（2016）は，仲間が多い語は音韻的親近性が高くなりすぎる場合があることに原因があるのではないかと指摘した。音韻的親近性とは，音韻情報の総出現頻度である。単語ごとではなく，音の出現頻度なので，仲間が多いほど総出現頻度は高くなりやすい。音韻的親近性が高い語としては "志望" や "講堂"，低い語としては "航海" や "歌詞" などがある。音韻的親近性も単語認知に影響を及ぼす。すなわち，音韻的親近性の高い単語のほうが音韻情報の検索が速い。すると，仲間の多い同音異義語についての判断が速かったのは，仲間がたくさんあることによって判定にかかる時間が増える以上に，音韻的親近性が高いことによって速く情報検索ができたことによるのかもしれない。実際に，水野・松井（2016）は，仲間が少ない同音異義語と仲間が多い同音異義語の音韻的親近性を統制して（すなわち，同じくらいにして）語彙判断課題を用いた実験を行ったところ，仲間が多い同音異義語でも同音異義語効果が見られることを確認した。しかも，仲間が多い同音異義語では，仲間が少ない同音異義語よりも同音異義語効果が大きくなった。このことは，先に議論したような単語認知の心的過程のしくみと一致する。つまり，仲間が多いほど検索する候補が増えるので，仲間が少ない場合よりも判断に時間がかかるはずである。したがって，この結果はこれまでの議論と矛盾しない。

　しかし，日本語における同音異義語効果に関する一連の研究の結果からは，もう一つの大きな疑問が浮かび上がってくる。それは，日本語母語話者は音韻情報にあまり依存しないという研究結果と一致しないことである。英語は表音文字しか使わないのに対して，日本語は表音文字と表意文字の両方を使う。そこで，日本語母語話者であれば，漢字に注目することで単語を認識するための大きな手がかりを得ることができる。そのような習慣を持った日本語母語話者は英語母語話者に比べて音韻情報に頼るところは少ないだろうし，実際にそれを裏付ける証拠も得られている。そのことから考えると，そもそも日本語において同音異義語効果が表れることも，音韻的親近性の強い影響を受けることも，整合性に欠けた結果ではないだろうか。

そこで，水野・松井（2017）は，問題は語彙判断課題のほうにあると考えた。語彙判断課題は，刺激が実在の単語かどうか判断することを求める。理屈のうえでは，形態情報だけからでも遂行することができるはずの課題である。しかし，ふつうの人にこの判断を求めると，どうしても音の響きから判断しようとしてしまうのではないか。つまり，日本語母語話者が音韻情報に依存しているのではなく，語彙判断課題が特に音韻的親近性に敏感な課題なのではないか。実在の単語かどうかではなく，もっと意味に関係する課題を行えば，音韻情報への依存は小さくなるかもしれない。そのような考えから，水野・松井（2017）は，同音異義語を対象として，語彙判断課題と意味分類課題を実施する実験を行った。

II　実験計画の立案

1．計画の概要

この実験には3つの要因があった。まず，課題が語彙判断であるか意味分類であるかの違いである。そして，語彙判断課題と意味分類課題の音韻情報への敏感性を調べるため，刺激となる同音異義語の音韻的親近性を操作した。具体的には，音韻的親近性が高い単語と低い単語を用意した。すなわち，音韻的親近性という要因について高・低の2つの水準があった。意味分類課題は，刺激が人間を指す単語であるか（"部長"など），そうでない単語であるか（"回転"など）を判断するものであった。水野・松井（2017）の予測した通り，語彙判断課題は音韻的親近性に敏感な課題であるとすれば，音韻的親近性が高い同音異義語は，音韻的親近性が低い同音異義語よりも，語彙判断の時間が短くなるはずである。一方，意味分類課題は音韻的親近性に特に敏感でないとすれば，同音異義語の音韻的親近性の高低は，語彙判断課題の場合ほど大きな反応時間の違いを生じないはずである。

また，意味分類課題についても2つの水準があった。同音異義語の仲間が人間を指す単語（人間語）であるか，それ以外の単語（一般語）であるかである。意味分類課題の判断の基準はつねに人間を指すか否かだったので，実験参加者は刺激が人間を意味する単語であるかどうかに敏感になり，人間に関する意味情報を積極的に検索するようになっていると考えられる。そこで，人間語が仲間である同音異義語を刺激としたときには，一般語が仲間である同音異義語のときよりも判断に時間がかかることが予想される。この予測を確かめられるように，この実験で刺激として用いる同音異義語はすべて一般語であった。

第3章　実験法の実際

　まとめると，課題の要因に語彙判断と意味分類の2つの水準，音韻的親近性の要因に高・低の2つの水準，仲間の要因に人間語・一般語の2つの水準があった。ただし，統計的分析においては，課題ごとに2（音韻的親近性）×2（仲間）の二要因参加者内計画の分析が行われた。これは，この研究の目的が語彙判断と意味分類の反応時間の違いを調べることにあるのではなく，それぞれの課題における音韻的親近性と仲間の効果を調べることにあるためであると説明されている。これら2つの課題は判断基準が異なる別々の課題であり，遂行に関わる心的過程も異なると考えるのであれば，このように分けて考えることも不自然ではない（国語と数学のテストの得点を比較することに意味はない）。また，課題の違いは独立変数ではなく，従属変数の違いを表しているから要因には含めないという考え方もできる。この実験の従属変数は広く言えば反応時間だが，課題の種類ごとに，それぞれ，語彙判断時間と意味分類時間という別々のものを測っているとみることもできるからである。一方で，異なる課題の間で共通して働く心的過程の違いに興味があり，どのような心的過程が異なるのかを十分に限定できるのであれば，課題どうしの成績を比較することもある。

2．具体的な手続き

①実験参加者

　実験参加者に，語彙判断課題を行う群に30名，意味分類課題を行う群に30名の日本語を母語とする大学生が無作為に割り当てられた。すなわち，課題の要因は参加者間要因であった。ひとりの参加者に両方の課題を行わせなかった理由は明記されていないが，いくつかの候補を挙げることができる。まずは，刺激数を十分に用意することが難しいことである。この実験の刺激は，綿密に各種特性を統制したものであった。このような厳しい条件に合致する単語を多数用意するのは困難である。反応時間は個人差が大きいうえに，個人内での変動も大きい敏感な指標である。そのため，同じ条件にあてはまる試行を何十回もくり返して測定することがふつうである。非常に少ない試行数で実験を行ったとしたら安定した結果は得られないだろう。そこで，少ない刺激を用いても，同じ課題の中ではなるべく試行数を多くとるために，課題ごとに参加者を分けたことが考えられる。

　また，語彙判断課題と意味分類課題は，判断基準が異なり，背後にある心的過程も異なると考えられるが，一般の実験参加者（大学生）にとってはよく似た課題として受け取られるかもしれない。特に，この実験では刺激は漢字二字熟語だけなので（均一化），両方の課題を行わせたら後半の課題を遂行するときには，と

きどき間違えて前半の課題のつもりで答えてしまうかもしれない。このような観点からすれば，音韻的親近性や仲間の要因ではなく，課題ごとに実験参加者を分けたほうがよい。

　最後に，実験参加者は日本語を母語とする者に限定してある。このことは，言語の処理に関わる研究を行う際には重要である。かなり流暢に日本語を話したり理解したりできる人でも，母語として習得したのでない人の場合には，母語として習得した人とは異なる心的過程が働くかもしれないからである（英語母語話者であれば，いったん日本語を英語に翻訳してから理解するなど）。

② 刺激

　語彙判断課題と意味分類課題で共通して使用する刺激として，仲間に人間語を含む同音異義語が20語，仲間に人間語を含まない同音異義語が20語用意された。これらの半数ずつが音韻的親近性が高い語と低い語になっていた。したがって，刺激は2（音韻的親近性）×2（仲間）の4種類あり，各10語であった。また，非同音異義語も40語用意された。刺激が同音異義語ばかりだと，実験者の関心が同音異義語にあることが明確になってしまうからである。そこで，同音異義語と同数の非同音異義語を混ぜることで実験の意図をわかりづらくしたのである。これらの刺激に対する反応は，研究の目的からすると，直接的には興味がない。しかし，これらの刺激がなければ実験がうまくいかないかもしれない。このように，実験を成立させるなどの目的から用いられる刺激をフィラーやダミーと呼ぶ。同音異義語はすべて一般語であったので（前述の仲間の操作の都合のため），非同音異義語はこれとバランスを取ってすべて人間語が採用された。これらに加えて，語彙判断課題のために非単語も80語用意された。

　同音異義語にはアクセント違いの同音異義語もあるが（"空き"と"秋"など），この実験では，すべてアクセントも合致するもののみを用いた。アクセントが違うと音韻情報が共通することによって記憶検索の候補となる見込みが少なくなるためであろう。それから，4つの同音異義語のグループの間で，仲間の数，提示語の出現頻度，モーラ数[注1]，親密度[注2]，形態的隣接語数[注3]，画数，文字頻度に

注1) モーラとは音韻の単位であり，日本語では，子音と母音の組み合わせからなる一音が1モーラに相当する。例えば，「ちとせ（chitose）」は3モーラである。

注2) その単語をよく見知っている度合い。出現頻度は出版物などにその単語が現れた度合いであるのに対し，親密度は実際の出現頻度にかかわらず，人が見知っていると判断した度合いを表す。

注3) 単語を構成する一文字を変更することによって作れる単語の数。

第3章 実験法の実際

できるだけ違いがないように配慮がなされた。具体的には，これらの特性を調べた各種のデータベースをあたって，違いがなるべく生じないような単語を選んだ。これは，均一化とマッチングに近い操作であるが，厳密に言えばどちらとも言えない。出現頻度や親密度がまったく同じ値の単語だけを選ぼうとするとごく少数の候補しか残らないし，グループ間で単語のペアを作って同じ値にしているわけでもないからである。重要なのは，教科書通りの均一化やマッチングが行われることではなく，比較する条件の間で（すなわち，グループの間で），交絡がなるべく生じないようにすることである。実際にこのような作業を行うと条件に合致する単語を十分な数確保することはなかなか難しいことがわかる。この実験の妥当性は材料が適切に構成されているかどうかにかかるところが大きいので，慎重に時間をかけて刺激を選ぶことに価値がある。実際に使用されたすべての刺激は，論文末尾に付録として収録されている。このような資料は，実験の内容をより正確に把握するためにも，追試を行うためにも非常に有用である。

③手続き

　実験はコンピュータを使って行われた。どちらの課題でも，最初に1秒の空白画面があった後にアスタリスクを500 ms（ミリ秒；1,000分の1秒）提示し，そのあとに刺激が提示された。語彙判断課題では，刺激が単語か非単語かをできるだけ速く正確に判断して，"単語"か"非単語"のラベルの付いたキーを押して回答することを求めた。意味分類課題では，刺激が人間語か人間語でないかをできるだけ速く正確に判断して，"人間"か"一般"のラベルの付いたキーを押して回答することを求めた。参加者の回答が正答であった場合と誤答であった場合にそれぞれ，音でフィードバックを与えた。それから500 ms後に刺激が画面から消えて次の試行に進んだ。

　それぞれの課題について，20試行の練習の後に本試行が行われた。一般に，何度もくり返し行える課題であれば，練習は行ったほうがよい。実験参加者が課題を正しく理解していなければ妥当なデータは得られないし，慣れの有無によって結果に違いが生じることもある。語彙判断課題では160試行，意味分類課題では80試行の本試行があった。ここまでに用意した有意味な刺激は，同音異義語40語と非同音異義語40語である。しかし，語彙判断課題は有意味な単語だけでは成立しない。したがって，80語の非単語（実在の単語でない漢字の組み合わせ）をさらにフィラーとして用意した。その結果，語彙判断課題の試行数は意味分類課題の試行数の倍となった。試行の提示順序は実験参加者ごとに無作為化してあ

った。したがって，2（音韻的親近性）×2（仲間）の4つの条件のいずれがいつ現れるのかは実験参加者には予想できない状況であった。しかも，意味分類課題では同音異義語と同数の非同音異義語も提示され，語彙判断課題ではそれらに加えて非単語も提示されたので，実験の意図を察知することは困難であっただろう。

III　データの分析と解釈

1．分析と結果の報告

　反応時間の分析では，個人ごとに同じ条件の複数の試行の反応時間を平均してこれを代表値として用いることが多い。水野・松井（2017）の場合，4つの条件に10ずつの単語があるので，これら10試行の平均である。ただし，平均から3標準偏差以上離れた値は外れ値として分析から除外した。長すぎる反応時間や短すぎる反応時間は研究者が測りたい心的過程を適切に反映していない可能性がある。例えば，ぼーっとしていて反応するのを忘れていたとか，急ぎすぎて刺激を見る前にキーを押してしまったなどである。平均から3標準偏差以上離れた値は，正規分布を仮定するならば0.3％以下しか現れないはずなので，そのような値は例外的なものであろうと考えて分析から除いたのである。

　この個人ごとの条件別の平均値を従属変数として，語彙判断課題と意味分類課題のそれぞれの反応時間について，2（音韻的親近性）×2（仲間）の二要因の参加者内の分散分析が行われた。表1に各課題の各条件の平均反応時間の結果をまとめた。語彙判断課題については，音韻的親近性の主効果のみ認められた。音韻的親近性が高い同音異義語は，低い同音異義語よりも，単語であるという判断が速く行われた。このことは，語彙判断課題は音韻情報に敏感であるという仮説と一致する。次に，意味分類課題については，仲間の主効果のみが認められた。仲間が人間語である同音異義語のほうが，仲間が一般語である同音異義語よりも，

表1　水野・松井（2017）の反応時間（ms）の結果
（水野・松井（2017）のTable 2と3に基づく）

語彙判断課題				意味分類課題			
		音韻的親近性				音韻的親近性	
		低	高			低	高
人間語		665	627	人間語		685	680
一般語		656	632	一般語		667	662

人間語でないと判断するのにより時間がかかった。こちらの結果も期待通りである。

　なお，この論文では，項目を無作為変数とした分析も行っている。通常の分散分析では，実験参加者を無作為変数とする。すなわち，要因の効果とは別に従属変数のふるまいについて影響を及ぼす変数は参加者の個人差であると仮定している。これに対して，言語刺激を材料とした場合，個々の刺激にも相当のばらつきがあることが予想される。そこで，単語などの項目の個体差に対して要因の効果を分析することが行われる。ただし，この分析はやや専門的な分析法なのでここでは詳しくは取り上げない（郡司・坂本，1999を参照）。また，反応時間に加えてそれぞれの課題の正答率についても同様の分析を行っている。反応時間を分析する際には，スピードと正確さのトレードオフが生じている可能性を考慮して，正答率も合わせて分析することが多い。正答率の分析結果については，水野・松井（2017）を読んで確かめてほしい。

2．解釈と考察

　語彙判断課題と意味分類課題を用いた実験の結果，それぞれの課題の音韻情報に対する敏感性が異なることがわかった。つまり，語彙判断課題では音韻的親近性の影響が見られたのに対して，意味分類課題では見られなかった。一方，同音異義語の仲間が人間語であるか一般語であるかということは，語彙判断の反応時間には影響しなかったが，意味分類の反応時間には影響した。このような，ある操作は2つの課題のうち一方のみに影響し，他の操作は他方のみに影響するというパターンを特に二重乖離と呼ぶ。二重乖離は，2つの課題に関わる心的過程が独立である（別物である）ことの証拠としてよく取り上げられる。もし語彙判断も意味分類も同じように音韻情報の検索を伴っているのなら，このような結果は得られなかったはずである。また，仲間が人間語か否かの操作についても同じことが言える。そこで，これらの課題を行うときに働いている心的過程には，それぞれお互いにない要素があると考えられる。

　これらの結果に基づいて，水野・松井（2017）は，語彙判断課題を用いて研究する際には音韻的親近性の影響に注意すべきであることを指摘している。また，音韻的親近性を統制することが難しい場合には，語彙判断以外の課題を使うことも有効なのではないかと論じている。

　この論文は研究上の技術的な指摘で結ばれているが，もともとの関心であった単語認知の過程についてどんなことがわかったのかを最後に振り返ってみよう。

第4巻　心理学研究法

語彙判断課題の音韻情報に対する敏感性に疑いがかかったのは，日本語における同音異義語効果についての研究結果と日本語母語話者は音韻情報への依存が小さいという研究結果の間に不整合が感じられたからだった。語彙判断課題が（少なくとも意味分類課題に比べて）音韻情報に敏感な課題であるとわかったことによって，これらの研究結果は矛盾なく説明できる。つまり，日本語母語話者は基本的には音韻情報にあまり依存しない。しかし，語彙判断課題は特に音韻情報に敏感な課題なので，この課題を用いると日本語母語話者でも同音異義語効果が現れる。したがって，日本語母語話者における同音異義語効果は，英語母語話者における同音異義語効果とは違って，課題依存であるかもしれない。この考えの背後には，英語話者は単語認知の際に音韻情報に頼った判断を主に行うのに対して，日本語話者はそうでないという仮説がある。もしその仮説が正しいとすると，日本語話者の単語認知は音韻情報とはあまり関係なく形態情報を中心に行われるのだろうか。音韻情報を使える可能性があるのにどうして使わないのだろうか。また，視覚ではなく聴覚によって単語情報が与えられた場合はどうなるのだろうか。問いは尽きないが，これらに答えようと思ったなら，これまでの知見を広く集め，それらをもとに新たな実験を考案し，実行すればよいのである。

◆学習チェック表
□　材料の作成における均一化とマッチングの実際が想像できる。
□　因果関係についての主張の強さが統制の適切さによることを説明できる。

より深めるための推薦図書
　市原茂・阿久津洋巳・石口彰編（2017）視覚実験研究ガイドブック．朝倉書店．
　三浦麻子監修，佐藤暢哉・小川洋和（2017）なるほど！心理学実験法．北大路書房．
　田中敏（2006）実践心理データ解析［改訂版］．新曜社．

　　文　　　献
郡司隆男・坂本勉（1999）現代言語学入門1　言語学の方法．岩波書店．
水野りか・松井孝雄（2016）音韻的親近性と仲間の数が日本語母語者による同音異義語の語彙判断に与える影響．認知心理学研究，13; 71-79.
水野りか・松井孝雄（2017）音韻的親近性が語彙判断を促進する──意味分類との相違．心理学研究，88; 376-382.

第4章

質問紙調査法の基礎

篠ヶ谷圭太

Keywords 尺度，相関，妥当性，信頼性，倫理的配慮

I 質問紙調査法の概要

　本章で解説する質問紙調査法とは，紙に印刷されたさまざまな質問項目に対して，「はい」「いいえ」や，「まったくそう思わない」〜「とてもそう思う」といった形で回答してもらうことでデータを収集し，そのデータをもとにさまざまな心理学的な変数（認知，感情，行動など）の関連について検討する研究方法である。

　質問紙調査法のメリットは，なんといっても実施の簡便さにある。データの収集方法としては他にも観察法（第6章・第7章参照）や面接法（第8章・第9章参照）があるが，観察法の場合，発話や行動を直接観察する，もしくは録画するなどしてデータを収集しなくてはならない。また，面接法も，対象に対して直接面接を行い，その様子を録画または録音するなどしてデータ収集を行うこととなる。したがって，いずれの方法も，一度に多くの人数のデータを収集することは難しい。また，こうした研究法の場合，収集された対象者の発話や行動をどのように解釈するかには，研究者の主観が入り込みやすいといった問題も生じる。

　一方で，質問紙調査法は，質問項目をまとめた質問紙を用意してしまえば，それを配付し，回答してもらえばよい。大学で行われる大人数の授業など，多くの人が集まる場を利用して質問紙調査を実施すれば，一度に数百人ものデータを収集することも可能である。質問項目に対して，「1＝まったくあてはまらない」から「5＝とてもよくあてはまる」といった形で回答してもらう尺度をリッカート尺度といい，5段階で分かれている場合には5件法と呼ぶ。このようにして得られた回答の数値を用いて，各項目への回答の分布や関連などについて統計的な分

析を行えば，研究者のリサーチ・クエスチョン（研究設問。問題やテーマを具体化・明確化したもの）が支持されたかを客観的に検討していくことができる。

一方で，質問紙調査法のデメリットを押さえておくことも重要である。質問紙を用いた調査では，基本的にデータとして得られるのは質問項目に対する回答情報のみであり，「なぜそのように考えたのか」「何がきっかけでそう思うようになったのか」などの詳しい情報については，データの収集段階で捨象されることとなる。一方で，観察法の場合，対象がいつ，どのような状況で，どのような発言をしたのか，どのような行動をとったのかがデータとして残される。また，面接法でも，質問内容が完全に決められていなければ，さまざまな情報を聞き出すことができ，対象の表情やしぐさ，言葉のニュアンスなど細かな部分までデータとして残すことが可能である。

また，質問紙調査は観察法や面接法よりも，虚偽の回答が生じやすいといった問題も抱えている。我々は，社会の中ではこういった人間が望ましいといったイメージ（社会的望ましさ）を持っており，質問項目に回答する場合，意識的，無意識的に，そのイメージに近づくように虚偽の回答を行ってしまうことがある。例えば，「人に親切に振る舞う」「人の悪口を言わない」といった項目には，たとえ自分が実際にそうしていなくても，「はい」「よくあてはまる」といった回答をしてしまう傾向がある。また，質問項目を読み，尋ねられている内容を理解できる人でなければ（幼児など），研究の対象とすることができないこともデメリットとして挙げられる。

II 質問紙調査法の基礎概念

1．尺度の分類

多くの心理学研究では，人間の認知（ものの見方や考え方），感情，行動など，直接見ることのできないさまざまな変数を測定し，「どのような考えを持った人がどのような行動をとっているのか」といったように，それらの関連に関する分析がなされる。その際に，研究で扱う変数を数値化するための「ものさし」を尺度と呼び，質問項目で構成された尺度のことを質問紙尺度と呼ぶ。

心理学研究において測定される変数は，大きく質的変数と量的変数に分けられる。質的変数とは数値の大きさに意味はなく，分類を行う意味で数値が割り当てられているものを指す。例えば，学生の専攻を表す数値として，文系学生に1，理系学生に2を割り当てた場合，その数値の大きさは意味を持たないため，専攻

第4章　質問紙調査法の基礎

は質的変数と言える。

　一方で，量的変数とは，数値の大きさに意味がある変数である。量的変数の場合，数値の持つ意味によって，さらに比率尺度，間隔尺度，順序尺度に分類される。比率尺度とは，数値間の間隔が均等であり，さらに0という数値が「ない」という意味を持つ場合を指す。例えば，長さや重さは比率尺度である。言うまでもなく目盛の間隔は均等であり，しかも「0」は「長さがない」「重さがない」ことを意味する。それに対して，数値の間隔が均等であるが，「0」に絶対的な意味がないものは間隔尺度と呼ばれる。例えば，温度は間隔尺度に分類される。温度計の数値は等間隔だが，「0度」は「温度がない」ことを意味するわけではない。それに対して順序尺度は，その名の通り順序情報のみを示す数値であり，数値間の間隔が均等ではない場合を指す。例えば，学習に関する調査の中で，学校での主要5教科に対して好きな順に数値を振ってもらい，回答者が英語＝1，数学＝5，国語＝2，理科＝3，社会＝4と回答したとしよう。これらの数値は大小関係のみが重要であり，その間隔は均等ではない。この場合，数値が小さくなるほどその教科が好きであることを意味するが，その間隔が同じであることまでは意味しない。なお，こうした分類は尺度水準と呼ばれ，この観点から変数を分類した場合には，先に挙げた質的変数は名義尺度（分類のために割り当てられた数値）と呼ばれる。

2．相　　関

　心理学研究における質問紙調査では，さまざまな変数間の関係に関心があることが多いが，そのような関係の強さを表す基本的な指標として相関係数がある。例えば，学習意欲と学習成績の間に関連があるといった仮説を検証するため，学習意欲を測定する尺度を作成し，調査対象者の学習意欲について得点化したとしよう。このようにして，質問紙尺度を用いて変数を得点化したものを尺度得点と呼ぶ。さらに，学習成績に関する得点として，学校の定期試験のテスト得点を使用し，学習意欲に関する尺度得点を横軸，学校のテスト得点を縦軸にして調査対象者一人ひとりのデータを布置していくと（こうしてできあがる図を散布図と呼ぶ），2つの変数間の関係が見えてくる。

　この関係の強さを表す指標が相関係数であり，一般的にピアソンの積率相関係数（r）が用いられる。相関係数は－1から＋1までの値をとり，この例の場合，学習意欲が高い人ほど成績が高ければ，相関係数は1に近い数値をとる。相関は，さまざまな分析の根幹をなすため，その算出方法や特徴をしっかりと押さえてお

くことが重要であり，詳細は南風原（2002）や山田・村井（2004）を参照されたい。なお，上述の相関係数は間隔尺度や比率尺度の分析に用いられるものであり，例えば，性別（男性，女性）によって，「はい」「いいえ」の回答の分布に違いがあるかといったような，名義尺度間の関連は「連関」と呼ばれ，別の方法で分析していくことが必要となる。

3．サンプリング

　研究の中で想定しているすべての対象者（これを母集団と呼ぶ）から，調査を実施する標本（サンプル）を選び出す作業をサンプリング（標本抽出）と呼ぶ。例えば，日本の中学生の学習意欲に関心があるのであれば，調査の対象となる母集団は「日本にいる中学生」である。ただし，実際には日本にいるすべての中学生に調査を実施することはできないため，この母集団の中からサンプリングを行い，調査を実施することとなる。

　サンプリングの方法は大きく無作為抽出と有意抽出に分けられる。無作為抽出とは，母集団から無作為にサンプルを選ぶ方法であり，母集団の構成員すべての名前が載ったリスト（サンプル台帳）から，無作為にサンプルを抽出していく単純無作為抽出法や，地域や組織をまず無作為に抽出し，その中からさらに個人を無作為に抽出する多段抽出法などがある。

　ただし，無作為抽出を行うことは難しく，現実の心理学研究では，人脈を利用して調査を依頼する，研究者自身の担当している大学の授業の履修者に調査を実施するなど，有意抽出によってサンプリングが行われることがほとんどである。こうした有意抽出の場合，できるだけ母集団を代表するようなサンプルを抽出する必要があり，現実的な制約のためにそれができない場合には，実際のサンプルから一般化しても無理のない母集団を新たに想定し直すなどの対処が求められる。また，たとえ統計的に有意な分析結果が得られたとしても，その結果を安易に母集団に一般化しないよう注意する必要がある。

4．妥当性

　例えば，「国語力」を測るテストが，漢字やことわざなどの知識を問う問題のみで構成されていたとしたら，はたしてこのテストが本当に国語力を測るものとして妥当かどうか疑問に思うであろう。逆に，このテストが「語彙力」を測るためのものであると聞けば，我々はこのテストが妥当であると判断すると言える。尺度の妥当性とは，このように，何かを測定するための尺度が本当に測りたいもの

第4章 質問紙調査法の基礎

を測れているかを指す。妥当性は，内容的妥当性，基準関連妥当性，構成概念妥当性などに分類される。

内容的妥当性とは，文字通り，測定されている内容そのものの妥当性である。先の例に挙げたように，国語力を測定するテストとして，漢字やことわざの知識を問うテストを作成した場合，この内容的妥当性に問題が生じていることとなる。内容的妥当性を高めていくには，当該領域の専門家に内容をチェックしてもらうことが重要となる。例えば，国語力を測定するテストの例で言えば，国語教育の専門家に内容をチェックしてもらい，国語力を構成するさまざまな要素を過不足なく測定できるテストを作成していく。

基準関連妥当性とは，何らかの外的な基準との関連によって確認される妥当性のことである。例えば，類似した概念を測定する尺度がある場合，新たに作成した尺度での測定値と，既存の尺度で測定値が類似した結果となっていれば（得点間の相関が高ければ），新しく作成した質問紙尺度は高い妥当性を持っていると判断してよいだろう。このように，時間軸上の同時点において，他の外的な基準との関連によって確認される妥当性は併存的妥当性と呼ばれる。一方で，事後の数値や結果との関連から尺度の妥当性を確認する場合もある。例えば，精神障害の発症リスクに関する質問紙の測定結果が，実際にその後の精神障害の発症と関連を持っていれば，質問紙は妥当であることが示せるであろう。このように，時間軸上における事後の結果との関連によって確認される妥当性は予測的妥当性と呼ばれる。

一方，構成概念妥当性とは，理論的に予測される変数間の関係性から妥当性を捉える考え方であり，関連を持つと考えられる変数と実際に関連を持つ（相関が高い），また，理論的に関連を持たないと予測される変数と実際に関連していない（相関が見られない），といった点から妥当性の確認を行う。前者は収束的妥当性，後者は弁別的妥当性と呼ばれる。

なお，これまで，上述した内容的妥当性，基準関連妥当性，構成概念妥当性の3つで妥当性を捉える「三位一体観」が主流であったが，この3つを機械的に確認して「尺度の妥当性が確認された」と結論づけてしまうことは問題である。近年では，妥当性をより多様な観点から総合的に評価することが求められており，すべての妥当性は構成概念妥当性に収束されるとの主張がなされるようになっている（村山，2012）。例えば，作成した尺度の構造が理論的に想定されるものとなっているかも妥当性の一つの側面であり，因子分析を行い，このような因子的妥当性を見ていくことも，妥当性の検証として必要な手続きと言える。重要なこと

は，尺度の妥当性とは，一回のデータ収集，一回のデータ分析で判断を下せるものではなく，内容や構造，他の変数との関連といった側面から，理論的な予測を支持する証拠が蓄積されることで高められていくものであるということである。

5．信頼性

妥当性が，尺度の正確性を表すのに対し，信頼性とは尺度の安定性や一貫性を指す。乗るたびに測定値が変動するような体重計が信頼できないのと同様，質問紙尺度は，測定の誤差が小さく，対象となる変数を安定して測定できることが求められる。

どのような誤差を対象とするかによって，信頼性の確認方法は異なってくる。同一の人に複数回にわたって測定を行った時の誤差を対象とした場合，信頼性は，再テスト法によって確認されることとなる。再テスト法とは，質問紙調査を2回実施して，1回目と2回目の測定値の相関を分析する方法である。2回の測定値の間に正の相関（1回目の測定値が高い人ほど2回目の測定値も高い）が得られれば，使用した質問紙尺度は安定した測定結果をもたらす，信頼性の高い尺度であると判断することができる。

一方，尺度の中に他の項目と異なる傾向を示すいわば仲間外れの項目がある場合，やはりその尺度は安定した測定結果をもたらすものとは言えない。この場合の信頼性は内的一貫性と呼ばれる。この内的一貫性を確認する方法としては折半法がある。折半法では，同一の概念を測定するための項目を2つのグループに分け，グループごとに項目の合計点を算出する。この得点同士の相関が高い値を示せば，項目間の誤差が小さい（一貫性が高い）と判断することとなる。また，内的一貫性の指標として多くの研究で用いられているのがα係数である。α係数は項目数が多いほど，また，項目間の相関が高いほど高い数値となり，0から1の値をとる（南風原ら，2001）。一般に0.7よりも高い値であれば内的一貫性は十分であると判断する。近年では，類似した指標としてω係数が用いられることも増えてきている（詳細は尾崎・荘島，2014を参照）。

以上のように，どのような誤差を対象とするかによって，信頼性の確認方法は分かれるため，目的に応じてそれらを使い分けることが重要となる。例えば，性格は簡単に変化するものではないため，性格を測定する尺度の信頼性を確認する際には，時間的な安定性を確認する再テスト法が必要となるであろう。一方で，容易に変動する感情について測定する尺度に対して，その信頼性を検討するにはα係数やω係数などを用いて内的一貫性を確認すればよく，再テスト法を適用す

る必要はないかもしれない。

III 質問紙調査の分類とデータ収集の手順

1．尺度作成研究

　心理学研究の中で行われている質問紙調査は，尺度作成を目的としたものと，変数間の関連の検討を目的としたものに大別することができ，これら二つを一つの論文にまとめて報告する場合もあれば，いずれか一つのみで論文が構成される場合もある（第5章参照）。尺度作成研究とは，心理学研究で扱う変数を測定する尺度（ものさし）を作ること自体を目的とした研究である。尺度作成研究は，質問項目の作成，質問紙の作成，信頼性と妥当性の確認，といった流れで行われる。以下では，より具体的に各段階の作業について述べる。

①質問項目の作成

　新たな尺度を作成するには，当然のことながら，まず「何を測定したいのか」を明確にしなければならない。例えば，学習者の学習行動を測定する尺度を作成するにしても，どの学年の，どの教科の，どのような学習場面における行動なのか（授業内の行動か，授業外の行動か）など，測定する概念を詳細に決めていく必要がある。また，測定したい概念に関する尺度がないか，既存の尺度のどのような点が不十分であるかも，先行研究を入念にチェックする。こうした手続きを経て，測定したい概念が明確になったら質問項目を作成していく。その際，関連する尺度がすでにあるのであれば，それらを参考に項目を作成し，そうした尺度がない場合には予備調査を行い，項目の候補となる情報を収集する必要がある。

　項目を作成する際には，問われている内容を調査対象者が理解できるかを常に考える必要がある。例えば，小学生を対象に調査をする場合には，できるだけ簡潔な表現を用い，漢字での表記を避ける，振り仮名（ルビ）をふるなどの配慮をしなければならない。また，一つの項目の中に二つの内容が入ってしまう「ダブルバーレル」を避けることも重要である。例えば，「数学は簡単に問題が解けてしまって嫌いだ」といった項目は，「数学は簡単に問題が解ける」といった内容と，「数学は嫌いだ」といった内容が混在しているため，「簡単に問題が解けなくて嫌いだ」という人や，「簡単に問題が解けるから好きだ」という人は，こうした項目にどのように回答したらよいかわからなくなってしまう。

②質問紙の作成

　項目を作成できても，質問紙尺度が完成したことにはならない。実際に得られたデータをもとに項目分析を行い，個々の項目について，一つの選択肢に回答が集中してしまうなど，分布に偏りがないかを確認する必要がある。また，探索的因子分析を行い，それぞれの因子に関する項目数に偏りがないかなど，質問紙尺度の全体的なバランスを整えることが求められる。探索的因子分析とは，各質問項目間の相関関係をもとに，複数の項目の背景に存在する共通の「因子」を見つける分析手法であり（南風原ら，2001），この分析によって，どの項目がどのような概念を測定しているのかを把握することが可能となる。因子分析によって質問紙尺度の構造が見えたら，それぞれの因子に関する項目数に偏りが生じないように，足りない項目は補い，余計な項目は削除するなどの調整を行う。項目が多いほうが内的一貫性は高まるが，調査対象者の負担を考え，項目数が多くなりすぎないよう注意する必要がある。このようにして測定したい概念に関する質問項目が整ったら，フェイスシートなども合わせて質問紙を完成させる。

③妥当性・信頼性の確認

　調査を実施してデータが得られたら，再度，各項目の分布を確認し，全員が同じ回答をしてしまうなど，分布が偏っている項目がないことを確認したうえで，妥当性や信頼性について確認を行っていく。

　また，この時に，想定される因子構造が得られるか（因子的妥当性）を検討するために，確認的因子分析を行うこともある（第5章参照）。確認的因子分析とは，前出の探索的因子分析とは異なり，想定される因子構造をモデルとして指定し，そのモデルと実際のデータが適合的であるかを確認する分析である。もしあてはまりが悪いようであれば，モデルの適合度を下げている項目を削除するなどの調整を行う。

　また，理論的に関連を持つとされる変数と実際に高い相関が得られているか（収束的妥当性）や，理論的に関連を持たないと考えられる変数と実際に相関が見られないか（弁別的妥当性）について，他の変数との相関係数を分析することで検討していく。

　信頼性については α 係数や ω 係数を算出して内的一貫性を確認する。また，個々の項目と尺度得点全体の相関（I-T相関）や，項目の合計得点の高い人たち（Good群）と，項目の合計得点の低い人たち（Poor群）に分けた場合に，個々の項目得点においても統計的に有意な差が生じているかを分析するG-P分析を用いること

もある。こうした分析において他の項目とは異なる傾向を示す項目が見つかれば，その項目の内容を修正する，もしくは項目自体を削除するなどの調整を行うこととなる。このようにデータの収集と妥当性，信頼性の分析を繰り返して，対象となる概念を正確に，安定して測定できる尺度を作り上げていく。

２．変数間の関連の検討

ここまで，質問紙尺度の作成を目的とした研究の手順について説明した。次に，変数間の関連を検討する場合の研究の手順について説明する。こうした研究は，変数の選択，質問紙の作成，変数間の関連の分析といった流れで行われていく。以下に詳細を述べる。

①変数の選択

研究の最初の段階では，研究の中でどのような変数に注目し，それが他の変数とどのような関連を持つと想定されるかを考える必要がある。研究の中で扱われる変数は何も２つに限定されるわけではない。３つの変数を扱う場合，それらの関連については，変数Xが変数Yを媒介して変数Zに影響を及ぼすとする「媒介モデル」，変数Xと変数Yがそれぞれ変数Zに影響を及ぼすとする「並列モデル」，変数Xと変数Yの組み合わせによって変数Zに影響が及ぶとする「調整モデル」などのパターンを想定することが可能である（図１参照）。どのモデルを想定するかによって，測定すべき変数が決まり，また，データを得た後の分析方法が決ま

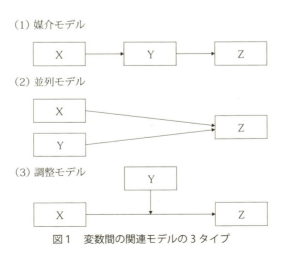

図１　変数間の関連モデルの３タイプ

ってくる。無論，すべての研究がデータを収集する前に明確な予測を持って行われているわけではなく，変数間にどのような関連が見られるのか，探索的に研究が行われる場合もあるが，いずれにしても先行研究をしっかりと調べ，これまでの研究でどのようなことが明らかにされており，何がまだ明らかにされていないかを整理したうえで，測定する変数を選択することが求められる。

②質問紙の作成

　研究で扱う変数が決まったら，それらを測定するための尺度を選び，質問紙に配置していく。例えば，学習意欲，学習行動，学習成績の関連を調べたければ，それぞれについて測定する尺度を質問紙の中に組み込む必要がある。その際には，調査対象者に過度な負担をかけないよう，質問紙全体の量に配慮することが必要である。質問紙が作成できたら，調査対象（サンプル）を決め，調査を実施する。調査の実施にあたっては，事前に依頼文書を送り，正式に同意を得るなどの手続きが必要となる。こうした研究上の倫理的配慮の手続きは近年特に重視されている（詳細は本章の最後に述べる。あわせて第 14 章も参照）。

③変数間の関連の分析

　質問紙を実施してデータが収集できたら，データを入力し，それぞれの変数について得点化を行う。例えば，「もっと学びたい」など 5 つの質問項目を用いて学習意欲を測定したのであれば，5 項目の α 係数や ω 係数を算出し，内的一貫性を確認したうえで，5 項目の評定値の平均値や合計点を算出し，学習意欲に関する尺度得点として以降の分析に使用する。

　このようにして研究で扱う変数について得点化が行えたら，変数間の関連について分析していく。ここでは基本的な分析として，回帰分析について説明する。例えば，学習意欲と学習成績について，「学習意欲の高さが学習成績に影響を与える」といった仮説を立てた場合，学習意欲の得点によって，学習成績がどのように予測されるのかを分析するのが回帰分析である。分析の結果算出される回帰係数は，一次関数における「傾き」にあたり，これが学習意欲の高さが学習成績に及ぼす影響の度合いを示す。回帰係数の値が統計的に有意であれば，学習意欲は学習成績に影響していると判断するのである。また，回帰分析の際には，独立変数で従属変数を予測できている割合を示す数値である決定係数（R^2）の値が有意であるかも確認する。この回帰分析を応用すれば，学習意欲が高い人ほど学習行動を多くとっており，その結果，学習成績が高くなっているという「媒介モデ

ル」，学習意欲と学習行動が別個に学習成績に影響するという「並列モデル」，学習意欲と学習行動の組み合わせによって学習成績に影響が及ぶとする「調整モデル」について分析することができる。

　近年の研究では，変数間の複雑な関係をパス図で表現し，そのモデルが実際のデータにどの程度整合的であるかを検討する構造方程式モデリング（Structural Equation Modeling; SEM）が頻繁に用いられるようになっている（詳細は豊田，1998などを参照）。この分析では，モデルから計算される変数間の関係と，実際に得られたデータでの変数間の関係の差異を算出し，研究者が想定しているモデルが実際のデータに適合しているかどうかを判断する。ただし，こうした高度な分析も，項目得点間の相関情報をもとに計算がなされており，モデル上の矢印（パス）は回帰分析における回帰係数を意味しているため，相関や回帰分析について理解しておくことが肝要である。

3．研究上の注意点──倫理的配慮──

　純粋に人間の心理を追究するためであっても，研究者は，調査対象者の人権を侵害するようなことをしてはならない。そこで，本章の最後に，質問紙調査の中で行うべき倫理的配慮について，研究の流れに沿って述べておく。

①調査の内容

　質問紙調査を実施する際には，対象者に心理的な負担をかけないよう，調査内容に注意する必要がある。例えば，PTSD（心的外傷後ストレス障害）を抱えている対象者が，そのきっかけとなった経験について回想しながら，さまざまな質問項目に回答することは，大きな心理的苦痛を伴うため，こうした研究を実施することは許されない。また，家庭環境も人によって異なるため，家庭での人間関係について調べる場合にも配慮が必要であり，質問紙では「親」ではなく「保護者」といった表現を使うなど，内容の吟味を徹底して行う必要がある。

②事前説明（インフォームド・コンセント）

　調査を実施するにあたっては，事前に対象者に対して調査の目的や内容を十分に説明する必要がある。事前説明では，調査者の問題意識，回答内容，被調査者への負担（項目数や実施時間など）を伝える。また個人情報の保護の問題についても言及する必要があり，得られたデータは研究の目的のみで使用されること，データは統計的に扱われ，個人が特定されることはないこと，研究上知り得た個

人情報は外部に漏れることがないように慎重に扱うことを明確に伝える。

このように伝えるべきことを十分に伝えたうえで協力者の同意を得る必要がある。その際には，調査協力に同意できない場合は回答を拒否することができること，拒否しても本人に不利益が生じないことを明確に伝えなければならない。例えば，学習者の学習行動に関する質問紙調査を，学校の授業を利用して実施する場合には，調査への協力が学校の成績とはまったく関係がないこと，また，質問紙に回答する中で気分が悪くなった場合には，回答をやめて構わないことも伝える必要がある。

③事後説明（フィードバック）

事前に説明を行ったうえで質問紙を実施すれば，調査対象者への説明責任を果たしたことになるというわけではない。調査を実施したら，データの分析の結果わかったことについて，調査対象者に対してわかりやすく説明（フィードバック）を行う必要がある。具体的には，調査の目的，測定内容，記述統計（平均や標準偏差），変数間の関係，結果からの示唆を伝える。その際，調査対象者の属性（年齢など）や要望に合わせて結果をまとめ直し，全体的な傾向について報告するようにして個人が特定されないよう配慮を行う。研究成果を学会発表や論文としてまとめる際には，上記のような倫理的配慮をしっかりと行ったうえで調査を進めたことを記述する必要がある。

◆学習チェック表
□ 質問紙調査の特徴（メリット・デメリット）について理解した。
□ 妥当性や信頼性の意味や確認方法を理解した。
□ 質問紙尺度を作る手順について理解した。
□ 質問紙尺度を用いて自らの仮説を検証していく手順について理解した。
□ 質問紙調査を行う際の倫理的配慮について理解した。

より深めるための推薦図書
　南風原朝和（2002）心理統計学の基礎―統合的理解のために．有斐閣アルマ．
　尾崎幸謙・荘島宏二郎（2014）パーソナリティ心理学のための統計学．誠信書房．
　豊田秀樹（1998）共分散構造分析［入門編］―構造方程式モデリング．朝倉書店．
　山田剛史・村井潤一郎（2004）よくわかる心理統計．ミネルヴァ書房．

　　文　　献
南風原朝和・市川伸一・下山晴彦編（2001）心理学研究法入門―調査・実験から実践まで．東京大学出版会．

村山航（2012）妥当性概念の歴史的変遷と心理測定学的観点からの考察．教育心理学年報, 51; 118-130.

第5章

質問紙調査法の実際

篠ヶ谷圭太

🔑 Keywords　横断研究，縦断研究，縦断データ，因果関係，変動パターン

I 近年の質問紙調査研究の特徴

　本章では，『教育心理学研究』に掲載された論文を取り上げ，第4章で解説した質問紙調査の進め方に関する理解を深めながら，実際の研究で扱われる，より高度な問いや分析手法について紹介する。

　近年の特徴の一つとして，個人レベルの変数だけでなく，調査対象者をとりまく環境要因の影響を考慮した研究が多く見られるようになっている点が挙げられる。例えば，学習者の認知や行動について検討する場合に，学習者の所属する学級の特徴（学級風土など）の影響に関する検討がなされている。また，もう一つの特徴として，同じ調査対象者に複数回にわたってデータを測定した研究が増えている点も挙げられる。一時点でのみ調査を行い，変数間の関連を検討する研究は横断研究と呼ばれるのに対し，同じ調査対象者に関する複数時点のデータの分析を行う研究は縦断研究と呼ばれる。

　以下では，環境要因の影響を検討した横断研究と，縦断研究について詳しく見ていくこととする。

II 環境要因に着目した横断研究

　ここでは，まず環境要因の影響に着目した大谷ら（2016）について紹介する。この調査の目的は，社会的目標構造（学級でどのような社会的目標が強調されているか）が，児童の学習に対する動機づけに与える影響を検討することである。社会的目標とは，「困っている友達を助けたい」といったような「対人関係におけ

る目標」であり，著者らは学級にこうした社会的な風土が形成されているか否かで，個人の学習に対する動機づけが異なるのではないかと考えたのである。

1．項目の収集（予備調査）

予備調査の対象は近畿圏内に在住で，小学校高学年の担当経験のある教員20名であった。教員に対して，「児童に身につけさせたい社会性」について自由記述で回答を求め，得られた59個の記述について，心理学を専門とする大学教員2名が分類したところ，「向社会性」に関する記述（例：このクラスでは相手の気持ちを考えることが大事にされている）と「規範遵守」に関する記述（例：先生は，ほかのクラスの迷惑になるようなことはしないように言っている）が多く見られた。これらのカテゴリについて，記述内容をもとに計28個の質問項目を作成した。

2．尺度の妥当性・信頼性の検討

こうして作成された質問項目を用いて，近畿圏内の3つの小学校に所属する小学5，6年生計289名に調査を行った。実施の際には，調査への参加は任意であること，学校の成績とは関係がないことなどについて伝え，質問紙にも明記した。また，調査結果は後日学校に伝えるなどの倫理的配慮を行った。尺度の妥当性をチェックするため，社会的目標構造と関連を持つことが予想される以下の変数も同時に測定した。

学級の学業的目標構造は，学級の中で学業面においてどのような目標が重視されているかであり，熟達目標構造（自身の理解を深めることを重視）に関する4項目と，遂行目標構造（他者との比較を重視）に関する4項目で構成された。学級風土に関する項目は，規則正しさに関する6項目（例：このクラスは規則を守る），生徒間の親しさに関する7項目（例：このクラスではお互いにとても親切だ），学級への満足感に関する5項目（例：このクラスは心から楽しめる）を使用した。また，社会的コンピテンスは10項目（例：友達は，たくさんいますか）で測定した。質問紙の内容については，児童が問題なく回答できるかどうかについて，事前に小学校教諭1名に確認してもらい，内容的妥当性をチェックした。

学級の社会的目標構造に関する項目について，探索的因子分析を行ったところ，今回作成された質問項目群の背景には，2つの因子が存在することが明らかとなった。1つ目の因子は「このクラスでは，相手の気持ちを考えることが大事にされています」などの項目で構成されていたため「向社会的目標構造」と命名し，2

つ目の因子は,「先生は,授業中はまわりのことを考えてしずかにしようといいます」などで構成されていたため,「規範遵守目標構造」と命名した。このように,想定された通りの因子構造が得られたことで,尺度の因子的妥当性が確認されたと言える。また,それぞれの因子に関する項目の ω 係数を算出したところ,それぞれ 0.86,0.73 といった値が得られており,尺度の内的一貫性も確認された。

次に,これらの得点と学級風土に関する他の変数との関係を検討したところ,熟達目標構造,学級風土尺度と有意な正の相関が見られ,関連がないと考えられる遂行目標構造とは実際に有意な相関が見られなかった。こうした結果はおおむね予想と一致するものであり,この研究で作成された社会的目標構造を測定する質問紙尺度の収束的妥当性,弁別的妥当性が確認された。

3．変数間の関連の検討

次に,近畿圏内の小学校 23 校（117 学級）に所属する小学 5,6 年生計 3,609 名（5 年生 1,712 名,6 年生 1,897 名,女児 1,756 名,男児 1,817 名,不明 36 名）を対象として,上述の社会的目標構造,学習行動,動機づけの関連に関する調査を行った。倫理的配慮については先の調査と同様の手続きをとった。質問紙は,社会的目標構造に関する項目のほかに,既存の尺度から,相互学習に関する 5 項目（例：おたがいの得意な勉強内容を教え合う）,内発的動機づけに関する 6 項目（例：わたしは,勉強するのは楽しいことだと思う）,学業自己効力感に関する 8 項目（例：わたしは,授業で教えられたことがわかっていると思う）で構成され,内容的妥当性は実施前に小学校教諭 2 名に確認してもらった。

この分析には,環境要因と個人変数を同時に扱うためにマルチレベル構造方程式モデル（詳細は清水,2014 などを参照）を用いた。分析の結果,予測はおおむね支持され,向社会的目標構造が相互学習を介して学習動機づけと関連することが示された。また,規範遵守目標構造も相互学習を介して学習動機づけに正の関連を示していたが,その値は小さく,影響はごくわずかであることもわかった。この研究は,相手の気持ちを考えることを大切にする教室環境によって,友人との学習が促進され,それが個人の動機づけに影響することを示しており,興味深い。

■ III　縦断研究による因果関係の検討

一時点の測定データを扱った横断研究では,捉えられる変数間の関係はあくま

第5章 質問紙調査法の実際

でも相関であり，因果関係についてはあまり強く主張することはできないが，縦断的なデータを用いれば，変数間の因果関係について推論を行うことが可能となる（詳しくは山田，2015などを参照）。ここでは，こうした点について検討を行った鈴木ら（2015）を紹介する。この研究は，中学生の動機づけに影響を及ぼす要因として「定期テスト」に注目し，縦断的な調査の中で，中学生の定期テストに対する考え方（テスト観）と，学習動機づけの因果関係について検討したものである。

1．質問紙の作成と実施

調査対象は，首都圏にある公立中学校5校（全76学級）に所属する中学1～3年生であった。質問紙は2013年6月，9月，11月，2014年2月の4時点で，定期テストの結果が返却されてから1週間以内に実施された。計4回の調査のうち，少なくとも1回の調査に参加したのは2,730名（男性1,350，女性1,379名，無回答1名，1年生865名，2年生896名，3年生969名）であり，教科として数学を想定したうえで各質問項目への回答を求めた。実施にあたっては，研究趣旨を説明し，回答は任意であること，回答したくない質問があれば飛ばしても構わないことを質問紙の表紙に明記するなどの倫理的配慮を行った。

質問紙では，「勉強する理由」である学習動機とテスト観が測定された。学習動機は，自律性（どのくらい自分から学ぼうとしているか）の度合いによって，外的調整（例：成績が下がると，怒られるから），取り入れ的調整（例：友達よりも良い成績をとりたいから），同一化的調整（例：将来の成功につながるから），内的調整（例：問題を解くことが面白いから）の4つに分類される。調査ではこれら4つの下位尺度について，3項目ずつ使用して測定した。

テスト観は，テストの機能をどのように捉えているかに関するイメージであり，既存の尺度から，改善テスト観に関する5項目（例：テストは自分がどれくらい理解できているかを確認するためのものだ）と，強制テスト観に関する4項目（例：テストは勉強を強制してやらせるためのものだ）を使用した。

また，この研究では，有能感（自分の能力が高いと思っている度合い）についても質問紙に含めた。この研究のように定期テスト後に調査を行う場合，学習動機づけやテスト観は，テスト結果の影響を受けることが予想されるため，有能感が学習動機づけやテスト観に与える影響を考慮して分析することで，学習動機づけとテスト観の関連をより明確に分析できるようになるのである。有能感については4項目（例：自分の数学の学力は優れていると思う）など4項目を使用して

測定した。

2．変数間の因果関係の検討

分析では，4時点での学習動機づけやテスト観の得点（関連する項目の平均値）を用いて，図1のようなモデルを構築し，構造方程式モデリング（詳細は豊田，2000などを参照）によって，それが実際に得られたデータとどのくらいあてはまるかを検討した。このモデルにおいて重要な点は，水平な矢印の部分である。水平な矢印とは，同じ変数について，前回の得点がその次の時点での得点に与える影響を表す。このように，前回の得点の影響を想定することで，例えば「前回動機づけが高かった人ほど今回の得点も高い」といった要素を押さえたうえで，「前回の得点からでは説明できない変化」が何によって生じたのかを分析することができるのである。なお，有能感から動機づけやテスト観に対して影響が想定されているが，これは有能感で予測される部分を取り除いたうえで，学習動機づけとテスト観の関係を分析するためである。

データとのあてはまりの良かったモデルでは，改善テスト観が，内的調整や同一化的調整といった動機づけに対して正の関連を示しており，テストを学習の改善に活用するためのものであると認識することで，学習内容を習得しようとし，内的調整や同一化的調整など，自律的な動機づけが高まることが示されたと言える。この研究は，既存の尺度を用いながら4回にわたる縦断研究を行い，テスト観と動機づけの因果関係に迫っている点で意義深い知見と言える。

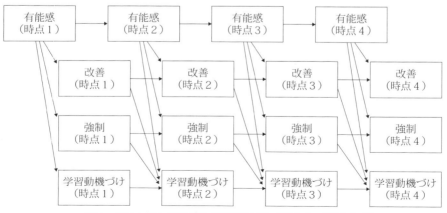

図1　テスト観と動機づけの関係モデル（鈴木ら，2015より）

第5章 質問紙調査法の実際

IV 縦断研究による変動パターンの検討

　縦断研究では，構造方程式モデリングを応用することで，「測定値の変動パターン」について詳細な検討を行うことも可能である（詳細は豊田，2000を参照）。この分析は，因子分析のように，複数時点で測定されたデータの背景に「切片」と「傾き」という潜在変数を想定したモデルを構築し，これらの影響を推定することで，時間の経過に伴って，変数の得点が増加しているのか，減少しているのかなどについて検討するものである。また，切片や傾きといった潜在変数に影響を与える要因についても検討できる。

　ここでは，こうした分析を行った湯・外山（2016）について紹介する。この研究の目的は，大学生の学習に対する興味の変容過程を明らかにすることである。研究では，まず大学生が自身の専門分野に対して抱く興味を測定する尺度を作成したうえで，興味の変動パターンに関する検討が行われた。

1．尺度の作成

　2013年12月〜2014年1月に，茨城県内の国立大学の大学生を対象として，授業期間の最初と2週間後の2回，質問紙による調査を行った（調査A）。2回の調査とも参加したのは114名であった。また，尺度の因子的妥当性を検討するため，2014年5月には，同一の大学における異なる大学生を対象として質問紙調査（調査B）を行った。こちらの回答者は288名であった。質問紙に含まれた内容は以下の通りである。

　一般的個人興味については，先行研究の枠組みをもとに「この分野の内容は興味深い」「この分野の知識は重要だと思う」など計18項目を作成した。また，作成した尺度の妥当性を確認するため，質問紙には，学習動機や達成目標，学業自己効力感など，さまざまな動機づけ変数に関する既存の尺度の質問項目も含めた。質問紙を実施する際には，回答は授業の成績と関係がないこと，質問項目への回答をもって調査協力に同意したものとみなすことを質問紙に明記し，口頭でも説明を行うなどの倫理的配慮を行った。質問紙では，「この講義の分野について，あなたの考え方をお尋ねします」と教示したうえで，項目について7件法（まったくあてはまらない〜非常にあてはまる）で回答を求めた。

　一般的個人興味に関する18項目について項目分析を行い，回答の分布が極端に偏っている項目がないことを確認したうえで，探索的因子分析を行ったところ，

一般的個人興味の項目の背景には3つの因子が存在することが示された。分析の過程で複数の因子に関連を示した項目などを削除し，最終的に12項目が残った。第1因子は「この分野に関する学習機会を楽しみにしている」など感情的な側面に関する4項目が中心であったため，「感情的価値による興味」と名付けられた。第2因子は，「この分野の知識は，私の成長に役立つと思う」など，内容の重要性の認識に関する4項目が中心であったため，「認知的価値による興味」と名付けられた。第3因子は「この分野についてさまざまな知識を持っている」などの4項目が中心であり，「興味対象関連の知識」と名付けられた。また，このような因子構造が，他のデータでも見られるかを検討するため，調査Bの288名のデータを用いて確認的因子分析を行ったところ，モデルとデータの適合度は許容できる値となった。つまり，大学生の興味として，3つの因子を想定することの因子的妥当性が確認された。

　次に，各因子を構成する項目の内的一貫性を確認するため，α係数を算出したところ，いずれの調査データにおいても，0.80以上の値が得られたため，因子を構成する質問項目は一貫しているものと考えられた。

　さらに，こうして測定された興味と，他の動機づけの尺度得点の関連を検討したところ，興味尺度内の3因子に関する得点はいずれも，学習動機の内的調整や統合・同一化調整や，マスタリー目標，自己効力感など，関連を持つと考えられる変数得点と実際に正の相関を示した。一方で，パフォーマンス回避目標のように関連があるとは考えられない変数とは実際に有意な相関は見られなかった。こうした結果から，尺度の収束的妥当性や弁別的妥当性が確認された。

2．変数の変動パターンの検討

　次に，上述の手続きによって作成した尺度を用いて，茨城県内の国立大学の1年生を対象に，大学の新入生の専攻分野への一般的個人興味の変動パターンやその個人差を検討することを目的とした質問紙調査を実施した。調査は入学の1カ月後（2014年5月），2カ月後（6月），6カ月後（10月）に行われた。3回の調査のうち少なくとも1回の調査に参加したのは499名であった。倫理的配慮は先の調査の時と同様の手続きを行った。

　尺度の内的一貫性を検討するため，3時点でのデータについて，下位尺度ごとにα係数を算出したところ，いずれも0.80以上の値が得られたため，尺度の内的一貫性は十分であると判断し，項目の平均値を下位尺度得点とした。

　次に，この3時点での3種類の興味得点（感情的価値による興味，認知的価値

による興味，興味対象関連の知識）について，構造方程式モデリングを用いて変動パターンの分析を行った。その結果，感情的価値による興味や，認知的価値による興味は，入学後の6カ月間で緩やかに低下していくのに対し，興味対象関連の知識の得点については，入学後に増加していることが示された。さらに，性別の情報を用いてこうした変化の個人差の規定要因を分析したところ，男子学生のほうが，入学後6カ月の中で学問の内容そのものの価値が高まっており，一方女子学生は逆にそうした価値が低下することが示唆された。このように，この研究は，縦断データに構造方程式モデリングを適用することで，変数の変動パターンについて詳細な検討を行っている点で興味深いと言える。

V　おわりに

　本章では，第4章で解説した質問紙調査の進め方に触れながら，『教育心理学研究』に掲載されている論文について紹介した。いずれの研究でも，事前や事後の説明を行うなどの倫理的配慮がなされており，対象となる変数について，既存の尺度がない場合には尺度を作成し，妥当性や信頼性について検討したうえで，他の変数との関連を検討している。

　また，本章で紹介した論文を見ればわかるように，近年の心理学における質問紙調査研究では，変数間の関連について多様なモデルが取り上げられ，構造方程式モデリングを中心としてより高度な分析手法が用いられるようになっている。ただし，こうした分析を行わなければ良い研究ができないわけではない。本来，統計的な分析は，自身の主張を説得的に論じていくためのツールであり，高度な分析を行うために研究をするといったように，分析手法ありきの研究となってしまっては本末転倒である。重要なことは，先行研究をしっかりとレビューし（第13章参照），自身の経験や，身の回りで起こっている現象を分析的に見つめながら，明らかにしたい問いを明確に持つことである。それが質問紙調査の最初の一歩であることを忘れてはならない。

◆学習チェック表
□　近年の質問紙調査研究の傾向について理解した。
□　横断研究と縦断研究の違いについて理解した。
□　実際の論文の中でどのようにして倫理的配慮がなされているか理解した。

より深めるための推薦図書

清水裕士（2014）個人と集団のマルチレベル分析．ナカニシヤ出版．
豊田秀樹（2000）共分散構造分析［応用編］―構造方程式モデリング．朝倉書店．
山田剛史編（2015）Rによる心理学研究法入門．北大路書房．

文　　献

大谷和大・岡田涼・中谷素之・伊藤崇達（2016）学級における社会的目標構造と学習動機づけの関連．教育心理学研究，64; 477-491.
湯立・外山美樹（2016）大学生における専攻している分野への興味の変化様態．教育心理学研究，64; 212-227.
鈴木雅之・西村多久磨・孫媛（2015）中学生の学習動機づけの変化とテスト観の関係．教育心理学研究，63; 372-385.

第6章

観察法の基礎

野澤祥子

Keywords 自然観察法, 実験的観察法, 参加観察法, 非参加観察法, 量的方法, 質的方法

I 心理学における観察法とは

1. 観察法とは

　心理学における観察法とは,「人間や動物の行動を自然な状況や実験的な状況のもとで観察, 記録, 分析し, 行動の質的・量的特徴や行動の法則性を解明する方法」(中澤, 1997) である。本章では, 特に, 人間の行動を実際に観察し, 観察に基づいて記録や分析を行う方法について説明していく。

　観察とは, 一般的に「注意深く見る」ということである。ふだん, 日常生活を送る中で, 人間がどのような状況でどのように行動するのかについて, おおむね「わかっている」と感じられるかもしれない。しかし, 例えば,「人が相手の話を聞くときにどのような姿勢でどのように相づちを打つか, それはその人の個性や相手との関係性によってどのように異なるか」といった問いにすぐに答えられるだろうか。また,「乳児は親とどのように相互作用するか」,「幼児同士はどのように遊ぶか」といった問いについて, ふだん, 乳幼児と接する機会がなければ詳細に思い浮かべることは難しいだろう。人間の行動のありようは, 経験的にわかっているようでいて, 実は, いざ問われると説明が難しい部分も多いものである。

　そこで, 人間の行動を改めて注意深く観察することにより, これまでに解明されていない行動の特徴や法則性を発見し, 人間理解に寄与することができるかもしれない。ただし, 観察を研究として実施する際には, ただ単に「よく見る」というだけではなく, 先行研究や理論を踏まえ, 手続きを明確にしたうえで進める必要がある (Pellegrini et al., 2012)。

　本章では, 観察法による研究を進めるうえで知っておくべき基礎的事項, すな

わち心理学における観察法の特徴や種類，技法，倫理的配慮について説明する。

2．観察法の特徴

本書の他の章で説明されているように，心理学の研究法として実験法（第2章・第3章参照），質問紙調査法（第4章・第5章参照），面接法（第8章・第9章参照），検査法（第10章参照）などさまざまな方法が開発されてきている。ここでは，これらの研究法と対比しながら，観察法の特徴を整理する。

①直接観察できる行動を対象とする

観察法は，直接観察できる行動を対象とし，研究協力者の言語理解力や表出力に頼らないため，乳幼児などを対象にできる。これは，言語を介して実施される質問紙調査法や面接法とは異なる特徴である。

②自然な行動を対象にできる

観察法の中でも，特に自然観察法は，実験法に比べて研究協力者への拘束や制約が少ない。日常的な文脈で発生する自然な行動をありのままに観察することができる生態学的妥当性（研究の成果が，実際の生活の姿に適合する程度）の高い研究法である。そのため，日常生活の文脈に即し，人間のリアリティを捉える研究ができる可能性がある。

ただし，自然な状況で観察する場合には，観察したい行動が生起するのを待たなければならないという難しさがあることも指摘されている（中澤，1997；松浦，2008）。例えば，幼稚園や保育所で子ども同士のいざこざを観察したいと思っても，日によっては，いざこざが発生するまでに長い時間がかかったり，観察時間内にいざこざが発生しなかったりする場合もある。また，たとえ自然観察法でも，多くの場合は観察者がその場にいて観察を行うため，完全に自然な状況であるとは言えない。さらに，そうした状況において観察可能な行動には限界がある。

③主観が入りやすい

観察法は，他の方法に比べて，視点や解釈が主観的になりやすい。条件を統制する実験法，研究協力者自身に尋ねる質問紙調査法や面接法，標準化された心理検査を用いることも多い検査法と比べて，行動を直接観察・記録する観察法では，何に注意を向けるか，行動をどう解釈するかといった点に観察者の主観が入り込みやすいのである。ただし，質的方法による研究では，観察者がいかに関与して

第6章　観察法の基礎

表1　観察法の種類
（中澤，1997；Pellegrini et al., 2012；澤田・南，2001を参考に筆者作成）

観察事態	状況への人為的操作なし	状況への人為的操作あり
	自然観察法 　偶然的観察法　組織的観察法	実験的観察法
観察形態	観察者の存在を明示	観察者の存在を明示しない
	参加観察法 　交流的観察　非交流的観察	非参加観察法
観察者の視点	外部者の視点	内部者の視点
	非参加観察法 参加観察法（非交流的観察）	参加観察法（交流的観察）

いるかに自覚的でありつつ，観察者と研究協力者の相互主観性（複数の主観の間で成り立つ意味認識）を重視することで，研究協力者が捉える意味に迫ることができる可能性も指摘されている（Pellegrini et al., 2012；澤田・南，2001）。

3．観察法の種類

　観察法は，いくつかの観点から分類することができる（中澤，1997；Pellegrini et al., 2012；澤田・南，2001）。ここでは，代表的な観点として，①観察事態（状況への人為的操作の有無），②観察形態（観察者と研究協力者の関係），③観察者の視点について述べる（表1）。

①観察事態（状況への人為的操作の有無）

　まず，状況に何らかの人為的操作を施すか否かという観点から，自然観察法と実験的観察法に分けることができる。

　自然観察法は，状況に人為的操作を施さず，自然な状況下での行動を観察する方法である。ただし，前述のように観察者がその場面にいるという事態が自然な状況とは言えない場合もあることに注意が必要である。自然観察法はさらに偶然的観察法と組織的観察法に分類することができる。偶然的観察法は，特別な準備をせずに日常生活の中で偶然に観察したことの記録に基づいて，人間の行動や関係を描き出そうとする方法である。例えば，日常の子育てで偶然に観察した子どもの姿から，子どもの発達について考察するといった場合が考えられる。一方，組織的観察法は，一定の目的に応じた適切な場面を抽出して組織的に観察を行う方法である。例えば，3歳児の向社会的行動について検討するために，幼稚園の

3歳児クラスの自由遊び場面で観察を行うといった場合である。

　実験的観察法は，対象とする行動が生じうる状況を人為的に設定し，その状況下で観察を実施する方法である。例えば，子どもが親の指示にどのように従うか，あるいは従わないかを観察するために，親子がおもちゃで何分か遊ぶ場面の後に，親に片付けを促してもらう場面を設定するといった場合がある。遊びから片付けへという状況を設定して，何組かの親子を観察することで，親子の特徴によるやりとりの違いなどを検討することができる。

　なお，実験的観察法と実験法との違いは明確ではなく，人為的操作を加えた状況下での人間の行動や反応を検討する実験法の一種として実験的観察法を位置づけることも可能である。実験的観察法は，その中でも特に，人間の行動を直接的に観察する場合である。実験法では，人間の反応について，心理検査，心拍数や脳波など直接的な行動観察以外の方法により測定することもある。

②観察形態（観察者と研究協力者の関係）

　観察法は，観察者と研究協力者との関係という観点，具体的には観察者の存在が研究協力者（被観察者）に明示されているかという観点からも分類できる。研究協力者に対して，観察者の存在が見えている場合を参加観察法（参与観察法）と呼ぶ。先述のように観察者がその場にいる事態は，必ずしも自然な状況とは言えないが，研究協力者にとって観察者が脅威となる存在ではないことが伝わり，研究協力者が観察者の存在に慣れてくると，観察者の影響は減じていく。したがって，研究協力者との丁寧な関係づくり（ラポールの形成）が重要である。なお，参加観察法には，観察者が研究協力者と関わりを持ちながら観察する交流的観察法と，観察者ができるだけ研究協力者と関わらずに観察に徹する非交流的観察法がある。

　一方，非参加観察法は，ワンウェイミラーやビデオを用い，研究協力者に観察されていることを意識させないようにして観察する方法である。その場合でも，研究倫理上，事前に研究協力者の同意を得て研究を進めることが必要である。

③観察者の視点

　観察法は，観察者の視点として外部者（outsider）の視点からの観察か，内部者（insider）の視点をもつ観察かという点で捉えることもできる（Pellegrini et al., 2012）。特に，観察者が研究協力者と関わりを持ちながら観察する交流的観察法では，観察者は外部者でありながら，研究協力者と関わりを深める中で内部者とし

第6章　観察法の基礎

ての視点からも捉えようとする。交流的観察が行われる代表的な研究法としては，文化人類学や社会学で発展したエスノグラフィック・リサーチがある（Spradley, 1980 など；第 11 章も参照のこと）。

■ II　量的方法

　心理学の研究として観察を実施するための技法には，どのようなものがあるだろうか。表2に示したようにデータ収集（観察対象や単位の抽出）の仕方，また，記録方法にいくつかの種類がある（澤田・南，2001）。本節ではまず量的方法の，そして次節で質的方法の，それぞれの代表的なパターンについて，１．データ収集，２．記録方法，３．データ分析方法，４．実施する際の留意点を述べる。なお，観察研究においては，量的方法，質的方法のいずれかが用いられる場合と，その両方が組み合わせて用いられる混合アプローチがとられる場合とがある。

　量的方法では，あらかじめ観察すべき行動を定め，分類や評定のためのカテゴリーや評定尺度を設定し，それらを用いて得た量的データを，統計的手法などを用いて分析する。この方法は，自然観察法・実験的観察法・参加観察法・非参加観察法のいずれにおいても用いられるが，観察の客観性が重視されるため外部者の視点からの研究となる。

１．データ収集

　データ収集においては，観察の対象をどのように抽出すれば，より目的に応じたデータが収集できるのかを選択する必要がある。量的方法における観察対象の

表2　観察法の技法（澤田・南，2001 を参考に筆者作成）

観察対象・単位の抽出の仕方		記録方法例
時間見本法	一定時間内での行動を抽出する	行動目録法
事象見本法	特定の事象や行動を抽出し，生起要因や経過を観察する	評定尺度法
場面見本法	焦点化した行動が生起しそうな場面を観察する	行動描写法
日誌法	特定の人物や集団を日常生活の中で観察する	行動描写法
記録方法		データの種類
行動目録法	カテゴリーを定め，行動生起をチェックする	量的データ
評定尺度法	評定尺度を用いて，行動や印象などを評定する	量的データ
行動描写法	行動を時間的な流れに沿って言葉で記述する	質的データ

抽出の仕方としては，主に時間見本法，事象見本法，場面見本法がある。

時間見本法とは，ある一定の時間内での行動を抽出する方法である。研究目的に応じて適当な時間間隔を区切り，その時間単位ごとに生起した行動を記録する。なお，時間単位をどれくらいに設定するかは，研究目的や対象とする行動の特徴などによって定められる。映像のコマ送り機能を用いることで，通常人の目では直接観察できない，ミクロな時間単位（例えば1秒未満の単位）での分析も可能である。

事象見本法とは，ある特定の事象を抽出し，その生起や経過のプロセスを観察する方法である。親子の相互作用や，子ども同士の相互作用などさまざまな事象について，多くの研究がなされている（例えば，第7章の研究事例参照）。

場面見本法とは，対象とする行動が生起しそうな場面や，理論的に意味ある場面を抽出し，その場面で生じる行動を観察する方法である。例えば，乳幼児の食事場面の研究が挙げられる（外山，2008など）。

2．記録方法

量的方法における記録方法としては，行動目録法，評定尺度法が挙げられる。観察と同時並行で記録する方法と，ビデオカメラで録画した映像について記録する方法がある。

行動目録法は，焦点を当てる行動のカテゴリーをあらかじめ準備し，行動が生起したら記録する方法であり，チェックリスト法とも呼ばれる。この方法を用いた古典的研究として，パーテン Parten（1932）の研究がある。この研究では，自由遊びの時間にみられる遊び行動を，1分を単位とした時間見本法で観察している。遊びへの参加のカテゴリーとして「何もしない」「孤立遊び」「傍観」「並行遊び」「連合遊び」「協同遊び」を設定し，年齢による遊びの違いを検討している。図1は，カテゴリーシステムを利用した記録用紙例である。カテゴリーは研究の目的によって，先行研究のカテゴリーを活用する場合と，行動カテゴリーを自ら設定する場合がある。行動カテゴリーを設定する場合の一般的手順と留意点を表3に整理した。なお，映像データを用いた分析においては，専用のソフトウェアを用いることもできる。

評定尺度法は，焦点を当てる行動や態度，集団のやりとりや雰囲気について，尺度によって評定する方法である。例えば，保育における環境構成や，保育者と子どものやりとりの質（保育プロセスの質と呼ばれる）を観察によって評定する尺度が複数開発されている。「保育環境評価スケール」（Harms et al., 2014）は，

第6章　観察法の基礎

観察日　　　年　　月　　日		観察開始　　時　　分	観察終了　　時　　分	
観察場所：		天候等：		
観察対象者ID：		観察者：		

観察 単位 （1分）	なにも しない	孤立遊び	傍観	並行遊び	連合遊び	協同遊び
1	✓					
2			✓			
3				✓		
計						
備考						

図1　時間見本法におけるカテゴリーシステムの記録用紙例

保育室の環境構成や保育者の関わりの内容を示す各項目について7段階で評定するものであり，代表的な保育の質評価スケールとして世界各国で用いられている。

3．データ分析の方法

行動目録法や評定尺度法によって評定・記録されたデータは，量的データとして扱い，統計的手法を用いて分析することができる。

4．実施する際の留意点

研究において信頼性と妥当性を確保することは重要である。観察法において問題とされる信頼性とは，観察者の捉え方に偏りがなく，観察者間の評定・分類が安定しているかということである。これを確認するため，複数の観察者による評定・分類の一致度を算出する。一致度の指標として κ 係数（カッパ係数）が用いられることも多い（図2）。κ 係数は，見かけの一致率から偶然の一致率を差し引いて評価する指標である。見かけの一致率とは，全評定数のうち，観察者間の評

77

表3　量的方法におけるカテゴリー設定の一般的手順と留意点

【カテゴリー設定の手順】
① 予備観察を行い，対象となる行動を定める。
② 対象となる行動を心理学の構成概念と結び付け，先行研究を参照しながら操作的定義をする。
③ 構成概念の定義に基づき観察データを見て，どのような種類の行動があるかを把握する。それぞれの行動を下位カテゴリーとし，下位カテゴリーの操作的定義を行う。
④ 設定したカテゴリーを用いて分類を行い，カテゴリーの妥当性を確認する。
・カテゴリーの内容・定義は，捉えようとしている行動と齟齬がないか
・カテゴリーの定義は，誰が読んでも理解できるわかりやすいものになっているか
・カテゴリーは相互排他的か
・生じうる行動が網羅されているか
・カテゴリーの数は適当か
⑤ 複数の評定者による評定者間一致率を算出し，評定の信頼性を確認する。
・カテゴリーの内容や定義の不適切さにより，一致率が低くなってしまった場合には，カテゴリーの修正を行い，分類をやり直す。

【カテゴリー設定の際の留意点】
・下位カテゴリーは，相互排他的なものとする。そうでないと，どちらのカテゴリーに入るかが判別できなくなる。
・下位カテゴリーは，生じうる行動を網羅する。そうでないと，どのカテゴリーにも入らない行動が生じたときに分類できなくなる。ごくまれにしか生じない行動がある場合は，「その他」のカテゴリーを設けることがある。
・カテゴリーが多すぎると，分類が難しくなる場合もあるため，注意が必要である。

$$\kappa = \frac{Po - Pe}{1 - Pe}$$　　Po：見かけの一致率　Pe：偶然の一致率

κ係数の算出例

		観察者1			
		ポジティブ	ニュートラル	ネガティブ	計
観察者2	ポジティブ	21	2	0	23
	ニュートラル	1	10	1	12
	ネガティブ	0	0	5	5
	計	22	12	6	40

$Po = (21 + 10 + 5) / 40$

$Pe = \dfrac{22}{40} \times \dfrac{23}{40} + \dfrac{12}{40} \times \dfrac{12}{40} + \dfrac{6}{40} \times \dfrac{5}{40} = \dfrac{22 \times 23 + 12 \times 12 + 6 \times 5}{40 \times 40}$

$\kappa = 0.83$　（小数点第3位以下を四捨五入）

図2　κ係数の算出の仕方

定が一致した場合の割合である。一方，各評定者の各カテゴリー評定の確率（各カテゴリー評定数／全評定数）を評定者間で掛けるとそのカテゴリーの評定が偶然に一致する確率が算出でき，それをすべてのカテゴリーについて足し合わせたものが偶然の一致率である。

　一方，観察法において問題とされる妥当性とは，目的に応じて観察すべき行動がきちんと観察されているかということである。まずは，観察しようとしている行動について，心理学の構成概念（「共感性」，「自尊心」など人間の心理に関わる，理論的に構成される概念）と結びつけたうえで，その構成概念に関する先行研究を参照しながら十分な定義づけを行うことが必要である。定義づけの重要性の例として，川上（1997）は，「攻撃行動」を身体的攻撃のみと捉えるのか，言語的攻撃を含めて捉えるのかによって，観察すべき行動が異なってくることを指摘している。

III　質的方法

　澤田・南（2001）は，質的分析の核心は「多様な事象の中から意味のある違いと類似のパターンを見出し，その本質的な特徴を同定することである」と述べている。質的方法では，観察において得られたデータから出来事や事象を記述し，そこからカテゴリーを帰納的，つまりボトムアップに生成し，複数のカテゴリーをまとめる概念を構成する。概念間の関係を説明する仮説生成に至ることもある。主に自然観察法かつ参加観察法である場合に用いられ，内部者の視点やリアリティを捉えようとする志向性をもつ。

1．データ収集

　質的方法における，観察対象の抽出法としては，主に事象見本法，場面見本法，日誌法（日記法）が用いられる。事象見本法と場面見本法については，量的方法の部分で述べたので，ここでは日誌法について説明する。

　日誌法とは，ある特定の人物や集団を，日常生活の中で観察し，日誌として記録する方法である。育児日誌や保育日誌，フィールドノーツ（調査フィールドでの観察の記録）などが含まれる。例えば，やまだ（1987）や麻生（1992）は，自らの子どもを対象とした記録から，乳児期におけるコミュニケーションの発達過程を精緻な分析により明らかにしている。

2．記録方法

質的方法においては，多くの場合，生じた行動を言葉で記述する行動描写法が用いられる。行動描写法は，逸話記録法，エピソード記録法とも呼ばれる。その状況で生じている特徴的な行動を，観察された状況や前後の文脈も含め，時間的な流れに沿ってつぶさに記述する記録方法である。なお，直接観察したことについてフィールドノーツのような形で記録する場合と，ビデオカメラで録画した映像を見て記録する場合がある。直接観察したことについて記録を行う場合，時間が経つと記憶が曖昧になるため，直後に記録しておくことが重要である。また，ビデオで録画を行う場合も，観察者が気づいたことやビデオに映らなかった情報（例えば，その日の天候や欠席者の有無など）についてフィールドノーツとして残しておくことで，より精緻な分析につながる。

3．データ分析の方法

行動描写法によって，言葉で記録された質的データは，質的分析の技法を用いて分析することができる。先述のように，質的分析では，観察で得られたデータから出来事や事象を記述し，カテゴリーを帰納的に生成し，複数のカテゴリーをまとめる概念を構成する。代表的な分析技法として，グラウンデッド・セオリー・アプローチ（GTA）（Glaser & Strauss, 1967），修正版グラウンデッド・セオリー・アプローチ（M-GTA）（木下，2003），KJ法（川喜多，1967），複線経路・等至性モデル（TEM）（サトウ，2009）などがある。各技法の詳細は，原典や参考書を参考にしていただきたい。

4．実施する際の留意点

質的研究においては，研究者のバイアスを排除することは不可能であるという認識のもとに研究の妥当性と信頼性を検討する必要があることが指摘されている（Gibbs, 2017）。妥当性に関しては，例えば，2つ以上の異なる視点から検討する「トライアンギュレーション」という考え方がある。異なるサンプルやデータセット，異なる調査者，異なる研究方法論や理論を組み合わせることで，どの見方の信憑性が高いかを検討することができる。また，質的分析においては，事例内・事例間で「絶えざる比較」（Glaser & Strauss, 1967）を行うが，その際に否定事例や逸脱事例も無視せずに検討することで研究の妥当性を高めることができる。また，信頼性については，コーディング（データにコードをつけたり，カテ

第6章　観察法の基礎

ゴリー分類を行う作業）の一貫性を確保することが課題である。分析の前半と後半で一貫性を欠くものにならないようにするため，コードやカテゴリーの定義の持続的なチェックや，複数の研究者による相互チェックなどが提案されている。

■ Ⅳ　倫理的配慮

近年，研究者の倫理が一層大きく問われるようになっている。研究の過程で不正があってはならないのはもちろんのこと，研究協力者への倫理的配慮も非常に重要な課題である。心理学研究における倫理的配慮に関しては，各学会や大学などで倫理規程や倫理綱領が出されている。それらを参照し，倫理的な行動指針に基づいて研究を進めることが求められる（第14章も参照のこと）。

1．倫理的配慮の基礎的事項

日本心理学会の倫理規程では，心理学に関わる者の倫理として，社会，個人，学問に対する責任と義務について説明している。これらはいずれも重要なものである。研究協力者の日常生活に入り込むことも多い観察法では，個人に対する責任と義務として挙げられている「すべての人間の基本的人権を侵してはならない」こと，「研究対象となる人々，あるいはともに活動する人々の権利を尊重し，同時にこれらの人々の属する家族，団体，地域社会に不利益をもたらすことのないように配慮しなければならない」ことを常に念頭に置くことが求められる。

2．観察法における倫理的配慮

観察法における研究協力者への倫理的配慮として，特に重要な点を研究の流れに沿って表4に示す。

研究計画段階では，倫理規程や倫理綱領を参照し，研究の過程で生じうる不適切な事態を予防するための対策を検討する。また，原則として，所属する組織の倫理委員会の承認を得ることが求められる。観察調査の実施前には，研究協力者に研究について十分な説明を行い，同意を得るインフォームド・コンセントの手続きを行う。調査実施期間を通じて，研究協力者のプライバシーに配慮し，個人情報の管理・保護に十分に留意する。研究協力者に敬意を払い，適切な人間関係を築くとともに，研究途中でも研究協力者からの問い合わせに応じられるように連絡先を伝えておく。さらに，研究成果の公表時には，研究協力者の不利益になる情報の開示は行わないよう留意する。また，研究成果は研究協力者にも開示し，

表4　観察法における倫理的配慮の代表的な観点（日本心理学会倫理規程を参考に筆者作成）

内容	説明
【研究計画段階】	
研究計画	研究の過程で生じうる不適切な事態をあらかじめ想定し，予防し得る対策を検討しておく。
倫理委員会等の承認	所属する組織の倫理委員会に具体的計画の承認を得る。
【観察調査実施前・実施中】	
インフォームド・コンセント	研究協力者に対し，研究過程全体について，開始前に十分に説明し，文書で同意を得る。必要な場合は，保護者などの代諾者から文書で同意を得る。
プライバシーへの配慮と適切な関係の確立	研究協力者のプライバシーを侵さないように配慮する。研究協力者と対等な人間関係を確立する。
個人情報の保護とデータ管理	研究の全過程ならびに研究終了後も，知り得た個人情報の保護，得られたデータの管理を厳重に行う。
研究協力者への情報開示	研究協力者に対し，問い合わせや情報開示の方法を，研究開始時に説明する。
研究計画変更に伴う手続き	研究計画の変更が必要になった場合は，倫理委員会の承認を得るとともに，研究協力者の同意を得る。
【研究成果の公表時】	
研究協力者の不利益の回避	研究協力者の不利益になる情報の開示は行わない。成果を研究協力者に開示し，公表されるデータについて研究協力者と間で観点の不一致がないかを確認する。
肖像権への配慮	観察の映像や画像のデータを研究発表で使用する場合は，肖像権に配慮し，研究協力者に示したうえで，諾否を確認する。

観点の不一致がないかを確認する。観察の映像や画像を研究発表で使用する場合は，肖像権に配慮し，必ず研究協力者の承諾を得ることが必要である。

　以上に示した点，さらに考え得る配慮事項について十分に検討しながら研究を進めていくことが重要である。

◆学習チェック表
☐　観察法の特徴について，他の方法との違いを説明できる。
☐　観察法の種類について説明できる。
☐　観察法の技法について説明できる。
☐　観察法における倫理的配慮の重要性と観点について理解した。

第6章　観察法の基礎

より深めるための推薦図書

中澤潤・大野木裕明・南博文編（1997）心理学マニュアル　観察法．北大路書房．

松浦均・西口利文編（2008）心理学基礎演習 Vol.3　観察法・調査的面接法の進め方．ナカニシヤ出版．

南風原朝和・市川伸一・下山晴彦編（2001）心理学研究法入門―調査・実験から実践まで．東京大学出版会．

文　　献

麻生武（1992）身ぶりからことばへ―赤ちゃんにみる私たちの起源．新曜社．

Gibbs, G. R.（2017）*Analyzing Qualitative Data.* 2nd Edition. SAGE Qualitative Research Kit 6.（砂上史子・一柳智紀・一柳梢訳（2017）質的データの分析　SAGE 質的研究キット 6．新曜社．）

Glaser, B. G., & Strauss, A. L.（1967）*The Discovery of Grounded Theory: Strategies for Qualitative Research.*（後藤隆・大出春江・水野節夫訳（1996）データ対話型理論の発見．新曜社．）

Harms, T., Clifford, R. M., & Cryer, D.（2014）*The Early Childhood Environment Rating Scale.* 3rd Edition.（埋橋玲子訳（2016）新・保育環境評価スケール① 3 歳以上．法律文化社．）

川上正浩（1997）統計的な基礎．In: 中澤潤・大野木裕明・南博文編：心理学マニュアル　観察法．北大路書房，pp.96-107．

川喜田二郎（1967）発想法―創造性開発のために．中公新書．

木下康仁（2003）グラウンデッド・セオリー・アプローチの実践―質的研究への誘い．弘文堂．

公益社団法人日本心理学会（2011）公益社団法人日本心理学会倫理規程［第 3 版］．https://psych. or. jp/wp-content/uploads/2017/09/rinri_kitei. pdf

中澤潤（1997）人間行動の理解と観察法．In：中澤潤・大野木裕明・南博文編：心理学マニュアル　観察法．北大路書房，pp.1-12．

松浦均（2008）観察法とは．In：松浦均・西口利文編：心理学基礎演習 Vol.3　観察法・調査的面接法の進め方．ナカニシヤ出版．

Parten, M. B.（1932）Social Participation Among Pre-school Children. *Journal of Abnormal and Social Psychology,* 27; 243-269.

Pellegrini, A. D., Symons, F. & Hoch, J.（2012）*Observing Children in their Natural Worlds: A Methodological Primer.* 3rd Edition. Lawrence Erlbaum Associates.

サトウタツヤ（2009）TEM ではじめる質的研究―時間とプロセスを扱う研究をめざして．誠信書房．

澤田英三・南博文（2001）質的調査―観察・面接・フィールドワーク．In：南風原朝和・市川伸一・下山晴彦編：心理学研究法入門―調査・実験から実践まで．東京大学出版会．

Spradley, J. P.（1980）*Participant Observation.* Thomson Learning Inc.（田中美恵子・麻原きよみ監訳（2010）参加観察法入門．医学書院．）

外山紀子（2008）食事場面における 1 〜 3 歳児と母親の相互交渉― 文化的な活動としての食事の成立．発達心理学研究，19; 232-242.

やまだようこ（1987）ことばの前のことば―ことばが生まれるすじみち 1．新曜社．

第7章

観察法の実際

野澤祥子

Keywords 非交流的参加観察法，事象見本法，行動目録法，フィールド研究，カテゴリー作成，コーディング

I 観察法を用いた研究事例の概要

　本章では，観察法を用いた研究事例に基づき，観察法の実際について研究の流れに沿って解説する。観察法による研究を実際に進める際にヒントとなる工夫や留意点についても触れる。

　まず，本章で紹介するのは，本章の筆者である野澤（2011）による「1〜2歳の子ども同士のやりとりにおける自己主張の発達的変化」（発達心理学研究，22;22-32）である。この研究は，保育所の1歳児クラスで約1年間にわたって1〜2週間に1回程度の縦断的観察（同じ対象を追跡的に観察すること）を行い，子ども同士の葛藤場面において生じる自己主張がどのように発達的変化を遂げるのかを，潜在曲線モデルを用いて検討したものである。

　第6章で整理した観察法の種類からいうと，自然観察法かつ非交流的な参加観察法であり，観察対象の抽出法としては事象見本法，記録方法としては行動目録法を用い，量的分析を行っている。このパターンは，心理学における観察研究の典型例の一つである。調査時期は2003年5月〜2004年3月，調査対象は東京都内公立保育所1園の1歳児クラスの男児4名，女児6名の計10名であった。観察においては調査者がデジタルビデオカメラを手にもって録画を行った。

　以下に，研究の流れに沿って，研究テーマの着想と計画，観察の実施，データの分析，結果のまとめの順に解説する。また，以下に述べていく内容の要点について，研究テーマの着想と計画，観察の実施データの分析，結果のまとめを表1に整理した。

第 7 章　観察法の実際

表 1　自然観察法（量的方法）を用いた研究の手続きと留意点

【研究テーマの着想と計画】 1 ）研究テーマの着想 ・観察の現場での経験や感じたことを基に問いを洗練化させていく。 ・調べたい内容を心理学の研究の流れに位置づけ，対象としようとする行動を心理学の構成概念と結び付ける。 2 ）研究の計画 ・研究の目的，調査時期・調査頻度（調査スケジュール），観察の方法，観察の対象などについて検討する。
【観察の実施】 1 ）観察実施前の手続き ・フィールドで関係者に研究計画の説明をし，同意を得る。 ・そのために依頼書，説明書，同意書（本章表 2 参照）を準備する。 2 ）フィールド・エントリーにおける留意点・工夫 ・フィールドの責任者や担当者とコミュニケーションをとり，必要事項を尋ねる。 ・挨拶や自己紹介などを行い関係づくりに努める。 3 ）観察実施における留意点や工夫 ・予備的な観察の期間を設け，フィールドの様子を把握する。 ・研究の過程で入手した個人情報や観察データは厳重に保管する。 ・知り得た情報の秘密保持を厳守する。 ・記録にビデオを用いる場合，ビデオに映らない情報も多いため，並行して記述的な記録を取っておく。
【データの分析】 1 ）カテゴリーの作成とコーディング ・対象とする行動の操作的定義を明確にする。 ・カテゴリーの内容と操作的定義を明確にする（第 6 章表 3 参照）。 ・カテゴリー作成の手順や修正の履歴を記録として残しておく。 ・カテゴリーが完成しすべてのコーディングが終了したら，評定者間の一致度を算出する。 ・信頼性を高める努力をする（本章表 3 参照）。 2 ）量的データの分析 ・研究の目的に応じた分析を行う。
【結果のまとめ】 ・観察や分析の過程で得た着想も組み込み，先行研究と対比しながら研究のオリジナリティを説得的に伝える記述を心がける。

II　研究テーマの着想と計画

　まず，どのように研究テーマの着想を得て，研究計画を立てたのかについて説明する。観察法の中でも，特に自然観察法を実施する場合は，日常生活の場で実際に行動を直接観察するという点を生かし，先行研究や自分の経験を鵜呑みにす

ることなく，フィールド（観察の現場）での経験や気づきを基に問いを洗練化させていくことで，研究のオリジナリティを高めていくことができると考える。ただし，第6章でも述べたように，心理学の研究として進めていく場合には，研究を心理学研究の流れに位置づけ，対象としようとする行動を心理学の構成概念と結び付ける必要がある。実際には，観察と理論的検討を循環的に進めていくことも多い。野澤（2011）に基づき，このプロセスの一例を紹介する。

1．研究テーマの着想

筆者は，大学の学部生時代より保育所をフィールドとし，幼児の社会性の発達に関心を持って研究を進めてきた。その中で，子ども同士の葛藤場面でのやりとりが大変興味深く感じられた。当時，このテーマに関する先行研究では，3歳以上の幼児を対象としたものが多く，子ども同士の葛藤が何歳ごろからどのように萌芽し，発達するのかについてはあまり明らかにされていなかった。「1，2歳児では，物の取り合いが多く生じ，激しい泣きや，相手を叩いたりする行動も多いと聞くけれど，実際はどうなのだろう。葛藤に際して自分の要求を伝え，相手と要求を調整し合うやりとりはどのように萌芽し，発達するのだろうか」といった素朴な疑問が研究の出発点であった。研究の着想を得たら，関連する先行研究をレビューし，観察の対象としたい事象を心理学の研究の中に位置づけて研究の目的を明確にすることが必要である。野澤（2011）の場合，乳幼児期の仲間関係における「いざこざ，けんか，対人葛藤，社会的葛藤」に関する研究に位置づけることとした。

このように，既に観察のフィールドとつながりがある場合は，そこでの経験から着想を得ることができる。フィールドに身をおいてこそ，追求したい問いに出会える場合も多いだろう。そうした出会いがフィールド研究の醍醐味でもある。しかし，フィールドとのつながりが最初からあることは少ない。どのようにしてフィールドとつながるかは，さまざまなケースがあり得るので一概には言えないが，学生の場合だと，研究を始めようとする際にまずは指導教員に相談し，助言や指示を得ることが必要である。フィールド研究を行う際には，第6章でも述べたようにさまざまな倫理的配慮が必要であり，大学など所属する組織の規程についても確認しておくことが求められる。

2．研究の計画

研究テーマをある程度定めたら，実際にどのように観察を進めていくかを計画

する。計画を立てる際には，①研究の目的，②調査期間と調査頻度（調査スケジュール），③観察の方法，④観察の対象などを検討しておく必要がある。ただし，倫理審査を受けたり，フィールドで計画を説明したりする過程で計画の修正を求められる場合もある。

①研究の目的

野澤（2011）の研究の目的は，仲間関係の発達において葛藤経験が重要な意味を持つことを踏まえ，1～2歳児の仲間関係における葛藤の萌芽とその発達的変化を検討することであった。論文のタイトルにあるように最終的には，特に，葛藤場面で生じる「自己主張」に焦点を当てて分析したが，これは観察と分析を通じて次第に明確化したテーマである。

②調査期間と調査頻度（調査スケジュール）

研究の目的に応じて調査期間と調査頻度を決める。1歳児クラスでの発達的変化を検討したかったため，調査期間は年度はじめから年度終わりまでの1年間とした。ただし，実際には，4月に園との調整や予備観察を実施したため，調査期間は5月～翌年3月となった。調査頻度は，1～2週間に1回程度とした。

また，8月のお盆前後と年末年始の休園期間を区切りとし，5月～8月をⅠ期，9月～12月をⅡ期，1月～3月をⅢ期として観察・分析を進めることにした。なお，どのように研究期間を区切るか，あるいは区切らないかは研究目的や分析方法，現場の状況とも関わる問題であり，研究ごとに検討する必要がある。

③観察の方法

研究の目的に応じて観察の方法を選択する。保育所という日常生活の場での自然なやりとりについて検討したいと考え，保育所での自然観察法とした。ただし，観察者の存在を明示する参加観察でありながらも，子どもとの交流は，不自然にならない程度の最低限とする非交流的観察法とした。子ども同士のやりとりに焦点を当てて観察するため，観察者自身が子どもと関わるのではなく，観察に徹することにしたのである。

④観察の対象

研究の目的に応じて観察の対象とする場面を決める。野澤（2011）では，登園時から昼食前までの自由遊びとした。葛藤場面を検討することが目的ではある

ものの，葛藤が生じた場面のみを観察の対象とすると，葛藤が生じる前の文脈情報を得にくくなる。例えば，葛藤が生じたと気づいたときにカメラを向けるのでは，何がきっかけだったのかを捉えられないことが多い。また，ビデオカメラで録画を行う際，クラス全体を撮影すると，一人ひとりが小さくしか映らず，細かなやりとりを捉えることは難しくなってしまう。そこで，毎回ターゲット児を定め，一人につき10分間ずつ，その子どもの周辺の様子も含めて録画することとした。クラス全体を観察・撮影するのか，あるいは毎回ターゲットを定めるか，ターゲットを定めた場合に一人何分間ずつ録画するかは，研究の目的と関わっている。実際には，予備観察などを通して，研究の目的に適うデータ収集が可能になる方法を見出す必要がある。

III　観察の実施

　観察を実施する際には，実施前にフィールドに対して研究計画の説明と同意を得る手続きが必要である。同意が得られたら，フィールドに入り（フィールド・エントリー），予備観察を経て本格的に観察を開始する。ここでは，その際の手順ならびに留意点や工夫について説明する。

1．観察実施前の手続き

　フィールドで観察調査を実施する際には，施設長などの施設責任者，担当者，研究協力者などの関係者に対し，事前に研究計画について説明したうえで，文書で同意を得る。研究協力者が子どもの場合など，本人から文書での同意が得られない場合は，保護者から代諾を得る。そのために，依頼状，説明書，同意書を準備しておく。学生の場合，指導教員からの依頼状が必要な場合もあるため，事前に施設責任者に確認する。説明書と同意書は，所属する組織の倫理委員会に書式が準備されている場合もある。説明書に含める事項の例を表2に示す。

　説明と同意を得る手続きは，まず，責任者から始め，責任者の同意が得られたら，担当者や研究協力者，保護者などに実施する。ただし，その際に，どのように説明し，同意を得るかについては，そのフィールドの方針に従うことが原則である。研究協力者や保護者への説明会を開き，その場で同意を得るという手続きを求められる場合がある一方で，説明文書や同意書を配布し，施設長や担当者を通じて回収するという手続きが求められる場合もある。

第7章　観察法の実際

表2　説明書に含める事項の例

1) 研究の概要
・研究のタイトル
・研究者の氏名・所属
　（学生の場合，指導教員の氏名，所属，職名）
・研究目的
・研究方法
2) 研究協力の任意性と撤回の自由
・研究協力は任意であること，同意は撤回可能なことについて
3) 個人情報の保護
・個人情報の保護のための対策について
4) 研究成果の発表
・研究成果をどのような形で発表するかについて
5) 情報の取り扱い方針
・研究データをどのような形で利用するか，どのような形で何年間保管するかについて
6) 問い合わせ先
・研究者氏名，所属
・問い合わせ可能なメールアドレスなど

※所属機関の倫理委員会で含めるべき内容が定められている場合がある。

2．フィールド・エントリーにおける留意点・工夫

　フィールドへの参入は，緊張や不安とともに出会いへの期待が高まる事態でもある（澤田・南，2001）。施設長などの責任者とコミュニケーションをとり，その施設について理解するように努める。また，保育所や幼稚園，学校などのクラスで観察を始める前には，担任保育者や教師に留意点などを尋ねておく。野澤（2011）では，担任保育者から，月齢が最も低い子どもが人見知り中なので，最初のうちはなるべく視界に入らないようにしてほしいという要望があった。子どもとどのように関わるかということに関しても，フィールドによってさまざまな要望がある可能性がある。調査時間外では，積極的に遊びに入ってほしいという場合もあれば，それは控えてほしいという場合もあるだろう。こちらの希望がある場合には伝えつつ，フィールドの方針に従うことが重要である。

　研究協力者である子どもが低年齢の場合など文書で同意を得ることが難しい場合でも，観察者が，子どもに対して挨拶や自己紹介をするとともに，どのような立場でフィールドに入らせてもらうのかを知らせたうえで，関係づくりに努めることは，倫理的配慮として重要な点である。また，子どもに観察者がどのような立場なのかを知らせておくことで，観察すべき時間は観察に徹することなどもし

89

やすくなるだろう。

3．観察実施における留意点や工夫

　観察を本格的に開始する前には，通常，予備的な観察の期間を設け，そのフィールドの様子を把握する。園や学校であれば，クラスの日課や子どもの様子を把握し，名前と顔が一致するようにする。この期間に，研究において必要な子どもの情報（名前・月齢など）や保育者・教師の情報（経験年数など）を得ておく。こうした個人情報ならびに観察データは紛失のないよう厳重に管理し，知り得た情報の秘密保持を厳守しなければならない。

　予備的な観察において，フィールドの様子を把握し，研究協力者が観察者や機器に徐々に慣れてきたら，本観察を開始する。ビデオカメラで録画する際の留意点として，カメラに映っていない情報は後から把握できないという限界がある（中澤，1997）。また，その場の雰囲気など微妙な情報も伝わりにくいことが指摘されている。ビデオによる録画と並行して，その日の天候や欠席者などの情報，気づいたことについてフィールドノーツとして残しておくことが推奨される。

IV　データの分析

　データの分析を観察と並行して進める場合もあるが，野澤（2011）では，観察期間中は気づいた点について記録するにとどめ，観察期間終了後に分析を進めた。観察期間中には，どのように分析を進めれば，自分が観察の中で感じたことが生きるオリジナリティの高い知見が得られるのかが，なかなかみえて来なかったというのが正直なところである。分析と並行して，関連文献を調べたり，新たな分析方法を学んだりする中で，徐々に方向性が明確になっていった。

　ただし，卒業論文など研究期間が短い場合には，明らかにしたい問いをあらかじめある程度絞り，データの分析をできるだけ早めに進めるようにすることも大切である。観察データの分析には時間がかかることに注意が必要である。

1．カテゴリーの作成とコーディング

　観察データから対象とする事例を抽出し，必要な場合はKJ法などを用いてカテゴリーを作成し，コーディングを行う。

①分析の対象とする行動の定義づけと事例の収集

第7章　観察法の実際

　観察データから事例を抽出する際には，どのような事例を抽出するかを明確に定義づけておく必要がある。野澤（2011）では，観察と並行して先行研究のレビューを進める中で，子ども同士の葛藤場面で生じる「自己主張」に焦点を当てることで，発達的変化がよりクリアにみえるのではないだろうか，との着想を得た。そこで，「他児への自己主張を含む相互作用」の事例をVTRから抽出した。そのすべての事例について相互作用開始時の状況，子どもの発声・発話・行動，保育者の対応，終了後の状況を文字に書き起こした。その結果，Ⅰ期136，Ⅱ期155，Ⅲ期151の事例が収集された。

②カテゴリーの作成とコーディング

　カテゴリー作成の具体的手順は野澤（2011）に詳述してある。自己主張の内容に関するカテゴリーの作成の手順を要約すると，以下となる。

- 4名の子どもの行動からKJ法により暫定的なカテゴリーを作成
- 暫定カテゴリーを用いて，すべての子どもの行動についてコーディング
- コーディングの際に，不十分なカテゴリーを適宜修正

　データからカテゴリーを作成し，コーディングを行うことは，容易な作業ではない。何度かカテゴリーの修正とコーディングのやり直しを繰り返すことで，最終的なカテゴリーを決定することができた。大変な作業ではあるが，この作業を通じて理解が深まる面も大きい。

　なお，カテゴリーの作成については，作成の手順や修正の履歴をその都度記録として残しておくことが重要である。そうしないと，どこをどう修正したのかがわからなくなってしまうという実施上の問題が生じるだけでなく，論文としてまとめる際にも必要な記録がないということになる。

　すべてのコーディングが終了した後，信頼性を確認するため，関連分野の研究者にコーディングを依頼し，一致度を算出する。野澤（2011）では，心理学専攻の大学院生に，各時期に観察されたエピソードのうち無作為に抽出された15％（計66；Ⅰ期20，Ⅱ期23，Ⅲ期23）についてコーディングを依頼し，筆者と大学院生のコーディングの一致についてκ係数を算出した。

　なお，信頼性を高めるためには，表3に整理したように，カテゴリーの定義を明確にし，観察やコーディングの訓練を実施する必要がある。コーディングを依頼する際にも，カテゴリーの定義について明確に説明し，コーディングの訓練を実施する。定義についての理解が不十分だと信頼性が低下するため，意図してい

表3 信頼性を高めるための工夫

- カテゴリーの定義を明確にする。
- カテゴリーの適切さを予備観察などで確認する。
- ビデオに記録する場合は、予備観察を行いカメラなどの機器の使い方に慣れておく。録画の際には、観察すべき行動や事象がカメラに映るようにする。
- コーディングを行う場合は、記録用紙を使いやすいものにし、実施前に訓練を行って記録用紙の使い方やコーディングに習熟しておく。

る内容がきちんと伝わっているかを確認することが重要である。

2．量的データの分析

すべてのコーディングと信頼性の確認が済んだら、量的分析を進めることができる。研究の目的に応じてどの手法を用いるかを検討する。

野澤（2011）では、各児の各期における、各カテゴリーの頻度に関する量的データが得られていた。このデータを用い、自己主張の発達的変化について、潜在曲線モデルによる分析を行った。潜在曲線モデルとは、縦断データを各個人の中に複数回の測定値がネストされた（入れ子になった）階層データとして捉え、個人の発達的変化のパターンを分析することができる方法である（狩野・三浦，2002；南風原，2011；南風原・小松，1999）。この方法を用いて分析したことが、本研究のオリジナリティの一つであると言える。

では、なぜこの方法を用いることにしたのか。観察を進める中で、強く感じたことの一つは、4月生まれの子どもと3月生まれの子どもの発達差は非常に大きく、その1年に辿る発達パターンも大きく異なるのではないかということである。これは、保育現場ではむしろ当たり前のことではあるが、従来、保育所などのクラス集団を対象とした研究では、集団全体を一括りにして算出された平均値や集計値によって、"全般的な"発達的変化のパターンが検討されることが多かった。しかし、この分析では、発達的変化のパターンがみえにくくなってしまう可能性がある。例えば、ある行動について、増加するパターンと減少するパターンがあった場合に、それらを一緒にして分析するとお互いが打ち消し合って、変化のパターンがみえなくなってしまうだろう。そのため、発達パターンが月齢によって異なることを考慮して分析することは、不可欠なことだと思われた。当初、月齢の違いを考慮した分析方法として、月齢の高低により2群や3群に分けて分析する方法を考えていた。しかし、潜在曲線モデルによって、個人の発達的変化のパターンを考慮して分析ができることを学び、この方法を用いることとしたのである。

第7章　観察法の実際

さらに，個々の子どもの発達パターンを踏まえたうえで，月齢が重なる部分での子ども間の共通性を見出すことで全般的な発達的傾向を検討した。その結果，この時期の発達的変化の特徴をより精緻に明らかにすることができたと考えている。

V　結果のまとめ

以上に述べてきたように，自然観察法による観察研究では，研究がはじめから想定通りに直線的に進むのではなく，観察の中で気づいたことや，新たに学んだ先行研究の知見や分析方法を含み込むことで発展していく場合も多いだろう。その過程で，より焦点化された問いや仮説が生成されてくるのである。ただし，論文としてまとめる際には，焦点化された問いや仮説を中心として，改めて全体のストーリーを組んでいく作業が必要となる。

野澤（2011）において，研究の目的が「1～2歳児の子ども同士のやりとりにおける葛藤の萌芽と発達的変化を検討する」ことであるということは一貫していた。一方で，葛藤場面で生じる「自己主張」に焦点を当てること，潜在曲線モデルを用いて個の発達パターンを考慮した分析を行うことは，研究を進める中で得た着想である。観察での気づきや観察データと，先行研究の知見や新たな方法とを結びつけることで得られた着想は，研究のオリジナリティの核になり得る。こうした着想を，先行研究の課題と対比させながら論理的に述べることで説得的な論文になると考える。

なお，以上に述べた観察のデータを，異なる観点から分析した研究として野澤（2013）があり，別の分析例として参照することができる。同じデータであっても，分析の仕方は一通りではない。ある分析によって，研究者の問いに対する完全な答えを導き出せることはほとんどないだろう。別の観点からデータを再分析することで新たな知見が導かれ，学問としての知が洗練化されていくと考えられる。

◆学習チェック表
□　研究計画の立て方のポイントについて理解した。
□　観察実施の際の手続きと留意点について説明できる。
□　カテゴリー作成やコーディングの際のポイントについて理解した。
□　研究成果のまとめ方のポイントを説明できる。

より深めるための推薦図書

中澤潤・大野木裕明・南博文編（1997）心理学マニュアル　観察法．北大路書房．

松浦均・西口利文編（2008）心理学基礎演習 Vol.3　観察法・調査的面接法の進め方．ナカニシヤ出版．

南風原朝和・市川伸一・下山晴彦編（2001）心理学研究法入門―調査・実験から実践まで．東京大学出版会．

文　献

南風原朝和（2011）臨床心理学をまなぶ7　量的研究法．東京大学出版会．

南風原朝和・小松孝至（1999）発達研究の観点から見た統計―個の発達と集団統計量との関係を中心に．In: 日本児童研究所編：児童心理学の進歩, 38; pp.213-233. 金子書房．

狩野裕・三浦麻子（2002）AMOS, EQS, CALIS によるグラフィカル多変量解析―目で見る共分散構造分析（増補版）．現代数学社．

野澤祥子（2011）1～2歳の子ども同士のやりとりにおける自己主張の発達的変化．発達心理学研究，22; pp.22-32.

野澤祥子（2013）歩行開始期の仲間同士における主張的やりとりの発達過程―保育所1歳児クラスにおける縦断的観察による検討．発達心理学研究，24; pp.139-149.

中澤潤（1997）人間行動の理解と観察法．In: 中澤潤・大野木裕明・南博文編：心理学マニュアル　観察法．北大路書房，pp.1-12.

澤田英三・南博文（2001）質的調査―観察・面接・フィールドワーク．In：南風原朝和・市川伸一・下山晴彦編：心理学研究法入門―調査・実験から実践まで．東京大学出版会．

第8章

面接法の基礎

野村晴夫

Keywords　調査面接法，臨床面接法，事例研究，構造化面接，量的分析，質的分析

I　面接法による研究の立案

1．研究法としての面接の位置づけ

　心理支援の実践経験を積むに従い，そこで生じた問いに対して，臨床実践や調査を通じて，深索しようと思うかもしれない。そして，心理支援に携わる者にとって，研究は他人事に思われがちだが，面接法は，人と対面するという点で日常業務と似通っていて，馴染みやすい研究法だろう。また，支援の専門家になるために，大学の養成課程の一環として初めて研究に着手する者にとっては，面接法は，日常のコミュニケーションの延長線上に映るだろう。このように，面接法は，ふだんの暮らしから近いところにある。しかし，こうした日常的な性質をもつがゆえの難しさもある。例えば，研究者として研究対象者と話をしているうちに，話題が研究目的から逸れていったり，その反対に，話題が研究者の望む答えに誘導されていったりしかねない。また，手が届きやすいと思えていた質的分析をしようとしていたものの，いざ膨大なトランスクリプト（録音資料を文字化したもの）を前にすると，どのように分析したものか途方に暮れることもあるかもしれない。面接法には，馴染みやすさと手ごわさの両面がある。だが，臨床面接法と調査面接法を共に体験することは，研究として新たな知見を生み出すだけではなく，一人の心理支援の専門家として熟達するうえでも，得るものが大きい。本章では，面接法の中でも，調査研究を目的とした調査面接法を中心に，研究法としての面接法の手順や注意点を解説した後，臨床面接法に特有の手順や注意点を解説する。

2．面接法による研究の目的

　それぞれの研究法には，適した研究目的や，研究のフィールドがある。そして，研究目的の明確化以前に，リサーチ・クエスチョン（研究設問）と呼ばれる問いを立てる段階がある。問いに応じて，研究における面接法のふさわしさが決まってくる。リサーチ・クエスチョンは，おそらくは臨床の実務を含む日常の生活体験や，文献に接する体験を通じて生まれた個人的な疑問が，出発点になる。特に心理支援という，人の生き方に密着した研究では，こうしたその人なりの体験や思い入れが研究の推進力になり，日常と相通じる研究のリアリティにもなるだろう。ただし，個人的疑問は，そのまま個人の枠の内に留まっていては，幅広く，他の人にもあてはまる疑問にはならない。個人的な疑問が他の人にも理解される公共的な性質をもつには，先行研究や臨床実践と関連づけ，それらの網目の中に位置づける必要がある。

　研究法の選択に際しては，研究目的に応じて，質問紙調査法（第4章・第5章参照）や実験法（第2章・第3章参照）などの面接法以外の研究法も考慮する。実際には，そもそも調査対象者として見込まれる人数が少なかったり，調査対象者と相対したデータ収集を研究者が好んでいたりというように，目的から方法を選ぶというよりも，まずは方法ありきという研究もあり得るだろう。筆者も，顔の見えない研究法よりも，顔の見える，そして，その人の人となりを知り得る研究法として，面接法への偏好がある。とはいえ，面接法には，それにふさわしい研究目的がある。例えば，ふだんあまり意識していないが，丁寧に問われ，対話を重ねることによって意識化できるような心的過程や，萌芽期にある未解明なテーマなどを多角的に探索する目的には，面接法がふさわしい。以下の表1のような面接法の利点と欠点を踏まえて，目的に沿った研究法を選びたい。

表1　面接法の利点と欠点

面接法の利点	面接法の欠点
・発話データを得られる。 ・調査対象者に質問項目の理解を促せる。 ・得られた回答に応じて質問を追加できる。 ・対話が連想を生み，回答を促進する。 ・表情などの非言語的データを得られる。 ・個人についての包括的・多角的情報を得られる。	・匿名性を保ちにくい。 ・多数の調査対象者を得にくい。 ・回答が面接する研究者との関係に影響されやすい。 ・回答が研究者の応じ方に影響されやすい。 ・調査対象者の意識化・言語化能力に依存する。

第8章　面接法の基礎

II　調査面接法のさまざまな形

1．個別面接法と集団面接法

　一対一の対面による個別面接法は，調査対象者のペースで面接を進めやすく，個人的な内容についての開示も進みやすい。ふだんは開示しない内容が開示されることもあり，予期せぬ他人の入室がない個室で行うことが望ましい。ただし，密室での一対一の対面では，緊張感や不安感が高まる調査対象者もいる。そのような対象者には，むしろ，人の往来がある公共施設の一角など，静かだが閉鎖的ではない場のほうが，話しやすいだろう。調査対象者の意向や様子に応じて，面接場面の閉鎖性には柔軟に配慮したい。

　複数の調査対象者を一度に集めた集団面接法には，個別面接法とは異なる利点がある。ふだんはあまり考えることのない無自覚的なトピックは，他の調査対象者の発言を聞いたり，相互にやり取りしたりすることで，連想が浮かびやすくなる。その一方，欠点もある。他の調査対象者の発言に影響されて本心が話しづらくなったり，発言力が強い一部の調査対象者の意見がその場を支配してしまったりしかねない。とりわけ，調査対象者が互いに見知った間柄であれば，日常的な人間関係が調査の場にも持ち込まれる。この点は，夫婦や親子などの家族を対象とした集団面接法であれば，想像に難くない。集団面接法では，目的に沿った面接の進行を促す，ファシリテーターとしての役割が研究者に期待される。集団面接法の中でも，特定の属性などを共有する調査対象者を一堂に集め，特定のトピックについて話し合ってもらうことでデータを収集する方法は，フォーカス・グループ・インタビューと呼ばれる。ファシリテーターを務める研究者が，それぞれの調査対象者の自由な発言を促しながら，研究目的に沿った話し合いの進行を促せるならば，短時間に多様なデータを収集することができる。

2．仮説生成と仮説検証

　調査対象者数が多い質問紙調査法や，条件を統制する実験法に比べると，面接法は，相対的に調査対象者数が少なく，条件の統制も緩やかになりがちなため，仮説検証よりも仮説生成のために用いられやすい。むしろ，こうした特質を活かし，少数例から多様で豊富なデータを集めることで，仮説的な着想を得られる利点がある。そのため，後述するようなボトムアップ式の分析によって，発話を仮説的なカテゴリーに集約し，それらのカテゴリー間の関連からモデルを生成する

研究が，優勢である。しかし，先行する理論から導かれ，予測された仮説的なカテゴリーや，それよりも緩やかな分析枠組みを，データの分析以前にあらかじめ用意した研究もあり得る。こうしたトップダウン式の分析では，用意された仮説的カテゴリーや分析枠組みが，どれほど現実のデータに表れているか，あるいは，どれほど幅広い対象者に一般化できるのかを探る研究になる。つまり，データと照合することによって，これらの仮説的カテゴリーや分析枠組みの内実を明らかにすることが目指される。また，後述の構造化面接法によって収集したデータを得点化したり，ある種のデータの出現頻度を算出したりして，量的に分析するならば，広義の仮説検証型研究になる。

3．構造化面接と非構造化面接

　面接法では，その進行を研究者があらかじめ決めておくことを，構造化（structured）と呼ぶ。そして，この構造化の厳密さに応じて，構造化面接，半構造化面接，非構造化面接に分けられる。構造化面接では，質問項目の文言や，その順番をあらかじめ準備しておく。半構造化面接では，それらを厳密に準備するのではなく，調査対象者や面接の流れに応じて，言葉遣いや質問の順番を調整する。非構造化面接では，面接のテーマは設けるものの，質問項目やその順番は，準備されることなく，自由なやり取りを通じて，データが収集される。

III　調査面接法によるデータの収集

1．倫理的配慮

　往々にしてプライバシーを含む質的データが収集されることに加えて，無記名の質問紙調査のような匿名性を確保しにくいことから，面接法には，慎重な倫理的配慮が求められる。特に質的分析法を採る場合，データの収集・保存と公表のさまざまな段階におけるプライバシーの保護について，研究者からの十分な説明と調査対象者からの同意，すなわちインフォームド・コンセントが必要である。
　公表時には，調査対象者個人の特定に通じる情報は，秘匿する。単一事例研究であればもちろんのこと，面接法では，他の研究法に比べて，調査対象者が少数になる傾向があり，それらの発話を公表すると，読者には個人が特定されやすくなる。プライバシーの保護には，読者に対するだけではなく，調査対象者相互の間でも，配慮する。仮に，調査対象者が，同一の集団に属しているなど，互いに既知であれば，公表された発話を読むと，互いの個人名が特定されるおそれが高

まるからである。

　また，面接法では，面接が進行するにつれて，その開始時には調査対象者自身も予期していなかった展開を辿ることがある。こうした即興性は面接法の利点でもあるのだが，その展開は調査対象者を過度に動揺させかねない。調査対象者自身によって調査中断の申し出があった場合はもちろんのこと，仮に申し出がなくとも，調査対象者への影響に鑑みて，研究者の方から調査の中断を提案することも必要になるだろう（第14章参照）。

2．調査対象者の募集

　実名を明かして対面することの多い面接法では，調査対象者と研究者との関係が，データの収集に大きく影響する。両者の関係に，相互の信頼感，いわゆるラポールが醸成されていれば，調査対象者から深い開示が引き起こされやすくなる。ただし，実験法においては，両者の関係がデータに予期せぬ影響を与えるような，いわゆる実験者効果に留意するように，面接法においても，その関係が，研究に与える肯定的・否定的影響に目を配ることが必要である。例えば，調査対象者が意図せざる深い開示をしてしまい，面接終了後に悔やむこともあるだろう。また，研究者の期待に応じようとするあまり，調査対象者が研究の目的や予測に追従することもあるだろう。

　したがって，面接のテーマが，開示抵抗が生じやすい個人的で否定的なものであれば，本題に入る前に，調査対象者との間に，過剰でも過小でもない良好な関係を作っておきたい。そのためには，調査対象者の属性や，調査対象者募集への応募の意図など，答えやすい一般的質問から，その研究の特異的質問の順に面接を進める，さらには，研究者自身の属性や研究の背景をわかりやすい言葉で伝えるといった工夫が有用だろう。

　調査対象者の募集にあたっては，候補者が集まる場所で広報する手段がある。例えば大学生対象であれば学内の掲示板，福祉施設であれば入所者の集会などが，それにあたる。質問紙調査を併用する研究では，質問紙の末尾で，面接調査の対象者募集を告知し，連絡先を書いてもらって，その質問紙を回収する手段もある。しかし，こうした公募では対象者が集まりにくい場合や，予備的なデータ収集の場合には，知り合いのつてを辿る縁故法が用いられる。この手段では，往々にして調査対象者と研究者が既知の間柄であるため，上述の信頼関係を得やすい。調査対象者との信頼関係が形成されていれば，さらにその調査対象者の知り合いに対象者を広げていくという，スノーボール・サンプリングにもつながる。ただし，

調査以前からの既知の間柄は,調査以後にも関係が続く間柄ということでもある。知り合いを調査対象にすると,その後の日常的な関係に影響が生じ得ることには,留意しておきたい。

調査対象者が相対的に少数になりやすい面接法では,研究の結果の解釈にあたって,想定している母集団の中での調査対象者の位置づけを考慮する。仮に掲示板を通じた公募であったとしても,その募集に応募した動機や意図を尋ねておくことで,調査に応じてくれた集団の特徴を推測できる。

3. 質問項目の作成

質問項目の準備に際しては,調査対象者の年齢などの属性に応じて,言葉遣いに注意する。調査対象者が年少児なのか高齢者なのか,年齢によって,語彙や表現に配慮する。年齢のみならず,障害や疾患,職歴などの生活史によっても,同様の配慮が求められる。どのような調査対象者であれ,長文で熟語が多い質問項目は,一度聞いただけでは理解が難しい。一度聞けば理解できるように質問項目を簡潔化するとともに,必要ならば,質問項目を大きめの字で書いた用紙を調査対象者に見せると,理解を促せる。

構造化の程度にもよるが,聞き逃しがないように,また,質問の仕方に調査対象者による差異が大きくなり過ぎないように,研究者の手元に質問項目を箇条書きにしたインタビューガイドを用意しておくと,役に立つ。質問が済んだならばその項目にチェックを記しておく。面接によっては,研究者が2,3の質問をすると,その後は質問を重ねるまでもなく,聞きたいことを自発的に調査対象者が語ってくれることもあるので,その場合も,聞き取れた項目にチェックを記す。

4. 回答への受け答え

調査対象者の回答に対する研究者の受け答えによって,得られる回答は左右される。個人的な経験や考えなど,開示経験が乏しかったり,開示抵抗が高かったりした話題であれば,上述した研究者との関係に加え,その場の研究者の応答によって,開示の程度が異なってくる。臨床面接法で求められる傾聴の姿勢や技術は,調査面接法においても,参考になるだろう。例えば,ある主題の回答が一区切りついたところで,その回答を要約して伝え返す。その際,調査対象者の言い回しを使うようにして,安易に言い換えないほうが望ましい。同様の言葉でも,そこに込められた意味は,その言葉を使う人によって異なる。

不明確な回答を明確化する質問や,回答内容のいっそうの展開を図る質問とし

て，追加質問を差し挟んだほうがよい場合がある。こうした場合も，調査対象者から得た回答の明確化や焦点化の方針が場当たり的だと，その後の結果の解釈が困難になる。すなわち，調査対象者がある種の話題に言及しなかったという結果が，その話題に相当する調査対象者の経験の不在を表すのか，研究者が細かく問わなかったせいで語らなかっただけなのか，判別が難しくなる。したがって，あらかじめ研究目的の解明に要する回答をイメージしたうえで，どのような回答の場合にどのようにさらに踏み込むのか，追加質問の方針を決めておくとよいだろう。こうした質問は，その探索的な性格から，プローブ（probe）質問と呼ばれる。

　回答を左右する研究者の要因には，こうした言語的要素だけではなく，非言語的要素も含まれる。適度な相づちとアイ・コンタクト，回答への関心を表す表情，座っている互いの位置関係などが，それである。ただし，これらは研究者自身でも気づきにくい。臨床面接の訓練では，実際の面接に先立って，ロールプレイによる模擬面接を行い，その様子を録音・録画するなどして，訓練生に対して自身の対話の特徴に自覚を促す。調査面接でも，こうした取り組みは有用だろう。

Ⅳ　調査面接法によるデータの分析の準備

1．分析方針の決定

　面接法というと，言語という質的データを収集するせいか，その分析も質的になされると思われがちかもしれない。実際に，面接法を用いた研究の多くでは，質的データを質的に分析している。しかし，質問紙調査法や観察法がそうであるように，面接法でも，質的分析と量的分析の双方が使い分けられる。ここでいう量的分析とは，ある種の発話データの出現頻度の分析や，発話データに得点化を施した分析などを指す。また，質的分析では，データから仮説を生成したり，探索したりする研究が優勢ではあるものの，仮説を検証したり，既成の理論を検討する研究もあり得る。したがって，面接法によるデータの分析法は，それぞれの研究の目的に依拠していると言えるだろう。

　まず，その研究が仮説生成型か仮説検証型かを明確にすることは，分析方針の決定の出発点になる。仮説生成型研究ならば，データからモデルを構築するようなボトムアップ式の質的分析法が適している。近年，グラウンデッド・セオリー・アプローチ（Corbin & Strauss, 2007／操ら訳，2012）の導入をはじめ，心理学においても質的分析法の整備が著しい（Willig, 2001／上淵ら訳，2003）。特に

初学者にとっては，このような分析法は，既成のパッケージとして，分析の指針を示してくれる上に，その指針が，研究者の主観性の利用に歯止めをかける。質的分析の結果は，ともすると，調査対象者から得たデータに基づく分析結果というよりも，研究者がデータに託した自らの思い入れ・思い込みの結果になりかねない。質的分析では，調査対象者の主観性を明らかにしようとして，その実，研究者の主観性が明らかになったに過ぎないという危険性がある。この危険性への対応策として，データと研究者の間に，既成の分析法を介在させることは有効だろう。既成の分析法に習熟するためには，他の研究者のデータ分析に関わらせてもらったり，自身のデータの予備的な分析を他の研究者に検討してもらったりして，自分以外の視点を取り入れる場をもっておきたい。

　既成の質的分析法には，それぞれに適した研究目的やデータの性質があり，詳細はそれぞれの解説書に譲るが，膨大な発話データを，自他共に理解可能な情報に縮約するところなど共通点も多い。そこで，以下では，質的分析法におおむね共通する手順を解説する。

2．トランスクリプトの作成

　録音データの分析に際しては，まず，それを文字化するトランスクリプト作業を行う。この作業では，沈黙の長さ，調査対象者と研究者の間の会話のかぶり方，相づちなど，文字化の細かさや表記方法が，研究目的や研究分野によっても異なる。研究目的が，調査対象者は「何を」語ったのか，すなわち発話の内容に基づいて分析されるものであれば，トランスクリプトは，発話内容がわかる程度の細かさでよいだろう。一方，研究目的が，調査対象者は「どのように」語ったのか，すなわち発話の形式や構造，あるいは，研究者との間の相互作用に基づいて分析されるようなものであれば，トランスクリプトは，言いよどみや，会話のかぶり方もわかる程度の細かさが求められる。詳細なトランスクリプトの作成には，話者のやり取りを分析する会話分析（例えば鈴木, 2007）におけるトランスクリプトの規則が参考になる。

3．分析のユニット分け

　面接法で得た発話データの分析に際しては，一般的に，分析対象の単位，すなわち分析ユニットに区切る必要がある。発話データをトランスクリプトにしただけでは，どこに区切りがあるかわからない。この分析ユニットの大きさは，研究目的と，発話データの量，分析に費やせる時間的・人的資源の兼ね合いで決まっ

てくる。分析ユニットには，語句，文，意味のまとまりなどのレベルがある。例えば，研究目的が幼児期の言語発達の解明にあるならば，語句や文節が単位になるだろう。一方，目的が青年期のアイデンティティ発達の解明にあるならば，意味のまとまりが単位になるだろう。ただし，意味のまとまりも，一文一文の連なりから成り立つ。そのため，まずは一文を分析ユニットとして分析した後，複数の文の分析結果をまとめ，それらの意味を解釈するといったように，段階を踏む必要性も考慮しておきたい。

V　調査面接法によるデータの量的・質的分析

1．量的分析

　発話データの量的分析のためには，データ収集以前に設けられた仮説に含まれる概念や，仮説から導き出した概念を，尺度を用いて得点化する。例えば，発話データから，話者がどれほど自分の内面を探索しながら語っているか，フォーカシングにおけるいわゆる体験過程を量的に分析するには，体験過程尺度（池見ら，1986）によって得点化できる。研究目的にふさわしい既存の尺度がない場合は，尺度を自作するほか，発話データにおける特定の語句の出現頻度を算出する方法もある。いずれにしても，得点化の信頼性を確保するために，複数の評定者を設け，評定者間の一致率を高める努力が必要である。とはいえ，発話データの得点化には，各評定者の判断が介在するため，評定の一致率を確保するのは容易ではない。そのため，得点化にはマニュアルを用意し，そのマニュアルに基づいて，あらかじめ評定者には予備的な発話データの得点化を練習してもらう。もしもこの段階で，評定の一致率を確保しにくい場合は，マニュアルをより具体的で，理解しやすいものに改訂する。そこでは，フローチャートなどによる図式化も有効だろう。

2．質的分析

①カテゴリーの生成

　発話データを分析ユニットに分けた後は，それぞれのユニットを命名し，カテゴリーを生成する。命名が場当たり的にならないように，研究目的を振り返り，目的との対応を意識しよう。リサーチ・クエスチョンに答えることを念頭に置くのもよい。命名は，データに根差している必要があり，もしも研究目的に答え得るキーワードをデータの中に見出したならば，その言葉を用いて命名する。ただ

し，データに密着するあまり，カテゴリー名が具体的になり過ぎると，他の分析ユニットや，他の調査対象者から得た発話データにあてはまりにくくなる。一方，カテゴリー名が抽象的になり過ぎると，多くのデータにはあてはまるが，他のどのような研究目的にもあてはまってしまい，ひいては研究成果の意義が乏しくなるおそれがある。したがって，カテゴリーの命名に際しては，データとの密接な関連性と，研究目的に応じた独自性とを考え合わせる。

　分析対象のデータを順次増やしていく中で，カテゴリー化の完成度を高めていく。同一のカテゴリーに分類されるデータに出会えば，そのカテゴリーの妥当性への確証が高まるが，同一のカテゴリーに分類されるデータがあまりにも広範であるならば，その多様性を考慮して，カテゴリーを分割する。また，複数のデータを同一のカテゴリーに分類するために，当初のカテゴリー名を，より包括的なものに修正することも必要になる。

　こうしたカテゴリー化に際しては，データに基づいて下位カテゴリーを生成した後に，類似した下位カテゴリーをまとめた上位カテゴリーを生成すると，カテゴリーの抽象度が階層的になり，整理されやすい。

②カテゴリーの出現頻度の把握

　カテゴリーが生成されただけでは，それがどれほど包括的にデータを説明し得ているかがわからない。それを知るためには，各データにおけるカテゴリーの出現頻度を把握する必要がある。具体的には，例えば，調査対象者とカテゴリー名によるクロス集計表を作る。すると，あるカテゴリーが，どれほどのデータを説明しているのか，また，各調査対象者から，どれほどのカテゴリーに相当する発話が得られたのかが，一覧できる。こうした表をカテゴリー生成の途中で暫定的に作成してみると，カテゴリーの抽象度や，それに応じたカテゴリーの包括性を知る手掛かりになる。

③カテゴリー間の関連づけ

　生成されたカテゴリーは，研究目的に応じて，それらのカテゴリーを構成要素としたモデルや仮説の提起，あるいはまた，調査対象者一人ひとりの個性記述に供される。いずれにおいても，生成された段階では並列的な関係に留まるカテゴリーに，相互の関連を見出す必要がある。そのための一法は，個々の調査対象者から得た発話データに立ち返り，そこに各カテゴリーをあてはめてみることである。すると，発話の中では，カテゴリー間に時間的な順序性や，因果性が表れて

いることに気づかされるだろう。モデルや仮説の提起を目指すのであれば，これらの相互連関を図示したり，命題に集約したりすることが考えられる。一方，個性記述を目指すのであれば，各カテゴリーを用いて，いかにその調査対象者の発話が理解され，研究目的の達成に結びつくかを示すことが考えられる。

3．分析結果の検討と報告

①分析結果の検討

　質的分析では，量的分析や，統制された実験や質問紙調査よりも，より調査対象者の日常や，調査対象者自身の視点に肉薄しようとする傾向が高い。つまり，調査対象者の「主観性」を積極的に考慮し，既存の理論から離れて，調査対象者という「当事者」の視点から，現象の解明を図ろうとする。しかし，面接法を用いたからといって，また，ボトムアップ式に質的な分析を施したからといって，それをもってすぐさま調査対象者の「当事者」性や「主観性」に肉薄できたとは言えない。仮に「当事者」性に積極的に配慮したことを強調しようとするならば，例えば，メンバー・チェック（Flick, 2007／鈴木訳，2016）のような手続きが有効だろう。これは，研究者の分析結果を，調査対象者にフィードバックし，その分析が調査対象者の主観を映し出しているかどうかを，当事者の視点から確かめ，必要な修正を分析結果に加える手法である。そこでは，目的に応じたデータの抽出から始まって，そのデータをカテゴリーに集約して，命名するまでのプロセスが，調査対象者の目によって確かめられる。こうして「当事者」性や「主観性」が確かめられた結果が，従来の質問紙調査の結果や，理論からトップダウンに導かれた予測と照応されることによって，その研究の独自性が明らかになる。

②分析結果の報告

　論文やレポートによる分析結果の報告に際しては，面接法だからこそ求められる情報開示の透明性がある。たしかに，グラウンデッド・セオリー・アプローチのように，分析方法が，ある程度は標準化されているものはあるが，それでもなお，同一のデータから誰もが同一の分析結果を導き出せるとは限らない。例えばカテゴリー生成ならば，データの抽出から命名，必要に応じてその修正のプロセスを明文化するよう努める。一連の分析プロセスを，一部のカテゴリーを例に紹介するのもよいだろう。要は，論文の読者が，その分析プロセスを，あたかも追体験するかのように，情報を開示しておくことである。データ対話型を謳う分析方法を用いるのであれば，とりわけこの点が重視されるだろう。

質的分析であるならば，生成されたカテゴリーの定義や，その生成のもとになった発話データの例を，表を用いるなどして明示する。データの収集や分析に関わる情報の開示について，明確に言語化ができなければ，研究者自身がデータやその解釈に及ぼす影響について，自覚が不十分なおそれがある。

VI 臨床面接法

1．臨床面接法の研究倫理

　心理支援に携わる者にとって，支援としての面接から学術的・実践的知見を得る臨床面接法は，日頃の仕事に距離の近い研究法だろう。心理支援を志す大学院生にとっても，研修の一環として，担当した臨床面接の経過を，研究論文に執筆することは珍しくない。しかし，同一の面接に，支援と研究の両方の性格をもたせようとすると，それらの混同による弊害が生じかねず，倫理的な注意が要る。臨床面接は，利用者であるクライエントの利益を最優先する。そのため，臨床として始まった面接に，仮にその終結を前にして，研究としての性格が加わる場合，臨床面接の開始時と，論文化を試みる時に，クライエントからの承諾が必要である。もしも，この論文化という動機が，臨床事例の継続中に生じたならば，その動機の由来や，その動機が事例の進行にもたらす影響について，注意しておきたい。クライエント当人の利益と，研究者の利益，学術的な公益が，必ずしも合致するとは限らないからである。例えば，面接経過の終盤で論文化を意図すると，論文執筆上必要だけれども，これまでの面接経過では明らかではなかった点が，浮かび上がるかもしれない。そこで，面接担当者が，これらの点を話題に取り上げることは，クライエントの目には唐突に映るばかりか，不用意に古傷に触れることにもなりかねない。クライエントの利益という臨床上の要請を優先して，論文化のための情報収集という研究上の要請を諦める自制心が，支援者かつ研究者には要る。

2．臨床面接法の手順

　研究目的を前提として対象者を募り，研究者とは別に臨床面接の担当者を設けるような臨床面接は，研究プロジェクトとしての組織的基盤が必要になる。こうした基盤がなくとも，心理支援に携わる個人が着手しやすいのは，むしろ，臨床面接の担当者が研究者を兼ね，ふだんの臨床実践に基づいて自ら立ち上げる事例研究などだろう。そこで，本章でも，主に事例研究を念頭に，臨床面接法の手順

第8章　面接法の基礎

の概要について解説する。

①研究目的の明確化

　大半の臨床面接法の研究では，研究という意図は，面接の回数を重ねた経過の終盤や，終結後に生じるだろう。そのため，臨床面接に基づいて研究を立ち上げるには，まず，研究目的の明確化が望まれる。

②面接記録の整理

　面接内容が録音されていないことのほうが多いため，各回の面接後に面接担当者が記憶を頼りに作成していた面接記録を整理する。

③面接記録からのデータ抽出

　面接記録の中から，研究目的に合致する記録をデータとして抽出する。ただし，予測に合致した記録のみを抽出しないよう，その恣意性に注意する。臨床面接の研究では，従来，その記録に基づいて，進行プロセスや効果要因の解明が図られており（例えば岩壁，2008），参考になるだろう。

④データの解釈

　研究目的に照らし合わせながら，データを解釈して考察する。継続中の臨床面接の事例が，事例検討会やスーパーヴィジョンで発表されていた場合，その事例についての面接担当者や参加者の解釈は，その事例を効果的に進めるための実践的要請に基づくものだったはずである。しかし，研究目的は，必ずしもこうした実践的要請と同じではない。研究目的に密着した解釈や考察が求められる。

３．臨床面接法の報告

　臨床面接法の報告の多くは，事例研究として公表される。事例研究には，未解明な問題の解明という学術的意義以上に，臨床実践の改善という実践的意義が期待される。したがって，想定される読者層である臨床面接の実践家にとって，自身の実践に反映させられる報告が望まれる。こうした他の事例への一般化可能性は，従来，「臨床の知」（中村，1992）の普遍性として論じられてきた。そこでは，事例に対して客観的な観察者の視点から記述するよりも，むしろ，事例に関与する実践家としての視点からの記述が求められる。具体的には，事例の見立てや事例への介入の方針を，面接担当者の意図やその内的過程，対象者との間の相

互作用を開示しながら，記述する。そうした記述があればこそ，読者は自身の実践になぞらえて，その面接の報告を読み進めることが可能になる。

　臨床面接の実践方法となる心理療法やカウンセリングの理論は，学派とも呼ばれるように，面接の実践や発想を強力に規定する。しかし，臨床面接法を研究法として採用するからには，自身へのこうした影響を相対視する必要がある。すなわち，事例への考察においては，理論に適合するところと適合しないところ，双方への目配りが求められる。事例という現実に積極的に関与する実践家としての役割と，事例という現実を描出する研究者としての役割を兼ねるからこその要請である（第11章参照）。

◆学習チェック表
□　面接法の利点と欠点について理解した。
□　面接法のさまざまな形態について理解した。
□　面接法の研究倫理について理解した。
□　面接法によるデータ収集について理解した。
□　面接法によって得たデータの分析について理解した。

より深めるための推薦図書
　保坂亨・中澤潤・大野木裕明（2000）心理学マニュアル　面接法．北大路書房．
　佐藤郁哉（2008）質的データ分析法―原理・方法・実践．新曜社．
　鈴木淳子（2005）調査的面接の技法．第2版．ナカニシヤ出版．
　山本力・鶴田和美（2001）心理臨床家のための「事例研究」の進め方．北大路書房．

　　文　　献
Corbin, J. M. & Strauss, A. L. (2007) *Basics of Qualitative Research: Techniques and Procedures for Developing Grounded Theory.* 3rd Edition. Sage Publications, Inc.（操華子・森岡崇訳（2012）質的研究の基礎―グラウンデッド・セオリー開発の技法と手順．第3版．医学書院．）
Flick, U. (2007) *Designing Qualitative Research.* Sage.（鈴木聡志訳（2016）質的研究のデザイン．新曜社．）
池見陽・吉良安之・村山正治・田村隆一・弓場七重（1986）体験過程とその評定―EXPスケール評定マニュアル作成の試み．人間性心理学研究, 4; 50-64.
岩壁茂（2008）臨床心理学研究法第2巻　プロセス研究の方法．新曜社．
中村雄二郎（1992）臨床の知とは何か．岩波書店．
鈴木聡志（2007）会話分析・ディスコース分析―ことばの織りなす世界を読み解く．新曜社．
Willig, C. (2001) *Introducing Qualitative Research in Psychology: Adventures in Theory and Method.* Open University Press.（上淵寿・大家まゆみ・小松孝至訳（2003）心理学のための質的研究法入門―創造的な探求に向けて．培風館．）

第9章 面接法の実際

野村晴夫

Keywords 調査面接法,ライフヒストリー,臨床面接法,事例研究,トップダウン式分析,ボトムアップ式分析

I 研究法としての面接

　面接法は,私的な生活や意識に関する多様で豊富な情報を得ることに適している。調査対象者の自発性に委ねて進めながら,その回答の流れに応じて,より深く掘り下げたいテーマについて面接者から追加質問をすることもできる。もしも得たい情報が,ある事象についての有無のような簡潔な情報だったり,あるいは,選択肢から選んでもらうような統制された情報だったりした場合には,むしろ質問紙調査法のような他の方法を考えたほうがよいだろう。

　面接法による調査に適したテーマの一つとして,ライフヒストリー(個人が生きてきた歴史すなわち生活史もしくは個人史)が挙げられる。ライフヒストリーを聞き取る心理学領域の面接では,ライフヒストリーそのものを記述しようとするよりも,ライフヒストリーを素材にして,アイデンティティや親子関係など,その人の内面を知ろうとする傾向が高い。したがって,調査面接法によって得たライフヒストリーは,一部の自伝研究を除けば,その事実を時系列上に整理して役目を終えるのではなく,カテゴリー化や数量化,事例記述などの質的・量的分析を経て,心理学の概念に照らして解釈される。つまり,データの収集から分析までのプロセスには,研究者の工夫の余地が大きく,その分,頭を悩ませる局面も多い。

　そこで,以下では,まず,ライフヒストリーをテーマとした調査面接法の実際の活用について,筆者による高齢者を対象とした研究例に基づいて解説する。そして,臨床面接法についても,同様に研究例に基づいて解説する。

II 調査面接の準備

1．倫理的配慮

　ライフヒストリーの調査面接では，個人が生きてきた歴史や，それに対する思いが語られる。プライバシーが深く関わるデータを収集する上に，それが質的に分析されて，部分的にせよ，発話内容の公表が含まれる。そのため，研究の目的やあり得る影響などに関する研究者の説明と，調査協力とデータの公表に関する調査対象者の承諾を要する。

　こうした承諾を前提として，調査対象者に研究についての正確な理解と，それに沿った回答を求めてもなお，その語りは，思いがけない方向に展開することがある。ライフヒストリー面接には，調査対象者自身にとっても，いかんともしがたい要素が含まれる。例えば，筆者による面接（野村，2014）の中で，高齢女性が，現在従事しているボランティア活動に言及するにあたって，10年近く前の配偶者との死別体験に触れたところで，口を閉ざした。やがて落涙と嗚咽が始まった。取り乱したことを詫びながら，ややあって，死別体験について語り始める。筆者は面接の中断を提案したが，本人は継続を希望し，筆者はためらいながらも面接を続けた。そして，1週間後の再会を約した。2回目の面接では，落ち着きを取り戻し，笑顔さえみられる。前回の面接では，肉親以外には話したことのない死別体験を話したことで，「わーっとなった」（感情があふれ出た）という。だが，面接でその体験を話したことに加え，続く1週間の日常生活で，今まで以上に死別した配偶者のことを頻繁に思い出したことによって，「わーっとならなくなった」という。

　筆者も調査対象者も，予想していなかった展開だった。調査を経てわかったことは，現在の高負担なボランティア活動の遠因が，配偶者との死別体験にあったことだった。本人も，面接の場で話して初めて，その結びつきに思い至った。調査面接法には，こうした即興的な性質がある。むろん，このように調査を通じて落ち着きを取り戻し，調査の続行が可能になるような，許容できる即興性ばかりではない。いったんは調査協力を承諾しながら，語っていくなかで，継続を辞退する調査対象者もいる。あるいは，研究者の方から，中断を判断しなければならない面接もある。

　ライフヒストリーという過去のことが主題の面接であっても，現在の未解決の葛藤に触れることがある。だから，調査開始時に，調査協力への承諾を得ればそ

第9章　面接法の実際

れでよしとされるものではない。調査が始まった後の不測の事態では，調査を完遂させたいという研究者の欲に自制が求められることを，この種の経験は教えてくれる。

2．調査対象者の募集

面接法には，質問紙調査法とは異なるハードルがある。筆者が調査協力を依頼した高齢者からは，自己記入の質問紙とペンを渡そうとした時点で，協力を拒まれたことがある。一部の高齢者にとっては，細かい字を読んで，回答を記入するという作業は，負担になる。そこで面接法を用いたわけだが，面接法では，1時間程のまとまった所要時間や，研究者との対面，プライバシーに触れる質問が，ハードルになる。そのせいか，「人様にお話できるような人生は送っていません」と慎ましく調査協力を遠慮される調査対象者もいる。大学生を対象とするならば，許可を得たうえで学内の掲示板などで，協力者募集の告知をすることになるだろうが，面識のない研究者による面接では，同様のハードルがある。そこで，授業の前後の時間を利用するなどして，せめて研究者自身の声で募集する機会を得られると，いくらかでも応じやすいだろう。この機会があれば，対面する相手である研究者や，面接で問われる内容の概略を知ってもらうことができ，また，調査対象者の疑問を解消することもできる。

研究者自身が学生であれば，調査対象者として，大学生は手近で協力を得やすいが，年少児や社会人，高齢者，障害者は必ずしもそうではない。個人的なつてを辿るか，学校や施設などへ組織的に依頼することになる。そもそも，調査面接法では，他の研究法に比べると，調査対象者が少数になりがちだが，組織的な依頼によって，募集の後ろ盾が得られる反面，その少数には特定の偏りが生じるおそれもある。筆者は，高齢者施設に協力者の紹介を依頼し，施設の責任者から紹介された調査対象者の顔ぶれを見ると，その施設のパンフレットに掲載された人物ばかりということに気づかされた経験がある。つまり，ある種の「モデル」が集まった。こうした人は，施設での生活に順応していて，研究者のような外部の者への応対も円滑で，その責任者からすれば，安心して推薦できたのだろう。

一方，組織の責任者を介さない調査対象者が，中立的で研究目的に適うかというと，話はそう単純ではない。同じ施設で，わざわざ筆者に直接接触し，熱心な調査協力を申し出てくれた人は，いざ口を開くと，施設の運営上の問題点をとうとうと語ってくれた。こちらはいわば，「内部告発者」である。研究目的の説明が行き届かず，組織外に位置する研究者という中立性が，内部の問題の告発を触発

111

し，それらの解決を期待されたようだった。「モデル」も「内部告発者」も，その一点のみをもって，調査対象者に不向きというわけではない。しかし，そこで得られたデータの解釈に際しては，このような偏りについて考慮しておきたい。

また，ふだん接点のない層の調査対象者には，施設への依頼のような組織的な方法のみならず，古典的だが，地道に一人ひとり，足で稼ぐ方法もある。筆者が高齢者の調査対象者を求めた折は，老人憩いの家や，ゲートボール場となった公園など，高齢者の集まる場所に足を運んだ。このような場所では，年の離れた筆者は，やがて高齢者の目に留まることになる。その内に，顔見知りになり，研究の意図を話すと，一部の高齢者の協力を皮切りに，その高齢者から別の高齢者へと，協力者が広がるという幸運に恵まれた。面接法という対面の調査方法で，しかもプライベートな内容を問うとなれば，こうした関係作りは，後のデータ収集を円滑に進める基盤になる。もっとも，調査対象者の好意に甘え，運を頼む方法で，面接が常に首尾よく運ぶとは限らない。スーツ姿で名刺を差し出し，丁重に研究について切り出したところ，たちの悪いセールスと間違われて警戒されたこともある。

III　調査面接法のデータ収集

1．データ収集の手続き

研究目的に応じて，ライフヒストリーの聞き取り方は異なる。一般的には，出生から現在まで，時間の流れに沿って語ってもらうが，筆者は，ライフヒストリーの語りに現れたアイデンティティの様相を明らかにするために，調査対象者自身に密接に関わる経験に焦点づけて聞き取った（野村，2002）。そこでは，筆者があらかじめ用意した性格特性語（例えば，「社交的な」，「短気な」）から，調査対象者が自身に合うものを選び，その特性の根拠となる具体的な過去の経験を語ってもらった。すなわち，「ご自身について，『社交的』だと思われたような特定の経験や出来事はありますか」と尋ねた。このような抽象的な概念レベルから，具体的なエピソードレベルへと進める面接法は，成人愛着面接（Adult Attachment Interview; AAI，総説として遠藤，2006を参照）に着想を得ている。成人愛着面接では，養育者について形容して（例えば，「やさしい」）もらったうえで，やはりその根拠となる養育者との過去の経験を語ってもらう。成人愛着面接は，面接に構造化を施すうえで，参考になる。

上述の筆者によるライフヒストリー面接では，具体的な特定の経験や出来事を

問うているが,調査対象者の語りの具体性は,さまざまだった。原則的には,面接中の筆者は,うなづき,相づちを打ちながら聞き,言いよどんだ場合のみ「それで？」など短い促しの言葉を挟んだ。ただし,語られた内容が自己に関連した特定の出来事ではなく,性格特性語を辞書のように語義的に説明するものだったり,自分ではなく他人の性格特性の内容だったりした場合には,「特定の」,「ご自身の」,「具体的な」といった語を用いて,研究目的に沿った具体的エピソードの語りを促した。一定時間待ち,なおも具体的なエピソードが語られず,また,「思い出す出来事がない」と明言された場合は,面接を打ち切った。

　面接法は,構造化の程度にもよるが,研究者の質問の仕方や応じ方によって,得られるデータが変わり得る。仮に,得られたデータに特定のエピソードが含まれていなかった場合,その結果の解釈に際して,調査対象者にはそもそもそうしたエピソードの経験がないのか,あるいは,経験はあったが適切に問われなかったから語られなかっただけなのか,判別が困難になる。したがって,面接法の柔軟さは活かしながらも,研究者の質問の仕方や応じ方には,一定の統制が求められるだろう。

2．データ収集の工夫

　複数回の面接を設けることは,工夫の一つである。一回の面接によって収集したライフヒストリーが,研究目的に適い,なおかつ,語り尽くされたものとは限らない。人生上の転機を尋ねた面接（野村,2005）では,初回の面接で転機を同定し,それについて詳細に語ってもらったうえで,その内容を改めて確かめる機会を設けた。すなわち,2回目の面接では,筆者がまとめた1回目のライフヒストリーの概略を伝え返し,それを補う語りを得た。こうしたやり取りを3回繰り返した結果,研究者にとっても,また,調査対象者にとっても,納得できるライフヒストリーが得られた。各回の面接時間は,調査対象者の疲労に配慮しつつ,60分から100分以内に収めた。むろん,一回のライフヒストリーの語りだからこそ,得られるデータはある。上述のアイデンティティをテーマとした面接や成人愛着面接では,言いよどみやテーマからの逸脱など,何を語るかといった語りの内容よりも,いかに語るかといった語りの形式や構造に注目していた。それらは,一回の語りの即興性にこそ,表れている。一方,ライフヒストリーの内容にも注目するならば,複数回の面接を設けるなど,調査対象者が十分に語れるための工夫を要するだろう。

　二つ目の工夫の例は,他の研究方法との併用である。ライフヒストリーに関す

る複数回の面接を重ねてみると，調査対象者は，面接が終わって一人になってからも，過去を想い起こしていることに気づかされる。なかには，面接がきっかけとなって，自分のライフヒストリーについて他人と話し合ったり，自分史を書き始めたりした人もいた。このように，面接でライフヒストリーについて語ることは，その後の連鎖的な記憶想起や，他者との記憶の共有を触発する可能性がある。

では，面接法によって得られたライフヒストリーは，どれほど安定しており，あるいはまた，変化し得るのだろうか。この問題に迫ろうとして，筆者は，ライフヒストリーについての面接法と，面接後に想起された記憶についての日誌法を併用した（野村，2014）。これは，主に認知心理学領域において，自伝的記憶と呼ばれる自分自身の経験に関するエピソード記憶のデータ収集に用いられてきた（神谷，2003）方法に着想を得ている。筆者は，自伝的記憶想起の中でも，不随意的記憶想起（involuntary memory recall）と呼ばれる，思い出そうとする意図なく自然に思い出され，意識化される個人的経験に関する記憶（Ebbinghaus, 1885／宇津木ら訳，1978）に注目した。こうして面接法と日誌法を併用してみると，調査対象者は，面接でライフヒストリーについて語った後，それに関連したさまざまな記憶を，ふとした拍子に思い出していることがわかった。それらは，面接におけるライフヒストリーに沿う内容で，その細部を補足するものもある一方で，ライフヒストリーに反する内容で，相互に矛盾するものもあった。このような併用が教えてくれるのは，ライフヒストリーとは，安定的で静的な歴史とばかりも言えず，可塑的で動的な物語の性質をもつことである。

■ Ⅳ　調査面接法のデータ分析

1．量的分析による仮説検証

面接法によって得た発話データに基づいて，仮説を検証するためには，発話データを数値化する方法がある。筆者は前述のライフヒストリーとアイデンティティとの関連について検討した研究において，高齢期におけるライフヒストリーについての自己語りの構造的特徴とアイデンティティの達成度に，関連が認められるとの仮説を立て，量的分析によってその検証を図った（野村，2002）。分析のためには，あらかじめ既存の言語学の知見から，構造的特徴として，どれほど具体的なエピソードに基づいているかを表す特定性，語りに含まれる情報量を表す情報性，語りにおける主題との関連を表す関連性を設けた。それらの枠組みから，語りを数値化するための基準を具体化させた。例えば，特定性であれば，そこで

語られたエピソードが一回性で時空間定位が明確なエピソードであるか，あるいは，繰り返し性の習慣的行為であるかによって，その程度を数値化した。また，情報性であれば，時期や場所，登場人物，エピソードにおける心情や評価を示す表現の出現頻度を数え上げた。関連性であれば，語りのテーマである性格特性とは無関係の語りや，自分ではない他者の性格特性についての語りなど，テーマから乖離した発話の頻度を数え上げ，それらの数値の低さから推定した。

分析に際しては，複数の評定者を設け，数値化のためのマニュアルを整備し，評定の練習を経て実際のデータを評定してもらい，評定者間の評定の一致率を確保するよう努めた。そして，これらの各特徴と，既存の尺度によって測定した調査対象者のアイデンティティ達成度との関連を検討した。その結果，アイデンティティ達成度の低い高齢者は，自身の性格特性の中でも否定的な性格特性に関するライフヒストリーの語りにおいて，特に心情表現の情報量が多く，なおかつ，テーマとの関連性が低いという結果を得た。このように，発話という質的データを数値化することで，統計的な仮説検証が可能となる。

2．トップダウン式の質的分析

上記の量的分析のように，発話という質的データの分析に際して，既存の分析枠組みが役立つ場合は少なくない。質的分析においても，理論的に提起されていた分析枠組みに依拠してデータを分析し，その枠組みの具現化された様相を明らかにすることができる。しかし，既存の枠組みでデータの分析が全うされるとは限らない。この種の分析では，むしろ，データに照らし合わせて当初の分析枠組みを改変するところに独自性を見出せる。

例えば，高齢期のライフヒストリーに一貫した筋立てをもたらす構造的特徴を分析するに際して，筆者は当初，既存の分析枠組みを参照して，それが高齢者のライフヒストリーの語りに具現化された様相を記述した（野村，2005）。すなわち，ライフヒストリーの語りの構造には，出来事の間の因果関係や時間的順序関係，テーマに沿ったまとまりが，既存の理論から予測され，実際に，データの中にそれらの具現化された様相を見出した。しかし，これらの語りの構造は，通状況的にあてはまるわけではなく，語りの聞き手との関係性や，語る目的などの状況依存的要因に依拠する。そこで，こうした状況依存的要因を分析枠組みとして新たに提起した。このように，既存の分析枠組みを参照しつつも，データに照らし，必要に応じて当初の枠組みを改変することによって，新たな知見の創出を目指すことができる。

3．ボトムアップ式の質的分析

　面接法で得たデータから仮説的知見を得るためには，質的な分析が施される。例えば，上掲のライフヒストリー面接における自己語りは，その面接が終了してからの不随意的記憶想起とどのような関連をもち，また，これらの想起を経て，もとのエピソードへの意味づけやそれに伴う感情は，どのように推移するだろうか。この種の問いに答え得る知見は限られたため，筆者は両者の関連や，想起の影響を表すカテゴリーをデータからボトムアップ式に生成した（野村，2014）。その結果，両者の関連については，自己語りと同一もしくは類似の出来事の反復的な想起や，語られた人物が登場する新たなエピソードの想起が見出された。ライフヒストリーについて語ることが，その後の日常的な記憶想起にも波及していることが，これらのカテゴリーから読み取れた。また，日常的な記憶想起は，もとのエピソードの意味づけを確認する一方，反復的な想起によって，当初の意味づけについての逡巡を招いたり，当初の意味づけとは異なる意味づけに達したりすることが示唆された。面接法で得たデータと日誌法で得たデータの関連という，従来の研究では必ずしも明らかではない関連が，ボトムアップ式の分析によって提起された。こうした提起は，後に続く量的な分析による検証の基盤となる（野村，2017）。

■ V　臨床面接法の実際

1．事例報告から事例研究へ

　臨床面接は，本来，研究を前提とはしていない。臨床の受益者はクライエントであるが，その臨床を研究対象とした場合の受益者は，一般にはクライエント本人ではなく，現在や将来のクライエント全般や，学界，研究者本人となる。一方，事例検討会やスーパーヴィジョンで検討される事例報告では，受益者は当のクライエントになる。したがって，事例に密着した事例報告から，他の事例を含む一般的な事例にも通じる事例研究へと展開するためには，いくつかの克服すべき点がある。例えば，研究の目的である。研究である以上，それを先行研究の歴史の上に位置づけて意義を主張し，目的を明確化する必要がある。しかし，この目的は，通常は事例を担当した当初には想定されていない。つまり，臨床面接の研究目的は，臨床面接が進んでから，あるいは終わってから，後付けされる。

　筆者にとって，事例報告から事例研究に展開するための困難は，こうした研究

として他の事例にもあてはまる目的の意識化にあった。事例報告の段階では、その事例に固有の解釈が中心だった（野村、2004）。しかし、事例報告から一歩進めて、他の事例にも通じる普遍的な意義をもつ事例研究へ展開させるには、その事例に固有の具体的な解釈のみならず、いくらかの抽象化が必要になる。筆者の事例報告の一例は、障害をもつ子どもを育てる、ある母親の臨床面接のプロセスと、そこに働いたと思われる筆者の関わり方を記述したものだった（野村、2004）。しかし、その記述のみでは、当の事例以外への一般化可能性の主張には乏しかった。そこで、事例報告から事例研究へ展開させ、同一事例によって追究した研究目的は、クライエントがいかに自らの経験を語るのか、その筋立ての仕方と、主訴の推移との関連の解明だった（野村、2006）。つまり、母親という属性は成人期のクライエント全般に抽象化され、障害をもつ子どもの育て方という主訴は、家族に関わる主訴全般に抽象化された。

2．面接記録からのデータ抽出

　当初から明確な研究目的を掲げ、周到に準備された調査面接に比べて、臨床面接は、当初には研究目的が掲げられず、研究としての準備も不十分である。そもそも、何をデータとみなすかが、不明瞭であるといわざるを得ない。筆者にとって、毎回の臨床面接後に自分の記憶を頼りに残した面接記録を、果たしてデータと称してよいのか、また、仮にそれをよしとしても、その面接記録から何を研究上の分析対象となるデータとして抽出すべきか、見極めることが難しかった。人の記憶は、すべてを公平に記録したものではなく、面接担当者とて、その例外ではない（Kotre, 1995／石山訳、1998）。記憶に頼る臨床面接の記録の信頼性を高めるトレーニングのために、別途、調査面接を素材として、録音を聞かずに、記憶を頼りに逐語録を作ってみた。その逐語録を録音記録と照らし合わせてみて、記憶の錯誤や忘却に我ながら驚いた。こうしたトレーニングは、自分の記憶の偏りを知る手掛かりになり、録音を許されない臨床面接の記録にも活かされると思う。このようにしてもなお、面接記録から研究のデータを抽出するには、恣意性に注意が必要だ。面接記録から分析対象となるデータを抽出するために、研究目的を意識し、その目的との照応を重ねた。上掲のクライエントによる経験の語り方の研究（野村、2006）では、語りの構造に着目し、その定義を参考に、語られた出来事と出来事の結びつき方を示す記録を、データとして抽出した。登場人物とその行為を構成要素とする出来事という分析ユニットは、質的分析としては大まか過ぎるかもしれない。しかし、臨床面接の記録が、面接担当者による各回の

記憶を頼りにしているため，これ以上細分化したユニット分けは困難だった。

3．データの解釈

　出来事間の結びつきを抽出した結果，子どもの問題行動を羅列するばかりの「並べる」構造のほか，それらを時系列や因果関係に沿って出来事間を結びつける，「進める」構造などを見出した。週1回，全41回の面接では，子どもの問題という当初の主訴から，やがて夫の問題や自分自身の問題へと，主訴が展開した。そこで，この主訴の推移と，上述の語りの構造との関連を調べるために，主訴とカテゴリーによるクロス集計表を作成した。この表を見ると，突発的に生じて理解が困難だった子どもの問題が，その契機や帰結となった出来事との関連で捉えられるように，「並べる」構造から「進める」構造へと移り変わるなかで，主訴である問題も和らいでいった様子がわかった。一方，このように筋立てられて理解が進む問題ばかりではなく，例えば夫の問題については，こうした推移は辿らず，問題は問題のまま残されていた。

　この研究例では，データに基づいて仮説的にカテゴリーを生成し，それらと主訴の推移との関連を調べた。したがって，そこでの分析方針はボトムアップ式と言えるが，臨床面接法においては，データに根差したボトムアップ式分析を徹底することは難しい。臨床面接法は，調査面接法に比べると，面接の進め方やデータの解釈において，臨床心理学の諸理論からのトップダウン式の影響を受けやすい。調査面接法は，対象をありのままに捉えようとするが，臨床面接法は，実践である以上，対象に働きかけようとする。臨床面接の担当者と研究者が同一人物である場合，対象に介入する働きかけを企図しながら，その様子を対象化して研究するという困難を抱えることになる。

　上掲の筆者の研究例でも，主訴に関するクライエントの語りが，日常生活における前後の脈絡の下，構造化されていった経過として記述されていたが，そこには面接担当者としての筆者の働きかけも介在している。例えば，面接開始当初の筆者は，行動療法の応用行動分析の枠組みを活用し，子どもの問題について刺激－反応図式に沿った事例定式化を意識していたと思う。この意識は，クライエントの語りの筋立て方に影響していたはずである。

　したがって，臨床面接法におけるデータの解釈では，臨床面接の実践に際して参照した理論によるトップダウン式の影響を考慮する必要があるだろう。そして，対象に働きかけている自身を含め，事例をさらに対象化するというリフレクシブな視点が必要だろう。

第 9 章　面接法の実際

◆学習チェック表
□　面接法の研究倫理の実際について理解した。
□　面接法によるデータ収集の実際について理解した。
□　面接法によって得たデータの分析の実際について理解した。
□　臨床面接法の実際について理解した。

より深めるための推薦図書
　　伊藤哲司・能智正博・田中共子編（2005）動きながら識る，関わりながら考える―心
　　　　理学における質的研究の実践．ナカニシヤ出版．
　　能智正博（2011）臨床心理学をまなぶ6　質的研究法．東京大学出版会．
　　桜井厚（2002）インタビューの社会学―ライフストーリーの聞き方．せりか書房．

　　文　　　献

Ebbinghaus, H.（1885）*Memory: A Contribution to Experimental Psychology*. Columbia University.
　　（宇津木保 訳・望月衛 閲（1978）記憶について―実験心理学への貢献．誠信書房．）
遠藤利彦（2006）語りにおける自己と他者，そして時間―アダルト・アタッチメント・インタ
　　ビューから逆照射して見る心理学における語りの性質．心理学評論，49; 470-491.
神谷俊次（2003）不随意記憶の機能に関する考察―想起状況の分析を通じて．心理学研究，74;
　　444-451.
Kotre, J.（1995）*White Gloves*. The Free Press.（石山鈴子訳（1997）記憶は嘘をつく．講談社．）
野村晴夫（2002）高齢者の自己語りと自我同一性との関連―語りの構造的整合・一貫性に着目
　　して．教育心理学研究，50; 355-366.
野村晴夫（2004）母親面接で語られた子ども，夫，自分．東京大学大学院教育学研究科心理教
　　育相談室紀要，27; 1-10.
野村晴夫（2005）構造的一貫性に着目したナラティヴ分析―高齢者の人生転機の語りに基づく
　　方法論的検討．発達心理学研究，16; 109-121.
野村晴夫（2005）クライエントの語りの構造―臨床事例に基づくナラティヴ・プロセスの検討．
　　心理臨床学研究，24; 347-357.
野村晴夫（2014）生活史面接後の「内なる語り」―中高年の不随意的想起に着目した調査．心
　　理臨床学研究，32; 336-346.
野村晴夫（2017）自己語りと想起が促す生活史の再編―中高年期の調査の演繹的・帰納的分析．
　　心理臨床学研究，35; 4-14.

119

第4巻　心理学研究法

第10章

検査法

松田　修

Keywords　知能検査，神経心理学的検査，脳画像検査，発達検査，発達障害の検査，パーソナリティ検査，症状評価や適応行動の検査

I　検査法を用いた心理学研究

1．検査法とは

検査法とは各種検査を用いて心に関する情報収集を行う方法である。心理学研究で使用する検査には，①課題遂行の様子や結果を情報とするもの（例：知能検査，神経心理学的検査，作業検査など），②質問項目への回答を情報とする検査（これには回答者が自分自身について回答する自己評価式のものと，回答者が自分がよく知る他者について回答する他者評価式のものがある），③刺激に対する反応や描画などを情報とするもの（図版や絵や言葉などの刺激に対する反応や描画の分析），④脳画像や生理指標を情報とするものなどがある。個別実施を前提とする個別式検査もあれば，集団実施可能な集団式検査もある。

2．検査法を用いた心理学研究

①事例研究

これは一つまたは複数の事例の情報に基づく研究である。事例の特徴や経過を記述するために検査結果が使われる。検査結果の記述は，同じ検査を実施した他の事例との比較や，効果評価を定量的に示すのに役立つ。世界標準の検査を用いることで，研究の国際比較が可能になる（第11章参照）。

②調査研究

対象者の心理的特徴を評価する際に検査を利用することができる。特定の心理的問題（例：うつ病）の実態把握を目的とした調査では症状評価のための検査（例：うつ病のスクリーニング検査）を使うこともある。

③実験研究

　調査法と同じく，対象者の心理的特徴を評価するために検査を利用することがある。介入研究では効果評価の指標として検査データを使うことがある。

④アナログ研究

　アナログ研究は，実際の患者やクライアントなど臨床実践の対象となる人々（臨床群）を直接の研究対象とするのではなく，それ以外の人々（非臨床群）を対象として行う研究である。アナログとは「等価な」「連続的な」といった意味で，例としては不安障害傾向を調べる検査で不安傾向が強いと判断された健常者を不安障害者の「アナログ」とみなして行う研究がある（杉浦，2009）。

3．研究で検査法を用いる際の留意点

①使用者の専門性と資格

　使用者は正しい実施方法で検査を実施しなければならない。検査の中には，使用者に十分な専門性がない場合や，特定の資格がない場合には実施できないものがある。また，使用者は検査用具の機密保持や検査結果の管理についても責任を負わねばならない（第14章参照）。

②非臨床群への適用の可否

　臨床群への適用を前提に開発された心理検査を非臨床群に対して使用する場合，天井効果（最高点に得点が偏る）や床効果（最低点に得点が偏る）のために得点が最高点または最低点に偏ってしまい，個人差が出ず，予定していた分析が困難になることがある。臨床実践で使用される検査を非臨床群を対象とする研究で使用する際には，得点分布がどうなりそうかを事前に検討しておくとよい。

③検査の信頼性と妥当性

　使用する検査の信頼性と妥当性を確認する（第4章参照）。介入効果を検討する実験研究では，検査の信頼性に問題があると，実験で観察された得点変動が誤差による変化なのか，真の変化なのか判断できない。また，妥当性が低く，何を測っているのかはっきりしない検査の使用は，研究結果の解釈を困難にするので，避けるべきである。選択した検査が研究目的に合っているのかを事前によく検討するとよい。課題遂行型の検査ではモティベーション，疲労，うつ状態などが検査結果に影響を与えることがある。また，自己評価型の質問紙検査では社会的望ま

しさ（第4章参照）が検査結果に影響を与えることもある。こうした要因が個々の検査結果に大きな影響を与えている場合には，結果の解釈に注意が必要である。

II　知能検査

1．知能検査

　知能検査は知的能力の総体を定量的に表す情報（例：知能指数 Intelligence Quotient: IQ）や，知能を構成する個別の能力に関する情報を得るために使用することができる。代表的な検査は，ビネー式知能検査（例：スタンフォード・ビネー検査）と，ウェクスラー式知能検査（例：Wechsler Preschool and Primary Scale of Intelligence; WPPSI, Wechsler Intelligence Scale for Children; WISC, Wechsler Adult Intelligence Scale; WAIS-IV）である。WPPSI, WISC, WAIS はウェクスラーファミリーとも呼ばれる。なお，最新のウェクスラー式知能検査では，言語性IQ（Verbal IQ; VIQ）と動作性IQ（Performance IQ; PIQ）は廃止された。

2．代表的な知能検査

①日本版 WISC-IV

　WISC-IV は子ども用の知能検査で，日本版の適用年齢は5歳0カ月〜16歳11カ月である。全15の下位検査（10の基本検査と5つの補助検査）で構成され，5つの合成得点，すなわち，全検査IQ（Full Scale IQ; FSIQ），言語理解指標（Verbal Comprehension Index; VCI），知覚推理指標（Perceptual Reasoning Index; PRI），ワーキングメモリー指標（Working Memory Index; WMI），処理速度指標（Processing Speed Index; PSI）が算出できる。さらに一般知的能力指標（General Ability Index; GAI）と認知熟達度指標（Cognitive Proficiency Index; CPI）も算出可能となった。順唱と逆唱の比較など，検査結果のより詳細な検討で使用可能なプロセス得点の算出ができるようになった。

②日本版 WAIS-IV

　WAIS-IV は成人用の知能検査で，適応年齢は16歳0カ月〜90歳11カ月である。全15の下位検査で構成され，WISC-IV と同様に，5つの合成得点が算出できる。積木模様，数唱，語音整列ではプロセス得点が算出できる。

③日本版 WPPSI-III

WPPSI-III は幼児用の知能検査で，適用年齢は 2 歳 6 カ月～ 7 歳 3 カ月である。検査は 2 歳 6 カ月～ 3 歳 11 カ月と 4 歳 0 カ月～ 7 歳 3 カ月の 2 部構成となっている。

④田中ビネー知能検査 V

この検査は，ビネー式知能検査の考えをもとに，日本人の実生活に合うように作成された。適用年齢は 2 歳～成人である。成人級の問題は，「結晶性領域」「流動性領域」「記憶領域」「論理推理領域」の 4 領域に分類され，偏差知能指数（Deviation Intelligence Quotient; DIQ）が算出される。

⑤日本版 Kaufman Assessment Battery for Children Second Edition（KABC-II）

KABC-II は子どもの認知能力と習得度を評価できる。検査結果は，ルリア Luria の理論に立脚したカウフマンモデルと，キャッテル Cattell，ホーン Horn，キャロル Carroll の理論（CHC 理論）に立脚した CHC モデルから解釈することができる。適用年齢は 2 歳 6 カ月～ 18 歳 11 カ月である。

⑥日本版 Das-Naglieri Cognitive Assessment System（DN-CAS）

DN-CAS は，プランニング（Planning; P），注意（Attention; A），同時処理（Simultaneous; S），継次処理（Successive; S）に注目した PASS 理論に基づいて開発された。適用年齢は 5 歳 0 カ月～ 17 歳 11 カ月である。

⑦日本版レーヴン色彩マトリックス検査

非言語性推理課題で構成された検査で，適用年齢は 45 歳以上である。失語症や認知症の評価で使用する。

III　神経心理・脳画像検査

1．神経心理学的検査

脳と心の関係を扱う神経心理学という名称を冠した神経心理学的検査は，脳機能と密接に関係する認知機能の評価を意図して開発された検査である。脳卒中，交通事故，認知症疾患など，脳神経機能の障害に関連して生じた高次脳機能障害（例：記憶障害，注意障害，失語，失認，失行，遂行機能障害，社会的行動障害など）の評価で利用されている。

① MMSE-J

　MMSE-J（Mini Mental State Examination-Japanese）は，認知症スクリーニング検査の世界標準であるMMSEの日本正規版である。適用年齢は18歳〜85歳で，実施時間は10分〜15分程度である。検査は，見当識（時・場所），記銘，注意と計算，再生，呼称，復唱，理解，読字，書字，描画で構成されている。

②改訂長谷川式簡易知能評価スケール（HDS-R）

　HDS-R（Hasegawa's Dementia Scale-Revised）は，わが国で開発された認知症スクリーニング検査である（加藤ら，1991）。検査は，年齢，日時の見当識，場所の見当識，3つの言葉の記銘，計算，数字の逆唱，3つの言葉の遅延再生，5つの物品記銘，野菜の名前（言語の流暢性）で構成されている。実施時間は10分程度である。MMSEとは異なり，HDS-Rには，書字や描画といった動作性の課題は含まれていない。

③日本語版 Montreal Cognitive Assessment（MoCA-J）

　MoCA-Jは，軽度認知障害（Mild Cognitive Impairment; MCI）のスクリーニング検査で，実施時間は10分程度である。検査は，視空間／実行系（Trail Making，立方体の模写，時計描画），命名，記憶（即時再生），注意（順唱・逆唱・Target Detection・7減算），言語（文の復唱，語想起），抽象概念（類似），記憶（遅延再生），見当識（時・場所）で構成されている（鈴木・藤原，2010）。

④日本語版 Neurobehavioral Cognitive Status Examination（COGNISTAT）

　COGNISTATは短時間で複数の認知機能を同時に評価できる検査である。検査は，臨床判断に基づく意識（覚醒水準），および見当識，注意（順唱，即時再生），言語（語り，理解，復唱，呼称），構成，記憶，計算，推理（類似，判断）で構成されている。

⑤日本版 Wechsler Memory Scale-Revised（WMS-R）

　WMS-Rは，記憶の多面的評価が可能な検査で，言語性記憶指標，視覚性記憶指標，これらを総合した一般的記憶指標，注意／集中力指標，遅延再生指標を算出できる。適用年齢は16歳〜74歳で，実施時間は45分〜60分である。

⑥三宅式記銘力検査

三宅式記銘力検査は有関係対語 10 対と無関係対語 10 対で構成された言語性記憶検査である。対象は成人で，実施時間は 15 分程度である。口頭提示による言語性検査のため，聴覚言語に障害があると実施が難しい。

⑦ベントン視覚記銘検査（Benton Visual Retention Test; BVRT）

BVRT は，10 枚の図版を用いた視覚記銘力検査で，適用範囲は 8 歳～成人である。見たものをかく検査であるため，視覚運動に障害があると実施が難しい。

⑧日本版 RBMT リバーミード行動記憶検査

RBMT（Rivermead Behavioral Memory Test）は，日常生活で記憶を使う場面を想定した問題で構成されている。4 種類の並行検査が用意されており，練習効果を排除した縦断的評価が可能である。成人を対象とし，実施時間は 30 分程度である。

⑨ BADS 遂行機能障害症候群の行動評価日本版

BADS（Behavioural Assessment of the Dysexecutive Syndrome）は，日常生活上の遂行機能を総合的に調べる検査である。検査は課題解決型の問題と，質問表（自己評価と他者評価）で構成されている。主たる対象は成人である。

⑩ Frontal Assessment Battery at bedside（FAB）

FAB は，前頭葉機能を簡便に評価可能な検査で，概念化（類似），流暢性（語想起），行動プログラミング（動作計画性），反応選択（葛藤），Go/No-Go（反応抑制），環境依存性（把握行動）で構成されている（Dubois et al., 2000）。

⑪標準失語症検査（Standard Language Test of Aphasia; SLTA）

SLTA は，失語症を評価する検査で，聴く，話す，読む，書く，計算をカバーする。失語症の有無，重症度，タイプの診断や，治療効果や自然回復について経時的に把握できる。

⑫標準高次視知覚検査（Visual Perception Test for Agnosia; VPTA）

VPTA は視知覚機能障害を包括的に捉える検査で，視知覚の基本機能，物体・画像認知，相貌認知，色彩認知，シンボル認知，視空間の認知と操作，地誌的見当識で構成されている。

⑬ ADAS-J cog

ADAS-J cog（Alzheimer's Disease Assessment Scale-cognitive component-Japanese version）は国内外の臨床や研究（例：治験や治療経過の評価）で使われている。単語再生，口頭言語能力，言語の聴覚的理解，自発話における喚語困難，口頭命令に従う，手指および物品呼称，構成行為，観念運動，見当識，単語再認，テスト教示の再生能力の項目がある（本間ら，1992）。

2．脳画像検査

脳画像検査は脳の構造や機能を調べる検査である。心と脳の関係を研究する際に利用することができる（第12章参照）。

①コンピュータ断層診断装置（CT）

CT（Computed Tomography）は，X線を使って身体の断面を撮影する検査で，脳の構造を調べるのに用いられる。

②磁気共鳴画像診断装置（MRI）

MRI（Magnetic Resonance Imaging）は，磁場と電波を使って体内の様子を調べる検査で，CTと同じく，脳の構造を調べるのに利用される。

③機能的磁気共鳴画像法（fMRI）

fMRI（functional Magnetic Resonance Imaging）は，MRI装置を使って脳の機能を調べるのに利用することができる。

④脳血流シンチグラフィ（SPECT）

SPECT（Single Photon Emission Computed Tomography）は，体内に投与された放射性医薬品から放射される微量な放射線を計測することで脳の機能を調べることができる。脳血流の評価に使用される。

⑤陽電子放出断層法（PET）

PET（Positron Emission Tomography）は，脳の機能を調べることができる検査で，酸素やブドウ糖などの動きを調べることができる。

⑥近赤外線スペクトロスコピィ（NIRS）

第 10 章　検査法

　　NIRS（Near-infrared spectroscopy；光トポグラフィー）は，安全に，そして比較的簡便に人の脳機能を記録することのできる検査である。脳の機能を調べるのに用いられる。

■ Ⅳ　発達領域の検査

1．発達検査

　発達検査は，子どもの発達の状態を評価するための検査である。乳幼児を適用範囲に含む。0歳以降を対象とすることから，検査者による直接観察や，質問項目に対する保護者の回答結果を情報とする検査が主である。

2．代表的な発達検査

①新版K式発達検査 2001

　この検査は，姿勢・運動（postural-motor; P-M），認知・適応（cognitive-adaptive; C-A），言語・社会（language-social; L-S）の3領域をカバーする発達検査である。0歳から適用可能である。

②デンバー発達判定法（DENVER Ⅱ）

　この検査は，乳幼児の発達の遅れやアンバランスさを発見することを目的に開発され，「個人－社会」「微細運動－適応」「言語」「粗大運動」の4領域をカバーする。適用年齢は0歳〜6歳である。

③乳幼児発達スケール（Kinder Infant Development Scale; KIDS）

　この検査は，保護者など，対象児の日常の行動をよく知る人が回答する質問紙検査で，「運動」「操作」「理解言語」「表出言語」「概念」「対子ども社会性」「対成人社会性」「しつけ」「食事」の9領域をカバーする。適用年齢は0歳1カ月〜6歳11カ月で，実施時間は15分程度である。

3．発達障害の検査

　発達障害は通常低年齢で起こることから，その研究は子どもを対象としたものが多かった。しかし近年発達障害を持つ成人に対する研究も増し，成人の発達障害を対象とする検査も使用されるようになってきた。

127

3-1. 自閉スペクトラム症（Autism Spectrum Disorder; ASD）の検査

① AQ（Autism-Spectrum Quotient）日本語版自閉症スペクトラム指数

　これは自閉症傾向を評価する検査で，成人用（16歳以上）は自己評価，児童用（6歳～15歳）は保護者などによる他者評価となる。検査は，「社会的スキル」「注意の切り替え」「細部への関心」「コミュニケーション」「想像力」という5つの下位尺度で構成されている。

② 日本版 PEP-3　自閉症・発達障害児　教育診断検査　［三訂版］

　PEP-3（Psychoeducational Profile-3rd edition）は ASD 児の状態をさまざまな側面から評価する検査である。

③ CARS 小児自閉症評定尺度

　CARS（Childhood Autism Rating Scale）は ASD を鑑別するために開発された検査で，人との関係，模倣，情緒反応，身体の使い方，物の扱い方，変化への適応，視覚による反応，聴覚による反応，味覚・嗅覚・触覚反応とその使い方，恐れや不安，言語性のコミュニケーション，非言語性のコミュニケーション，活動水準，知的機能の水準とバランス，全体的な印象を評価する。

④ PARS-TR　親面接式自閉スペクトラム症評定尺度　テキスト改訂版

　PARS-TR（Parent-interview ASD Rating Scale-Text Revision）は，母親あるいは主たる養育者に面接し，その結果から，自閉スペクトラム症の特性や支援ニーズを評価する面接ツールである。

⑤ ADI-R 日本語版

　ADI-R（Autism Diagnostic Interview-Revised）は，保護者などに面接し，その結果から ASD を評価する面接ツールである。

⑥ ADOS-2 日本語版

　ADOS-2（Autism Diagnostic Observation Schedule Second Edition）は，検査用具や質問項目を用いて行動観察や面接を実施し，その結果から ASD の特徴を評価する検査ツールである。

第10章　検査法

3-2. 注意欠如多動症（Attention-Deficit/Hyperactivity Disorder; ADHD）の検査

① CAADID 日本語版

CAADID（Conners' Adult ADHD Diagnostic Interview for DSM-Ⅳ）は，成人にみられるADHD関連の症状を診断するための面接ツールである。

② CAARS 日本語版

CAARS（Conners' Adult ADHD Rating Scales）は，18歳以上を対象に，ADHDの症状の程度を評価する検査で，自己記入式と観察者評価式がある。回答に矛盾がないかどうかを判断する指標（矛盾指標）がある。

3-3. 学習障害（Learning Disabilities/ Specific Learning Disorder; LD）の検査

① LDI-R　LD判断のための調査票

LDI-R（Learning Disabilities Inventory-Revised）は，小学校1年〜中学校3年を対象に，学習障害（LD）を判断するための調査票である。子どもを実際に指導し，学習状況を熟知した指導者や専門家が日常の子どもの様子を基に評定する。調査票は，基礎的学力（聞く，話す，読む，書く，計算する，推論する，英語，数学）と行動，社会性の計10領域で構成されている。

② STRAW-R　改訂版　標準読み書きスクリーニング検査

STRAW-R（Standardized Test for Assessing the Reading and Writing (Spelling) Attainment of Japanese Children and Adolescents: Accuracy and Fluency）は，小学1年生〜高校3年生を対象とする検査で，読み書き困難のスクリーニングに利用される。

③ URAWSS Ⅱ　小中学生の読み書きの理解

URAWSS Ⅱ（Understanding Reading and Writing Skills of Schoolchildren）は，小学生〜中学生を対象に，学習に影響しやすい読み書き速度を評価する検査である。中学生における英単語の習得度を評価するためのURAWSS-Englishもある。

V　パーソナリティ検査

1．パーソナリティ検査

　パーソナリティ検査は，個人の行動様式や反応様式などから，その人のパーソナリティ特性を定量的・定性的に診断・評価する検査である。検査には，「自己評定法（パーソナリティ特性に関する質問への回答に基づく検査）」「作業検査法（単純な作業を実施し，その過程や作業曲線をもとにパーソナリティを評価する検査）」「投影法（曖昧な刺激に対する反応や描画からパーソナリティを評価する検査）」がある。

2．代表的な検査

①ロールシャッハ・テスト

　投影法の代表的な検査の一つである。ロールシャッハRorschachが開発した10枚の図版を提示し，それぞれがどのように見えたのか，どうしてそう見えたのかについて回答を得て，その回答をもとに個人のパーソナリティを評価する。

② TAT 絵画統覚検査

　TAT（Thematic Apperception Test）は，図版に印刷された絵を見て連想した物語から個人の深層心理を探る投影法の検査である。語られた内容を分析し，人間関係や社会的態度，内面的願望，不満，不安などを探ることができる。

③描画法（バウム・テスト，HTP 法，風景構成法）

　バウム・テストは「1本の実のなる木」を，HTP 法／ S-HTP 法は「家」「木」「人物」を，風景構成法は「川」「山」「田」「道」「家」「木」「人」「花」「動物」「石」「足りないと思うもの／描き足したいと思うもの」を描かせ，そこに投影された個人の深層心理を専門家が解釈する。解釈には高い専門性が要求される。

④ MMPI ミネソタ多面的人格目録

　MMPI（Minnesota Multiphasic Personality Inventory）は，質問紙への回答からパーソナリティを調べる検査で，550 の質問項目で構成されている。

⑤ MPI モーズレイ性格検査

MPI（Maudsley Personality Inventory）は、「外向性－内向性」と「神経症的傾向」の二つの性格特性を同時に測ることを目的とした検査である。このほかに虚偽発見尺度（L尺度）が含まれている。

⑥ YG 性格検査（矢田部ギルフォード性格検査）

YG 性格検査は質問紙検査で、「行動特性（内向的か外向的か）」「情緒の安定」「人間関係に関する特性」「仕事に対しての取組姿勢」「リーダー資質」「集団や社会的な場面での適応性」「知覚の特性（主観型－客観型）」が評価できる。集団実施が可能である。

⑦新版 TEG-II　東大式エゴグラム Ver. II

新版 TEG-II は「批判的な親（Critical Parent; CP）」「養育的な親（Nurturing Parent; NP）」「大人（Adult; A）」「自由な子ども（Free Child; FC）」「順応した子ども（Adapted Child; AC）」という5つの側面で自我状態を評価する。適用年齢は15歳以上で、個人でも集団でも実施できる。

VI　症状評価の検査

1．症状評価のための検査

ここには、うつ、不安、不眠、体調不良など、特定の症状を評価する検査が含まれる。

2．代表的な検査

① GHQ 精神健康調査票

GHQ（The General Health Questionnaire）は、神経症者の症状把握、評価および発見に有用な質問紙検査である。適用年齢は12歳～成人で、実施時間は5分～10分である。60項目版のオリジナル版（GHQ60）の他に、30項目版（GHQ30）、28項目版（GHQ28）、12項目版（GHQ12）がある。

② CMI 健康調査票

CMI（Cornell Medical Index）は、幅広い身体的・精神的自覚症状を把握できる質問紙検査で、12区分の身体的項目（目と耳、呼吸器系、心臓脈管系、消化器系、筋肉骨格系、皮膚、神経系、泌尿生殖器系、疲労度、疾病頻度、既往症、習

慣）と，6区分の精神的項目（不適応，抑うつ，不安，過敏，怒り，緊張）で構成されている。対象は14歳～成人で，実施時間は15分～20分である。

③ POMS2 日本語版

POMS2（Profile of Mood States 2nd Edition）は，気分状態を評価する質問紙検査で，「怒り－敵意」「混乱－当惑」「抑うつ－落込み」「疲労－無気力」「緊張－不安」「活気－活力」「友好」の7尺度と，ネガティブな気分状態を総合的に表すTMD（Total Mood Disturbance）得点で構成されている。青少年用は13歳～17歳，成人用は18歳以上が対象となっている。全項目版と短縮版があるが，回答に要する時間は全項目版で10分程度である。

④ SDS うつ性自己評価尺度

SDS（Self-rating Depression Scale）は，自己評価式抑うつ尺度で，20の質問項目で構成されている。実施時間は10分程度である。

⑤ BDI-II　ベック抑うつ質問票

BDI-II（Beck Depression Inventory-Second Edition）は世界的に広く使用されている自記式抑うつ評価尺度で，抑うつ症状の重症度を5分～10分で評価できる。適用年齢は13歳～80歳で，日本版は質問項目の原版との等価性が確認され，国際比較が可能である。

⑥ CES-D うつ病（抑うつ状態）自己評価尺度

CES-D（The Center for Epidemiologic Studies Depression Scale）は，米国国立精神保健研究所（NIMH）が開発した尺度で，20の質問項目で構成されている。適用年齢は15歳以上で，実施時間は10分～15分である。

⑦新版 STAI　状態－特性不安検査

新版 STAI（State-Trait Anxiety Inventory-JYZ）は，不安に関する質問紙検査で，状態不安尺度20項目と特性不安尺度20項目で構成されている。対象は18歳以上で，実施時間は10分程度である。中学生以上には，STAI 状態・特性不安検査（Form X）が使用できる。

⑧ MAS 顕在性不安尺度

MAS（Manifest Anxiety Scale）は，不安の総合尺度で，MMPIから選出された不安尺度50項目に妥当性尺度15項目を加えた65項目で構成されている。適用範囲は16歳以上で，実施時間は約5分である。

▮ VII　適応行動・生活機能の検査

適応行動・生活機能

① Vineland-II　適応行動尺度

Vineland-II（Vineland Adaptive Behavior Scales Second Edition）は，保護者など，対象者の様子をよく知る人に対して行われる半構造化面接（第8章参照）を通じて，対象者の適応行動を評価する尺度である。適用範囲は0歳0カ月〜92歳11カ月で，実施時間は20分〜60分である。4つの適応行動領域，すなわち，「コミュニケーション（受容言語／表出言語／読み書き）」「日常生活スキル（身辺自立／家事／地域生活）」「社会性（対人関係／遊びと余暇／コーピングスキル）」「運動スキル（粗大運動／微細運動）」と，不適応行動領域（「不適応行動（不適応行動指標／不適応行動重要事項)」）が検討できる。

② S-M 社会生活能力検査第3版

S-M社会生活能力検査第3版（Social Maturity Scale Third Edition）は，子どもの社会生活能力の発達を評価する検査である。検査では「身辺自立（Self-Help; SH）」「移動（Locomotion; L）」「作業（Occupation; 0）」「コミュニケーション（Communication; C）」「集団参加（Socialization; S）」「自己統制（Self-Direction; SD）」が検討できる。回答結果をもとに社会生活年齢（SA）と社会生活指数（SQ）も算出できる。適用範囲は乳幼児〜中学生である。

③老研式活動能力指標　TMIG Index of Competence

老研式活動能力指標（古谷野ら，1987）は，高齢者の高次の生活機能を評価する目的で開発された検査で，「手段的自立（例：バスや電車を使った外出，買い物，食事の支度など）」「知的能動性（例：年金書類を書く，新聞・本・雑誌を読むなど）」「社会的役割（例：友人宅の訪問，相談にのるなど）」をカバーする。

④ JST 版活動能力指標

JST版活動能力指標（Iwasaら，2015; 2018）は，一人暮らし高齢者が自立し

活動的に暮すために必要な能力を評価することができる。最近の日本人高齢者のライフスタイルの変化を考慮し，携帯電話やメールの使用などの項目が含まれている。

VIII おわりに

心理検査の中には，知能検査や投影法検査（例：ロールシャッハテスト）のように，高い専門性や倫理感を持った者でなければ適切に使用できないものが少なくない。また，検査の購入を保健医療・福祉・教育などの専門機関に限っているケースがほとんどで，誰もが容易に入手できるわけではない。検査法を研究で使用する際には，これらのことを研究計画の段階で十分に検討しておく必要がある。学生ならば指導教員とよく相談し，研究計画を立案するとよいだろう。

註）紙面の都合上，各検査の出典情報は割愛した。各検査の詳細については，検査マニュアル，出版元あるいは販売元から出されている資料などを参照されたい。また，心理検査を用いたアセスメントに関しては本シリーズ第 14 巻「心理的アセスメント」も参照しておくとよい。

◆学習チェック表
- □ 代表的な知能検査について説明できる。
- □ 代表的な神経心理学的検査について説明できる
- □ 代表的な脳画像検査について説明できる。
- □ 代表的な発達領域の検査について説明できる。
- □ 代表的なパーソナリティ検査について説明できる。
- □ 代表的な症状評価の検査について説明できる。
- □ 代表的な適応行動・生活機能の検査について説明できる。
- □ 検査を研究で使用する際の留意点について説明できる。

より深めるための推薦図書

小海宏之（2015）神経心理学的アセスメント・ハンドブック．金剛出版．

松本真理子・森田美弥子編（2018）心理アセスメント―心理検査のミニマム・エッセンス．ナカニシヤ出版．

ホーガン，T. P.（繁桝算男・椎名久美子・石垣琢磨訳，2010）心理テスト―理論と実践の架け橋．培風館．

上野一彦・松田修・小林玄・木下智子（2015）日本版 WISC-IV による発達障害のアセスメント―代表的な指標パターンの解釈と事例紹介．日本文化科学社．

山内俊雄・鹿島晴雄編（2015）精神・心理機能評価ハンドブック．中山書店．

文　　献

Dubois, B., Slachevsky, A., Litvan, I., & Pillon, B.（2000）The FAB: A Frontal Assessment Battery at Bedside. *Neurology*, 55; 1621-6.

本間昭・福沢一吉・塚田良雄・石井徹郎・長谷川和夫・Mohs, R. C.（1992）Alzheimer's Disease Assessment Scale(ADAS) 日本版の作成．老年精神医学雑誌，3; 647-655.

Iwasa, H., Masui, Y., Inagaki, H.,Yoshida, Y., Shimada, H.,Otsuka, R., Kikuchi, K., Nonaka, K., Yoshida, H., Yoshida, H., & Suzuki, T.（2015）Development of the Japan Science and Technology Agency Index of Competence to Assess Functional Capacity in Older Adults: Conceptual Definitions and Preliminary Items. *Gerontology and Geriatric Medicine*. January-December; 1-11.

Iwasa, H., Masui, Y., Inagaki, H., Yoshida, Y., Shimada, H., Otsuka, R., Kikuchi, K., Nonaka, K., Yoshida, H., Yoshida, H., Suzuki, T.（2018）Assessing Competence at a Higher Level Among Older Adults: Development of the Japan Science and Technology Agency Index of Competence (JST-IC). *Aging Clinical and Experimental Research*, 301; 383-393.

加藤伸司・下垣光・小野寺敦志・植田宏樹・老川賢三・池田一彦・小坂敦二・今井幸充・長谷川和夫（1991）改訂長谷川式簡易知能評価スケール（HDS-R）の作成 . 老年精神医学雑誌，2; 1339-1347.

古谷野亘・柴田博・中里克治・芳賀博・須山靖男（1987）地域老人における活動能力の測定―老研式活動能力指標の開発．日本公衛誌，34; 109-114.

杉浦義典編（2009）臨床心理学研究法第 4 巻　アナログ研究の方法．新曜社.

鈴木宏幸・藤原佳典（2010）Montreal Cognitive Assessment（MoCA）の日本語版作成とその有効性について．老年精神医学雑誌，21; 198-202.

第4巻 心理学研究法

第11章

実践的研究法

藤川　麗

Keywords　エビデンスに基づく臨床実践，事例研究，実践的フィールドワーク，アクション・リサーチ，プログラム評価，実践的研究法の評価，倫理的配慮

I　実践的研究法とは

1．心理学の研究活動と実践活動

　本章で解説する実践的研究法とは，実践活動を通してデータを収集するスタイルの研究法を指す。心理学のさまざまな領域において，問題の解消あるいは改善という目的のもとに，現実に介入する実践活動が行われている。なかでも，臨床心理学は実践活動が学問の根幹を成す領域であり，臨床的介入（例：個人や集団を対象とした臨床心理面接，心理教育プログラムを用いた予防的介入，コンサルテーションなどの他職種に対する支援など）という実践活動が効果的に展開され，問題解決がなされることが目的の学問である。

　心理学の研究活動と実践活動との関係は，単に研究から得られた知見を実践に応用するということに限られるものではない。実践活動の中から問題を発見し，研究によって検証することもあれば，研究によって導かれた理論を実践活動によって検証することもある。両者は車の両輪のような関係にあり，研究活動と実践活動の循環が心理学の発展を支えてきたと言える。

　読者が学部生であれば，臨床的介入を実践するための能力・資格をまだ満たしていないため（能力・資格がない状態で実践的研究を実施することには，後述するような倫理的問題がある），卒業論文などで実践的研究法を用いることは稀だろう。しかし，公認心理師などの心理専門職として臨床現場に入った際には，実践的研究を行うための技能は必要不可欠なものとなる。エビデンス（根拠）に基づく臨床実践が社会から要請されるようになりつつある昨今，心理専門職には，自らが行う臨床的介入について説明責任（アカウンタビリティ）を果たすことが求

第11章　実践的研究法

められており，研究はそれを示すための重要な手段である。また，臨床的介入の理論や方法を発展させ，より効果的なサービスを提供するためには，個々の臨床家がすでにエビデンスが示されている介入方法を実践することで満足するのではなく，その介入が実際にはどうなのかについてデータを収集し，データに基づいて介入を評価し，発表して，実証的な方法による研究の知見を積み上げていくことが重要である。心理専門職には，実践的研究のこうした意義を理解し，エビデンスを「使う」だけではなく，「作る」という姿勢を持つことが望まれるのである。

2．実践的研究法の着想

実践的研究法を用いようと着想する際には，大きく分けて以下のような2つの研究の方向性・目的があると考えられる。

①実践活動を記述・分析することを通して何らかの理論やモデルを生成することを目的とする研究

1つ目は，実践活動の中で何らかの現象に着目し，その現象について現実の複雑な要素の全体性を捉えるように記述し，その現象を説明するための理論やモデルを生成するために研究を行うという方向性である。実践活動の中で生じた問いをリサーチ・クエスチョンの形にし，それに沿ってデータを収集・分析するための方法を選ぶ。そして，実践活動を通してデータを収集し，理論生成に適した特徴を持つ質的研究法を用いてデータを分析して理論やモデルを生成する形をとることが多い。こうした方向性を持つ研究は，先行研究などから導出された仮説を検証する仮説検証型の研究に対して，仮説生成型の研究とも呼ばれる（質的研究法については，第6章と第8章も参照されたい。また，臨床心理学における質的研究の計画立案から論文作成までの手順については岩壁（2010）や能智（2011）が大変参考になる）。

②実践活動を評価することを目的とする研究

2つ目は，臨床的介入を評価するために研究を行うという方向性である。こうした目的のための研究では，臨床的介入のプロセスや効果・結果（アウトカム）に関する評価基準が定められ，それらに関連する指標がデータとして収集される。収集されるデータと分析法は質的・量的のいずれもあり得る。

本章では，①の目的で用いられる研究法の代表的な例として，事例研究と実践的フィールドワーク，②の目的で用いられる研究法の代表的な例としてプログラ

ム評価について解説する。また，両方の目的を併せ持つ研究法である，アクション・リサーチについても紹介する。

実際には，本章で取り上げる方法以外にも，実践活動を通してデータ収集を行う研究法はある。例えば，実践活動を評価することを目的とする研究の中でも，より厳密に「臨床的介入と結果との間の因果関係を検討する」目的では，研究参加者を介入群と対照群に無作為に割り付けて比較し，介入の効果を検証するランダム化比較試験（Randomized Controlled Trial; RCT）などのデザインによる実験法（第2章・第3章参照）が用いられる。RCTを用いた効果研究（臨床的介入の効果を検討する研究）や，RCTによる複数の効果研究のメタ分析（第13章参照）は，質の高いエビデンスを作るために強く推奨されている方法である（原田，2015）。こうしたさまざまな方法による研究が実施され，結果が蓄積されることにより，臨床的介入のための理論と方法が発展していくのである。

II 事例研究

1. 事例研究とは

事例研究とは，一つまたは少数の対象から収集したデータを用いる研究法である。臨床的介入の中心は個人に対する心理面接であるため，事例研究では個人が対象とされることが多いが，家族・学校・会社などの社会組織を事例とみなすこともできる。

事例研究の強みは，事例それぞれの個性を尊重し記述できることにある。臨床的介入を行う際には，事例の個別性を踏まえて問題を理解する作業が行われるため，事例研究は臨床実践と馴染みやすい研究法であると言えるだろう。臨床的介入の全体像を詳細に，時系列に沿って捉えられることや，臨床的介入に関連しそうなさまざまな要因（個人の特徴，個人の置かれる社会的文脈）の複雑さを損なわずに捉えられることも強みである。また，優れた事例研究では臨床的介入の過程について臨場感のある記述がなされ，読者に自らの実践活動を省みさせたり，実践活動に示唆を与えたりするような，読者を触発する力がある。

一方で，事例研究の目的は，このような個別事例の記述と分析に留まるものではない。事例研究においては，個別の事例の理解とともに，その事例が代表している事例群にも適用できるような，一般化可能性のある理論やモデルを生成していくことが目的となる。

2．研究の手順

事例研究は，以下のような手順で行われる。

①リサーチ・クエスチョンの同定と事例の選択

　事例研究を始めるには，まずは明らかにしたいリサーチ・クエスチョンを定め，その目的に相応しい事例を選択することが必要である。そのため，リサーチ・クエスチョンに関連する先行研究を幅広くレビューし（第13章参照），事例を選択した理由や事例の理論的な位置づけを十分に説明することが求められる。事例の典型性（ある現象の本質や実態をよく示すような特徴を備えていること）あるいは新奇性（特殊で稀有な特徴を備えていること）などを説明し，事例の質的な代表性を確保する必要がある（下山，2001）。また，個人を対象とする研究であっても，個人の置かれた社会的文脈なども視野に入れて，事例の位置づけを示すことも必要である。

②データの収集

　事例研究においては，臨床面接の記録が質的データとして採用されることが多い。この点に関して，面接記録が面接者の記憶に基づいて作成される場合，データの取捨選択に面接者のバイアスがかかっている可能性（例えば，面接者の取ったアプローチを支持する情報が選択される可能性）を否定できないという問題点がある。この問題点を克服するためには，面接の録音や録画，行動観察の記録，検査法（第10章参照）のデータ，面接のプロセスに関するクライエントの主観的体験を聴いてデータとするなど，より多様なデータを収集することが望ましい。また，臨床的介入の評価という面から考えると，介入開始前や介入中だけでなく，終結時点やフォローアップ期間後の情報も収集することが望ましい。

③データの記述

　臨床的介入の過程とそれに対するクライエント個人の問題や症状というミクロなレベルにおける反応，あるいはクライエントを取り巻く対人関係や組織，社会状況などのよりマクロなレベルに生じた反応を記述する。最初に事例の初期の情報（主訴，問題歴，家族やコミュニティの情報，検査法のデータなど），データに基づく心理アセスメントの内容，臨床的介入の設定（面接者，相談機関，面接の枠組みなど）を記述し，次に臨床的介入の経過を時系列に沿って記述する方法が

よく用いられる。

④データの分析と仮説・モデルの生成

　記述されたデータを分析し，リサーチ・クエスチョンに対する答えを導く。②で挙げたような多様なデータを，グラウンデッド・セオリー・アプローチなどの質的分析法や図表などを用いて整理して記述することも有効である。先行研究の知見と整合性を検討し，新たな理論の仮説生成を行う。

3. 研究例と留意点

①結果の一般化可能性の問題への配慮

　日本の臨床心理学研究では，臨床実践の教育方法として事例検討会や事例報告論文の作成が重視されてきたことを背景として，事例研究が研究法の中心となってきた歴史がある。一方で，事例研究という研究の方法自体については発展がみられないままであり，事例研究による知見のエビデンスとしての価値が担保されるような方法上の配慮が乏しかったという指摘もある（岩壁，2013）。例えば，これまで「事例研究」として発表された研究の多くが，事例の経過を既存の理論によって解釈するに留まり，モデル生成にまで至らない「事例報告」であるという指摘や，事例の代表性についての配慮の少なさ，データ収集・データ分析における面接者のバイアスへの配慮のなさに対する疑問がしばしば提起されている（下山，2001；岩壁，2013；福島，2016）。

　他方，欧米においては，エビデンスに基づく臨床実践が重視されるようになり，効果研究によって介入と効果の因果関係が実証されたアプローチが推奨されてきたという状況があった。そうした流れの中で，効果研究によって得られたエビデンスに，さらに心理療法のプロセスや一人ひとりに最適な介入を行うための知見を加えていくための方法として事例研究の意義が再評価されるようになり，方法としての厳密性を高めるためのさまざまな配慮がなされた「系統的事例研究」が提唱されている（岩壁，2013）。

　マクレオッド（McLeod, 2010）は，系統的事例研究の原則を，多様なデータを収集すること，可能ならば標準化された尺度で介入のプロセスやアウトカムに関するデータを測定すること，複数の分析者によってデータを分析すること，データの他の解釈可能性について批判的に検討すること，受けた介入に対するクライエントの意見を明らかにすること，研究者に関する情報を記述しバイアスについて読者が判断できるようにすること，などの11項目にまとめている。事例研究

においては，こうした点に留意して研究を進め，研究プロセスを記述することにより，どのような研究手続きを経て知見が産出されたのかを読者が理解し，知見の一般化可能性を検討するための基盤が提供される。

　研究例としては，学生相談において，言語面接が困難なほど対人緊張が強い社会不安障害学生に自律訓練法を適用した一事例の事例研究によって，社会不安障害に対する自律訓練法導入の意義について検討した堀田ら（2017）が参考になる。この研究では，まず問題と目的において，リサーチ・クエスチョンである「社会不安障害に対する自律訓練法の適用の効果とは」についてレビューがなされ，先行研究を踏まえて事例の位置づけと事例研究を行う意義について説明がなされている。介入の経過については，面接記録とクライエント自身による訓練記録をデータとして，クライエントの状態，クライエントとセラピストのやりとり，セラピストの見立てと介入などが質的に記述されるのに加え，社会不安障害の臨床症状，不安感受性，特性不安に関する標準化された尺度を使用して，自律訓練法導入前から終結後のフォローアップ期間まで（1年3カ月）の変化を8時点での量的データによっても示している。そして，考察において，社会不安障害に自律訓練法を適用することによる効果として，不安・緊張症状の低減と言語表現の促進を提起している。このように，この研究は事例の位置づけの明示，多様なデータを用いた経過の記述，リサーチ・クエスチョンに沿った考察というポイントが押さえられているため，読者が類似した事例への一般化可能性について検討することが可能となっている。なお，この研究は単一事例実験（一事例実験，シングルケース実験デザインともいう）とみなすことも可能である。単一事例実験とは，一事例を対象として，処遇前の時期（ベースライン期）から処遇を施している時期（処遇期）の終わりまで繰り返し従属変数の測定を行い，特定の処遇を導入することの効果がその測定値に反映されるかを検討する実験的手法であり，特に行動療法の応用行動分析による介入の適用と効果の評価において広く用いられてきた。単一事例実験の方法論も，事例の経過を丁寧に見ていき，そこから得られた知見を説得的なものにしていくために参考になる（単一事例実験については，詳細は南風原（2001），山田（2000）などを参照されたい）。

　また，複数の事例研究の知見を統合する方法も模索されている。例えば，事例のメタ分析（岩壁，2005）という方法では，明確に定められた基準に基づくデータ採集・データ分析の方法で複数事例を分類することにより，研究者による判断の偏りを統制する。研究例としては，22例の児童虐待事例・30例の配偶者虐待事例・20例の高齢者虐待事例の記録を分析対象として，3名の分析者による合

議制質的研究法によって「虐待が深刻化する要因」を抽出した橋本（2012）を参照されたい（複数の研究者の対話によって質的分析を行う方法である合議制質的研究法については藤岡（2016）を参照のこと）。臨床現場においては，共通の問題や類似した性質を持つ事例を複数担当することが多々ある。そういった場合には，複数事例のデータを統合して理論を生成するこうした方法は活用しやすい研究法であろう。

②倫理的問題への配慮

　事例研究の実施においては，少数事例を詳細に扱うというその特徴により，研究における倫理的問題（第14章参照）が生じやすい状況があり，特に慎重できめ細かな倫理的配慮が求められる。金沢（2008，2013）は，事例研究において留意すべき倫理的問題を多数指摘している。第1に，そもそも事例研究を行う必要性と意義があるのか，そして援助者側に実践および研究の十分な能力があるのかという点を十分に考慮する必要がある。第2に，研究参加についてのインフォームド・コンセント（研究の目的や内容についてクライエントに十分に説明し，同意を得ること）においてもさまざまな点に留意する必要がある。事後的な依頼はクライエントにとっては断りにくく，自由意思の尊重という点で疑問があるため，事例への臨床的介入を開始する前の時点から，臨床的介入についての説明と同様に，事例研究の対象となる可能性と研究の公表方法についてクライエントに十分に説明し，クライエントの同意を得ておく必要がある。さらに，終結時や公表の際など，研究の段階に応じて改めて同意を得ることが望ましい（McLeod, 2010）。しかし，そもそもインフォームド・コンセントを行うといっても，クライエントには事例を公表した場合の結果を予測しがたいという難しさがあることに留意すべきである（金沢，2013）。また，多くの場合，援助者が研究者を兼ねるので，援助者とクライエントとの間に多重関係が発生することになる。このことにより，クライエントにとっては「これから援助を受けるうえで，研究参加を断ると適正な援助が受けられないのではないか」，あるいは「お世話になった援助者の依頼を断っては申し訳ない」などと受け止められる可能性があり，多重関係によって研究参加を強制する圧力が生じる危険性もある。この点に関しては，研究に関するインフォームド・コンセントは援助者とは別の人が行うべきであるという見解もある（McLeod, 2010）。第3に，秘密保持に関する問題がある。事例研究では，少数事例を詳細に記述するため，秘密保持に十分に留意する必要性がある。記述における配慮は，事例を仮名にすればよいといった程度のものではな

第 11 章　実践的研究法

く，個人の特定につながるような情報を記載しないことはもちろん，事例の本質を変えない範囲で内容に変更を加え，クライエントを知る人が読んでもクライエントの事例であるとわからないようにすることが必要となる。事例研究を実施する際には，こうした倫理的問題について検討し，事例研究を行う必要性を十分に吟味することが必要である（金沢，2008）。

　なお，事例研究については，第8章・第9章の「臨床面接法」の箇所も参照されたい。

III　実践的フィールドワーク

1．実践的フィールドワークとは

　フィールドワークは，もともとは人類学者が民族誌（エスノグラフィー）を書くために開発した方法であり，参加観察法（参与観察法ともいう，第6章参照）を主なデータ収集法とする研究法を指す。心理学の分野では，1990年代以降の質的研究法の発展とともに，人の行動とそれに影響を及ぼす諸要因との関係を，「人間の営みのコンテキストをなるべく壊さないような手続きで」（箕浦，1999）扱う研究法として，用いられるようになった。

　フィールドワークが心理学研究の方法として用いられるようになり，研究テーマや研究の対象が拡大するとともに，研究者のフィールドへの関与の度合いも多様化している。第7章の研究例のように，できるだけ自然に近い状況下で人間の営みを観察することが目的であれば，研究者がフィールドに存在していることを研究参加者に明示しつつ，できるだけ関与しないようにする「非交流的参加観察法」のスタンスを取ることが一般的である。一方で，臨床心理学の領域では，研究者が実践者を兼ね，積極的に研究参加者と交流（関与・介入）しながら観察を行う場合もある。箕口（2000）は，研究者が実践に関与するフィールドワークを「実践的フィールドワーク」と呼び，「現象が起きている現場（フィールド）に身をおいて，そこで直接体験された生のデータや一次資料を集めて生態学的妥当性の高い現象把握を目指すアプローチ」であるとしている。研究者が実践者を兼ねるということには，観察だけに徹する場合と比較して観察の焦点が狭まりやすいこと，研究者の持つ枠組みや主観がデータ収集・データ分析に影響を及ぼしやすいことなどの克服すべき点がある。一方で，積極的な関与を通してフィールドの内部者の視点にできる限り近づき，臨床的介入という営みがもつ意味をリアルに描くことができるという点においては，有益な方法であると言える。

143

2．研究の手順

　実践的フィールドワークの手順は，以下の通りである（藤川，2012）。ⅰ）フィールドへのエントリー：実践的フィールドワークの場合は，当初から研究を目的としてフィールドを選択するのではなく，実践を目的として，何らかの実践者の形でフィールドに入ることが多い。その場合も，フィールドでの研究の可能性について施設責任者などに確認しておくと，後に研究を実施しようとする際にスムーズであろう。ⅱ）フィールドの全体像の把握：実践活動をしながら，そのフィールドを構成する人や事物の様子を広く観察したり，情報収集を行ったりして，フィールドの全体像を把握する。ⅲ）リサーチ・クエスチョンを立てる：実践活動の中で，明らかにしたい問いを絞っていく。実践活動上の課題がリサーチ・クエスチョンとして意識されることもあるだろう。ⅳ）実践活動を通じたデータ収集：リサーチ・クエスチョンに関わる現象に焦点を定め，観察やデータ収集を行う。例えば，臨床心理面接や心理教育プログラムなどの臨床的介入もデータ収集の場になり得る。ⅴ）データを読み解くための理論的枠組みの探索：データ収集と並行して文献検索を行い，データを読み解くための理論的枠組みを探す。ⅵ）理論を参照しての実践活動やデータ収集：理論を参照して，さらに焦点を絞ってデータを収集する。ⅶ）データの分析：収集した観察データや面接データの分析を行い，モデルを生成する。ⅷ）研究論文を書き上げる：エスノグラフィーや研究論文，報告書などの形にまとめて公表する。実際には，これらのステップは直線的に進むとは限らず，特にⅴ～ⅶの過程は何度も繰り返して試行錯誤しながらモデルの生成を行うことになる。

　データ収集の方法としては，参加観察を行い，フィールドノーツを作成するのが最も基本的な方法である。他にも，面接法，質問紙調査法，ドキュメント法（フィールドに関する文書や記録の分析。例えば学校・病院・企業などの組織ならば報告書，計画書，会議記録，マニュアル，広報活動の資料，業務日誌などのさまざまな文書があるので，それらから有用な情報を探すこと）など，多様な方法が用いられる。データ分析法としては，観察法や面接法で収集された質的データについては，グラウンデッド・セオリー・アプローチなどの質的研究法が用いられる。また，フィールドワークにおいても，データの妥当性のチェックのために，複数の方法でデータを取ること（マルチメソッド）や，複数の方法によって得られたデータをつきあわせて検証すること（トライアンギュレーション）が推奨される（第6章参照）。フィールドワークにおけるデータ収集とデータ分析，研究論

第11章　実践的研究法

文のまとめ方の詳細な手順や方法については，箕浦（1999, 2009）を参照されたい。

3．研究例

　実践的フィールドワークの研究例としては，ある大学の学生相談機関における実践活動を通して，教職員と心理専門職とのコラボレーション（collaboration, 協働）によって学生相談システムを構築するモデルを生成した宇留田・高野（2003）が挙げられる。この研究では，研究者が心理カウンセラーの役割をもってフィールドにエントリーし，教育職である学習面の相談員と一緒に相談活動を実践した。その実践活動の中から生じてきた「心理相談と大学教育がどのように協力すると，よりコミュニティのニーズに合う学生相談システムを作ることができるか」というリサーチ・クエスチョンのもとに研究が開始されている。学生相談機関の業務日誌や活動報告書などの文書，臨床心理面接の相談記録，学生を対象とした質問紙調査，教職員に対するインフォーマルなインタビューの記録などをデータとして，学生相談機関のシステム構築過程が時系列に沿って記述されている。そして，実践活動の過程を説明するための理論的参照枠組みとしてコラボレーションという概念を適用して，学生のニーズに応える学生相談システムを構築するためのモデルを生成している。実践的フィールドワークによって生成されるモデルは，他のフィールド（この研究例の場合は他の大学の学生相談）での実践活動において参照されることを目指すものである。フィールドの特徴や学生相談システムの構築過程が多様なデータを用いて詳細に記述されることにより，当該の学生相談機関の活動が臨床的に有効であったかどうかを読者が判断することが可能となる。また，実践者である研究者とフィールドとの関係性を記述し，そうした立場がデータ収集やデータ分析に与えた影響をリフレクシブに検討することにより，生成されたモデルの一般化可能性を検討することができるのである。

Ⅳ　アクション・リサーチ

1．アクション・リサーチとは

　アクション・リサーチは，個人ではなく集団・組織・社会などのシステムを対象とし，そこで生じている何らかの問題の解決のための活動（アクション）を行うと同時に，活動を通して科学的知見を得ることを目指す，実践的な研究方法である。
　1940年代にアクション・リサーチを提唱した社会心理学者レヴィン Lewin は，

人種的マイノリティの問題などの社会的問題の変革のためにこの方法を用いた。このことからもわかるように，アクション・リサーチは社会活動としての色彩が濃い研究方法であり，今日では組織開発や組織コンサルテーション，実務家の職能開発などの手段としてしばしば用いられる（渡辺，2000；秋田・市川，2001）。

アクション・リサーチのもう一つの目的は，研究を通して科学的知見を得ることである。行われた問題解決のための活動が，他の類似した問題の解決にも転用できるように，活動の中で得られた知見を抽出し，一般化可能性のある科学的知識や理論として提起することが目指される。

また，アクション・リサーチの大きな特徴は，研究者と問題に関わる実務家や当事者との関係にある。多くの研究は，研究者主導で行われる（研究者の問題関心によって始まり，研究者が計画を立てて遂行していく）が，アクション・リサーチにおいては研究活動のプロセス全体を，両者が協働して行う。

2．研究の手順

アクション・リサーチの手順は，いくつかの段階を含む循環的な過程，あるいはらせん状の過程として表現される（Stringer, 2007／目黒ら訳，2012；秋田・市川，2001；渡辺，2000）。研究の段階についてはさまざまな分け方があるが，ここでは大きく以下の5段階に分ける。

ⅰ）問題の定義：問題が何かを発見・定義し，目標とする社会的状態（＝活動のゴール）を定める。ⅱ）活動計画の立案：介入の方法や評価方法を定める。ⅲ）活動の実施：介入を実施する。介入に関するデータを収集する。ⅳ）活動結果の評価：データを分析し，介入の結果を精査する。ⅴ）結果の反映：活動を通して得られた科学的知見を同定し，関係者間で共有し次の活動に反映させる。これらの全ての段階において，研究者と実務家が協働的に活動を進める。

理念的には，こうしたⅰ〜ⅴの段階が循環的に（ⅰ→ⅱ→ⅲ→ⅳ→ⅴ→ⅰ'→ⅱ'…）繰り返されながら研究が進行していく（図1）。実際には，これらの段階の一部分が実施されたり，一つの研究でサイクルを何周もしたり，段階を行ったり来たりしながら進むことも多い（渡辺，2000）。

データ収集法としては，実践の内容や研究の段階に応じて，質問紙調査法，観察法，面接法（個人を対象とした調査面接法や，少人数のグループに対して司会役が質問を投げかけ，自由な討論を促してデータとするフォーカス・グループ・インタビューなど），ドキュメント法，などさまざまな方法が用いられ，質的／量的を問わず多様なデータが収集される。アクション・リサーチの手順やデータ分析法

第11章　実践的研究法

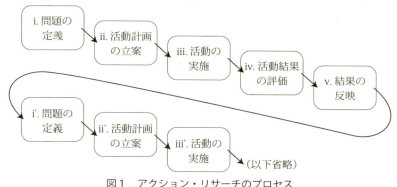

図1　アクション・リサーチのプロセス

については，ストリンガー（Stringer, 2007／目黒ら訳，2012）が参考になる。

3．研究例

　アクション・リサーチの研究例としては，高校生と防災教育の研究者が協働して防災学習のためのゲーム（非常持ち出し品を選ぶゲーム）を作成し，作成したゲームを高校生が地域住民に対して実施するという実践活動を通して，防災学習にゲーミング論を適用することの意義を検討した矢守・高（2007）が参考になる。この研究では，まず学習論や防災学習の今日的課題，防災学習へのゲーミング手法の適用について詳細なレビューがなされ，この実践活動の目的と位置づけが明示されている。次に，実践活動の記録と研究参加者へのアンケート調査の自由記述という質的データに基づいて実践過程とその成果が記述され，最後に実践活動を通して行われた学習について理論的に考察されている。ゲーム作りやゲームの実施を通して，参加した高校生たちのアイデンティティが，学習する人から教育する人へ転換していくことの発見が理論的な成果である。この研究例は，実践の成果（防災ゲームの開発）と理論的な成果（学習論に関する知見）の両方が目的とされ，研究参加者がその産出過程に積極的に関与している点が，アクション・リサーチの特徴をよく示している。

　なお，上記の研究例では質的研究法のみが用いられているが，質的研究法と量的研究法を併用する研究も多い。例えば，小学生を対象とした心理教育プログラムの開発とプログラムの背景となる理論の検討を目的としたアクション・リサーチを実施することを考えてみる。この場合，小学校の一つのクラスにおいて，ある心理教育プログラムを実践し，別のクラスにおいては内容が一部異なるプログラムを実践し，プログラム前後で効果を測定するための指標を測定して，2つの

147

プログラムの効果を比較検討するといった，実験的手法による研究もあり得る。ちなみに，この場合，研究参加者を各クラスに無作為に割り当てていないため，実験法のデザインとしては準実験に該当する（第2章参照）。準実験は，純粋な実験を実施するには難しい現実的な制約のある教育・臨床現場において実施しやすいデザインの実験的手法であり，アクション・リサーチにおいてもよく用いられる。こうした実験的手法によって得た指標の量的分析の結果と，あわせて得た質的データ（例えばプログラム中の研究参加者の行動の観察記録，プログラム後のアンケートで収集した研究参加者の感想など）の質的分析の結果を合わせて，プログラムの効果を多角的に検討することは，アクション・リサーチによくみられる手法である。

V　プログラム評価

1．プログラム評価とは

　プログラムとは，「何らかの問題解決や目標達成を目的に人が中心となって行う実践的介入」を指す（安田，2011）。例えば，社会プログラム，心理教育プログラム，政府や自治体による政策などの，ヒューマンサービスに関わる事業がそれにあたる。プログラム評価とは，プログラムについて体系的な査定を行うことによって実践的介入の価値を明確化するとともに，プログラムの存続に関わる意思決定や質の向上に向けて有用な情報を提示する研究活動である。

　プログラム評価の特徴は，ステークホルダー（stakeholder）と呼ばれる，プログラムによって影響を受ける人や団体の意向が，評価に大きく関ってくる点にある。ステークホルダーは日本語では利害関係者と訳され，プログラムの運営者や資金援助者，施行者など，プログラムに関与しているさまざまな立場の人や団体が含まれ得る。プログラム評価においては，ステークホルダーの要請によって，何を目的としてどのような評価をするかが決定される。また，評価の結果はステークホルダーに報告される。プログラム評価は，システムを対象とした実践的研究活動という点でアクション・リサーチと類似しているが，アクション・リサーチの場合は，仮説検証や理論の構築を行い結果の一般性や真実を追求することが目的となり，プログラム評価の場合はステークホルダーのニーズに基づいて問題解決や目標達成ができたかどうかという価値判断をすることに焦点が当てられる点が異なる（安田・渡辺，2008；安田，2011）。プログラム評価の目的は，①プログラムの改善・発展，②プログラムの有効性や運営の効率性についてのアカウ

ンタビリティ（説明責任）の提示，③プログラムがターゲットとした問題に関する新たな知識の習得，④プログラムの成否に関する価値判断およびプログラムの存続に関わる意志決定，⑤プログラムの宣伝活動，などが考えられる（安田・渡辺，2008）。

　学校や企業，施設などのコミュニティにおいて心の健康に関する心理教育プログラムや予防的プログラムを提供することは，心理専門職に今後益々求められる実践活動となるだろう。プログラム評価は，介入の結果のみならずプロセスも含めて多角的にサービスを評価することを可能にする方法であり，有効なサービスの提供やアカウンタビリティの提示，心理職の専門性の周知のために役立つと考えられる。

2．研究の手順

　ここでは，プログラム評価の手順を安田（2011）に沿って簡略に紹介する（詳しくは，安田（2011），安田・渡辺（2008）を参照されたい）。

①プログラムの実施前段階

　プログラムおよびその評価計画の立案においては，ゴール（プログラムの方向性）を明確化することが必須である。このため，社会指標法（自治体などが公表している既存のデータの分析），フィールド調査（フィールドでの質問紙調査やインタビューなど），コミュニティフォーラム（地域集会での意見収集），キーインフォーマント（主要な情報提供者，地域のキーパーソンなど）へのヒアリング，などの方法を用いてステークホルダーのニーズをアセスメントし，ニーズを反映させる形でプログラムのゴールおよび目標（プログラムが達成することを具体化したもの）を明確化する。

　同時に，どのようなプロセスを経てゴールを達成するのかを理論的に明確化する必要がある。この道筋を可視化するための体系的な枠組みとして「ロジックモデル」がある。ロジックモデルとは，プログラムの運営法をプログラムの要因（インプット：投入資源，アクティビティ：活動，アウトプット：結果，アウトカム：成果，インパクト）に分け，各要因間の関係を「もし〜ならば…する」という一定のロジックによって可視化したものであり，「どのように参加者の変化を促すのか」を示すモデルである（安田，2011）。図2は，ロジックモデルの構造を図示したものである。インプットとはプログラムを実施するために投入される資源を指し，人的資源や物・金銭，コミュニティの社会的資源が含まれる。アクティビティとは，プログラムとして提供されるサービスなどの直接的な介入活動をは

図2　ロジックモデルの構造
（安田，2011；安田・渡辺，2008；W.K. ケロッグファウンデーション，2006 を参考に作成）

じめとして，地域に対する啓蒙活動，プログラムのための社会構造の整備などの活動を指す。アウトプットはアクティビティによって産出されるモノや状況であり，活動回数や参加者数のように数値や統計として示されるものを指す。アウトカムはプログラムへの参加によって生じた参加者への効果を指し，主に参加者の行動・態度・意欲・スキル・知識などの指標の変化・変容として示される。インパクトは，アウトカムよりもより長い期間を経て，個人レベルを超えて間接的に組織やコミュニティに現れるプログラムの影響（例えば健康促進プログラムの普及による医療費の削減など）を指す。

　こうした枠組みを用いて，ゴールに向けてどのような介入をどのように行うのかを理論的に組み立てることは，プログラム内容の整合性や提供方法の効率性を高めるために役立つとともに，次の段階でプログラムの評価計画を立てる際にも役立つ。

②プログラム評価の計画と実施
　プログラム評価を計画する段階では，評価可能性アセスメントを行う。前項で

挙げたロジックモデルを参照して，プログラムの構造や実施状況を把握し，どのような指標で評価を行うことが可能かを検討することができる。評価者とステークホルダーを含めたワーキンググループで評価の目的，「何を明らかにするのか」という評価クエスチョンの設定，評価デザイン，指標とデータの収集法などについて検討し，評価計画を作成する。

　評価の対象には，介入のプロセスと結果の両方が含まれる。前者に関する評価を「プロセス評価」と呼び，後者に関する評価を「アウトカム評価」と呼ぶ。

　プロセス評価とは，プログラムがターゲットとする利用者に意図した通りに提供されているかについての評価であり，プログラムの提供・利用の的確性の査定，プログラム理論と実施の整合性の査定，投入資源の利用状況の査定，生み出されている成果に関する継続的なモニタリング（アウトカムモニタリング）などが行われる。

　アウトカム評価とは，プログラムの効果が目標通りになっているかという点に関する評価である。先述したように，アウトカムは，プログラムによってもたらされる個人や集団の行動，スキル，知識，態度，価値観，状態といった側面の変化や変容によって示される。アウトカムは，プログラムの直接的な影響や効果である短期的アウトカムと，短期的アウトカムから生じることが理論的に導かれる長期的アウトカム，そしてプログラムが目標とする最終的な効果であるインパクトに分けて測定される。アウトカムの指標としては，標準化された心理尺度が使用されることが多いが，そうしたものがない場合には指標を作成することが必要になる。また，質問紙調査法，検査法，面接法，観察法，ドキュメント法などのさまざまな方法が用いられ，質／量を問わずデータが収集される。

③評価結果の報告

　評価の実施後には，ステークホルダーに対して評価結果を伝えるためのテクニカルレポート（技術報告書）が作成される。テクニカルレポートは，学術論文とは異なり，意思決定などの評価の目的に役立つように，読み手に応じたまとめ方をすることが大切である。

3．研究例

　日本において，プログラム評価を用いた心理学研究の例は未だ数少ない。その中で，安田（2014）は，地域における健康づくりを目的としたリーダー研修プログラムをロジックモデルの枠組みによって捉え，リーダーシップやコミュニティ感覚といった組織特性がプログラムのインプット，アクティビティ，アウトプッ

ト，アウトカムにどのような影響を及ぼすかを検討している。この研究では，組織特性とロジックモデルの各要因について作成した測定指標を用い，質問紙調査法によって量的データを収集・分析している。心理教育プログラムや予防的プログラムなどのコミュニティへの介入活動は従来も多くの臨床現場で実践されてきたが，その効果や影響に関わる複雑なコミュニティの諸要因や，効果や影響がさまざまなレベルに波及していく状態を捉えることは難しく，参加者の感想を質的に捉える方法が中心であったと思われる。これに対して，プログラムの構造を理論的に示し，コミュニティに対する介入の実践や効果を体系的に精査するための方法とその可能性・課題をこの研究は示唆しており，コミュニティへの介入を実践・評価したい場合に参考になる。

VI　実践的研究法を実施するうえでの留意点

1．実践的研究の評価に関わる指針

　ここまで見てきたように，実践的研究は現実の心理学的問題への介入という実践活動を通じて，実践活動の置かれた文脈を捉えるための多様なデータを収集・分析し，新たな理論やモデルを生成することや実践活動を評価し質を向上させていくことを目指して行われる研究活動である。

　このため，実践的研究の評価においては，得られた知見が臨床的に有効であるかどうかという臨床的妥当性（下山，2000）が一つの基準となる。臨床的妥当性の評価は，事例研究の箇所でも述べたように，得られた知見の一般化可能性について読者が検討できるように，研究プロセスを丁寧に記述することによって可能になる。つまり，先行研究を踏まえて研究対象となる実践活動の理論的位置づけや特徴を明確にすることや，ローデータを適宜提示しながらの介入過程に関する丁寧で詳細な記述（厚い記述），研究者自身の理論的な立場やフィールドへの関与の仕方について記述し，それらがどのようにデータ収集・データ分析や産出された知見に影響を及ぼしているかを省み検討すること（リフレクシビティ），などが求められる。

　また，データ分析の信用性を担保するためには，マルチメソッド，トライアンギュレーション，複数の研究者によってデータを分析すること，が推奨される。そして，研究参加者に分析の過程や結果について確認してもらい，意見を求めること（メンバー・チェック）も一つの方法である。

　実践的研究の質を高めるためには，こうした指針や対応方法を念頭に置くこと

が必要である。実践的研究法の評価基準については，詳しくは能智（2008）を参照されたい。

2. 研究者と研究参加者の関係と倫理的配慮

さらに，実践的研究においては研究者と研究参加者が深く関わるという特徴に関連して，事例研究の箇所でも触れたような研究者の能力や資格の問題，インフォームド・コンセントと多重関係の問題，秘密保持の問題など，倫理的な問題が生じやすい。このため，実践的研究の研究計画の立案や結果の公表の際には，倫理面に関する慎重な検討が特に重要となる。研究を開始する前には，研究計画に対して倫理審査を受けることが不可欠であり，研究論文においても，倫理的配慮に関する手続きを十分に説明することが求められる（第14章の，心理学研究全般における倫理的問題と倫理的配慮についても併せて参照されたい）。

実践的研究は，研究者と研究参加者との協働的な関係の上に成り立つ。研究の過程において，研究者が研究参加者の意思を尊重し，研究参加者との間に丁寧に関係を構築していくことが，倫理的問題の発生を防止することや，臨床的妥当性の高い有意義な研究につながることを忘れてはならない。

◆学習チェック表
□ 実践的研究を行うことの意義を説明できる。
□ 事例研究の手順と実施上の留意点について理解した。
□ プログラム評価の特徴について説明できる。
□ 実践的研究法における研究者と研究参加者の関係について留意すべき点を説明できる。
□ 実践的研究法の評価指針について理解した。

より深めるための推薦図書
　下山晴彦・能智正博編（2008）臨床心理学研究法1　心理学の実践的研究法を学ぶ．新曜社.
　南風原朝和・市川伸一・下山晴彦編（2001）心理学研究法入門—調査・実験から実践まで．東京大学出版会.
　岩壁茂・杉浦義典編（2013）特集：対人援助職の必須知識—研究の方法を知る．臨床心理学，13(3).

　　文　　献
秋田喜代美・市川伸一（2001）教育・発達における実践研究．In：南風原朝和・市川伸一・下山晴彦編：心理学研究法入門—調査・実験から実践まで．東京大学出版会，pp.153-190.

藤川麗（2012）実践研究．In：村井潤一郎編：Progress & Application　心理学研究法．サイエンス社，pp. 145-166.

藤岡勲（2016）合議のプロセスを用いた質的研究—質的研究と心理臨床における専門家間の対話を活かした方法．In：福島哲夫編：臨床現場で役立つ質的研究法—臨床心理学の卒論・修論から投稿論文まで．新曜社，pp.71-84.

福島哲夫（2016）臨床現場で役立つ質的研究法とは—質的研究法と量的研究法の長所短所から臨床と研究の相互高め合いまで．In：福島哲夫編：臨床現場で役立つ質的研究法—臨床心理学の卒論・修論から投稿論文まで．新曜社，pp.1-20.

南風原朝和（2001）準実験と単一事例実験．In：南風原朝和・市川伸一・下山晴彦編：心理学研究法入門—調査・実験から実践まで．東京大学出版会，pp.123-152.

原田隆之（2015）心理職のためのエビデンス・ベイスト・プラクティス入門—エビデンスを「まなぶ」「つくる」「つかう」．金剛出版．

橋本和明（2012）包括的虐待という視点からみた虐待の深刻化する要因分析—事例のメタ分析を用いた虐待の共通カテゴリーの抽出．心理臨床学研究，30; 17-28.

堀田亮・西尾彰泰・山本眞由美（2017）言語面接が困難なほど対人緊張が強い社会不安障害学生へ自律訓練法を適用し効果を得た一例．心理臨床学研究，35; 468-478.

岩壁茂（2005）事例のメタ分析．家族心理学年報，23; 154-169.

岩壁茂（2010）はじめて学ぶ臨床心理学の質的研究—方法とプロセス．岩崎学術出版社．

岩壁茂（2013）臨床心理学における研究の多様性と科学性—事例研究を超えて．臨床心理学，13; 313-318.

金沢吉展（2008）どのように研究すべきか—研究の倫理．In：下山晴彦・能智正博編：臨床心理学研究法1　心理学の実践的研究法を学ぶ．新曜社，pp.31-45.

金沢吉展（2013）臨床心理学実践研究の倫理．臨床心理学，13; 333-336.

McLeod, J.（2010）*Case Study Research in Counselling and Psychotherapy*. Sage Publication.

箕口雅博（2000）実践的フィールドワーク—行動場面調査法．In：下山晴彦編：臨床心理学研究の技法—シリーズ・心理学の技法．福村出版，pp.93-102.

箕浦康子編（1999）フィールドワークの技法と実際—マイクロ・エスノグラフィー入門．ミネルヴァ書房．

箕浦康子編（2009）フィールドワークの技法と実際II—分析・解釈編．ミネルヴァ書房．

能智正博（2008）「よい研究」とはどういうものか—研究の評価．In：下山晴彦・能智正博編：臨床心理学研究法1　心理学の実践的研究法を学ぶ．新曜社，pp.17-30.

能智正博（2011）臨床心理学をまなぶ6　質的研究法．東京大学出版会．

下山晴彦（2000）臨床心理学研究法の多様性と本書の構成．In：下山晴彦編：臨床心理学研究の技法—シリーズ・心理学の技法．福村出版，pp.19-26.

下山晴彦（2001）臨床における実践研究．In：南風原朝和・市川伸一・下山晴彦編：心理学研究法入門—調査・実験から実践まで．東京大学出版会，pp.191-218.

Stringer, E. T.（2007）*Action Research*. Sage Publications.（目黒輝美・磯部卓三監訳（2012）アクション・リサーチ．フィリア．）

宇留田麗・高野明（2003）心理相談と大学教員のコラボレーションによる学生相談のシステム作り．教育心理学研究，51; 205-217.

渡辺直登（2000）アクション・リサーチ．In：下山晴彦編：臨床心理学研究の技法—シリーズ・心理学の技法．福村出版，pp.111-118.

W. K. Kellogg Foundation（2006）Using Logic Models to Bring Together Planning, Evaluation, and Action: Logic Model Development Guide. https://www.wkkf.org/resource-directory/resource/2006/02/wk-kellogg-foundation-logic-model-development-guide　2018年7月7

第 11 章　実践的研究法

日取得

山田剛史（2000）一事例実験. In：下山晴彦編：臨床心理学研究の方法—シリーズ・心理学の技法. 福村出版, pp.133-140.

矢守克也・高 玉潔（2007）ゲームづくりのプロセスを活用した防災学習の実践—高等学校と地域社会におけるアクション・リサーチ. 実験社会心理学研究, 47; 13-25.

安田節之（2011）ワードマップ　プログラム評価—対人・コミュニティ援助の質を高めるために. 新曜社.

安田節之（2014）コミュニティ介入の効果を高める組織特性の検討—臨床心理地域援助における評価研究の試みとして. 臨床心理学, 14; 401-411.

安田節之・渡辺直登（2008）臨床心理学研究法 7　プログラム評価研究の方法. 新曜社.

第12章

精神生理学的研究法

滝沢　龍

⇒ *Keywords* 　神経細胞，中枢神経系，末梢神経系，ホメオスターシス，自律神経系，
　　　　　　　 内分泌系，免疫系，脳機能

　「病は気から」という言葉がある。読者の中には，ここ一番の場面を前に胃のあたりが痛くなったりお腹をこわしたりした経験があるかもしれない。一方で，たくさん笑うことは，ガン患者の予後に良い影響をもたらすという知見が積み重ねられている。心と体の繋がり（心身相関）という言葉で説明されるようなこうした現象について，心理社会的なストレスによる生理学的影響に関する研究（精神生理学的研究）がそのメカニズムを明らかにしつつある。本章では，そうした領域を理解するために必要な心の生物学的基盤の知識と，その代表的な研究法について紹介する。特に，脳神経系を中心として，自律神経系，内分泌系，免疫系というシステムが相互補完関係にありながらバランスを保っていること，そのバランスが崩れることで不健康な状態になる背景に理解を進めることを目指す。

I　心の生物学的基盤

1．脳神経系

　精神生理学的研究を行うには，心の生物学的基盤について理解しておく必要がある。神経細胞の巨大なネットワークで作られている脳神経系というシステムがその基盤の一つである。

①神経細胞（ニューロン）

　脳神経系の最小構成単位は，神経細胞である。細胞体は200分の1mmから10分の1mm程度の大きさで，脳全体で千数百億個あるとされる。細胞体と樹状突起と軸索よりなり，一つの単位としてニューロンとも呼ばれる（図1）。
　他の細胞との大きな違いは，細胞体から出ている樹状突起と軸索の存在である。

第 12 章　精神生理学的研究法

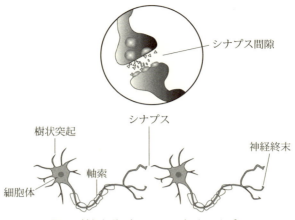

図1　神経細胞（ニューロン）とシナプス

　樹状突起は周辺の神経細胞からの電気信号の情報入力装置であり，情報出力装置である軸索を通って，次の神経細胞へ伝達される。樹状突起と軸索の間の間隙をシナプスと呼び，化学的信号伝達を行っている。例えば，心に働きかける向精神薬は，このシナプスにおける神経伝達物質の機能を調整することで効果を出していると考えられている。

　脳神経系を単純にモデル化すると，皮膚などの感覚器⇒感覚（求心性）ニューロン⇒介在ニューロン（脳の神経細胞など）⇒運動（遠心性）ニューロン⇒骨格筋などの運動器，というニューロンの繋がりがある。こうした神経細胞のネットワークを電気信号が駆け巡り，例えば，意識，注意，記憶，感情，知覚といった高度な機能（高次脳機能＝「心」）も生まれてくると考えられているが，いまだ未解明な点も少なくない。脳神経科学の発展によって，こうした高次脳機能は，広範な脳領域間のネットワークが反映されていると考えられるようになってきた。

　こうした複雑なネットワークで構成される脳神経系は，大きく中枢神経系と末梢神経系とに分けられる。

②中枢神経系

　脳神経系の中でも神経細胞が集まって大きなまとまりとなって器官をつくり，働きの中枢をなす部分を中枢神経系と呼び，脳と脊髄がこれにあたる。脳の中には，運動や記憶，思考，感情などをつかさどる大脳，運動や平衡感覚をつかさどる小脳，体温の調節などをつかさどる間脳（視床・視床下部），呼吸や心臓の運動などをつかさどる脳幹（中脳・橋・延髄）がある。脊髄は，脳と末梢神経の中継

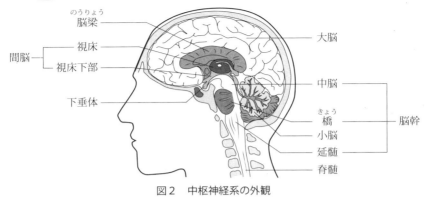

図2　中枢神経系の外観

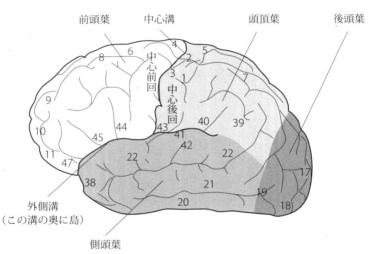

図3　大脳皮質の部位とブロードマン脳地図

地点としての役割をする（図2）。

　大脳は脳の中で最大の部分であり，前頭葉，頭頂葉，後頭葉，側頭葉，島に区別されている（図3）。大脳にある溝を大脳溝と呼び，溝同士の間の高まりを大脳回と呼ぶ。大脳の表面から約3mmの灰白質の部分を大脳皮質という。この大脳皮質は場所によって大まかな役割が異なっており，これを機能局在という。この特有の働きを担う領域を特に「野」と呼ぶ。例えば運動をつかさどる領域は運動野，感覚をつかさどる領域は感覚野，同様に視覚の領域は視覚野と呼ぶ。

　さらに，ドイツの神経解剖学者のブロードマン Brodmann が，大脳皮質の中にある神経細胞の大きさや形の違いなどをもとに，その領域の働きを加味して，52

までの番号をBrodmann's Area（BA）として割り付けた。例えばブロードマンの第4野（BA4）は前頭葉の一番後方にあって運動の中枢（一次運動野）であり，第3野（BA3）は頭頂葉の一番前方にあって感覚の中枢（一次感覚野）であり，第17野（BA17）は後頭葉の一番後方にあって視覚の中枢（一次視覚野）となっている（図3）。

　注意，記憶，思考，感情といった「心」に関連する高次脳機能を担うと想定される大脳皮質の部位は，中でも連合野と呼ばれる。後頭連合野（第18, 19野）は視覚の分析・認識，頭頂連合野（第5, 7, 39, 40野）は身体部位，左右の認識，計算，書字など，側頭連合野（第20, 21, 22野）は聴覚と視覚からの情報の認識や記憶など，前頭連合野（第9, 10, 11野）では計画の立案，実行の手立て，判断などをつかさどっていると考えられている（図3）。ただし，それぞれが単独で機能を果たしているのではなく，それぞれと相互連絡しながら高次脳機能を生み出していると想定される。

③末梢神経系

　脳神経系の中で末梢神経系は，中枢神経系と末梢を連絡する神経の総称である。末梢神経系には，骨格系の運動と皮膚・視覚などの感覚をつかさどる体性神経系と，消化や呼吸などの生命維持の基本となる自律機能を統合し，内臓系の運動と感覚を担う自律神経系の2種類がある。前者が大脳皮質を中枢として随意的，すなわち意識的に作用する機能であるのに対し，後者は視床下部を中枢として不随意的に作用する機能である。

　自律神経系には交感神経と副交感神経が存在している。この二つの神経は一方が働きを促進するように働けば，もう一方は働きを抑制するように働く作用がある。多くの器官・臓器は両者の二重神経支配を受けている。下に交感神経や副交感神経が働いた場合，それぞれの器官がどのように働くかの例を示す（表1）。端的には，前者が「闘争か逃走」反応である一方，後者は「休息・リラックス」反応を担うとされる。

2．ホメオスターシスの三角形

　生体の内部環境を一定に保ち，恒常性を維持する機能をアメリカの医学生理学者キャノンCannonは「ホメオスターシス」と呼んだ（Cannon, 1932）。生体の機能調整の担い手は，神経系（特に自律神経系），内分泌系，免疫系であり，これをホメオスターシスの三角形と呼ぶこともある。それぞれに独自のフィードバッ

第4巻　心理学研究法

表1　交感神経と副交感神経の各器官への影響

	交感神経	副交感神経
瞳孔	散大	縮小
心臓（心拍数）	増加	減少
心臓（拍出量）	増大	減少
血管	収縮	拡張
冠状動脈	拡張	縮小
気管支	弛緩	収縮
小腸・大腸	運動抑制	運動亢進
胃（運動）	抑制	亢進
胃（分泌）	減少	増加

ループをもった調整作用がありつつ，三者で相互作用しながらホメオスターシスを保っている。自律神経系の調整は「迅速で局所性」である一方で，内分泌系と免疫系の調整は「緩徐で全身性」であるという特徴がある。

①自律神経系

　間脳のうち，特に視床下部は，自律神経やホルモン分泌の調節に重要な役割を果たしており，広く自律神経全般を統合する中枢である。

　視床下部には体温を調節する温熱中枢や寒冷中枢，満腹や空腹を知らせる満腹中枢や空腹中枢，飲水中枢，怒り，恐怖，喜びなどの情動を表す中枢，性行動に関する中枢などが存在する。こうした物理・化学的，生物学的および精神的なあらゆるストレス刺激は，いずれも視床下部からの自律神経系の興奮やホルモンの分泌を促す。

　生理的なストレス刺激の場合，有害な反応を打ち消す，単純で反射的（即時応答的）な負のフィードバック機構があればよいが，精神心理的なストレス刺激の場合，それが有害であるかどうか，どの程度の脅威かなどを判断する大脳による高次の情報処理とコントロール機構を要する（LeDoux, 1996）。つまり前者は主に間脳（視床下部），脳幹，脊髄で行われるのに対し，後者は大脳が加わる形で調整経路があると想定されている。このため，非侵襲的な脳機能計測技術を用いた脳機能基盤の解明が行われたり（本章II-1を参照），生理的指標として自律神経機能計測が行われたり（本章II-2参照）している。

②内分泌系

　精神生理学でよく研究されている内分泌系には，視床下部−脳下垂体−副腎

皮質系（Hypothalamus-pituitary-adrenal axis; HPA系）と交感神経－副腎髄質系（Sympathetic-adrenal-medullary axis; SAM系）の2つの主要経路がある。前者のHPA系では、視床下部がストレス負荷を感知すると、視床下部からコルチコトロピン放出ホルモン（Corticotropin releasing factor; CRF）が放出され、脳下垂体に刺激が伝達され、これに続いて副腎皮質刺激ホルモン（Adrenocorticotropic hormone; ACTH）の上昇を受けて、副腎皮質から副腎皮質ホルモン（コルチゾールcortisolなど）が分泌される。後者のSAM系では、視床下部から交感神経系に刺激が伝達され、副腎髄質からカテコールアミン（ノルアドレナリンなど）が血中に分泌される。これらの内分泌的な指標を血液や唾液から測定することが行われている（本章II-3参照）。いずれの刺激作用も基本的に、心拍数の増加、血圧上昇、血糖上昇、発汗、代謝亢進といった、交感神経系の興奮（「闘争か逃走」）と同じ方向の反応が起きるため、これらを反映する身体的指標として自律神経機能計測が行われることもある（本章II-2参照）。

③免疫系

内分泌系から分泌されたカテコールアミン、副腎皮質ホルモン（コルチゾールなど）、コルチコトロピン放出ホルモン（CRF）、オピオイドなどが免疫系に影響を与えることが知られている。

炎症とは、組織の損傷や感染といった刺激により、血液透過性亢進や白血球の遊走や血管凝固の促進を起こす生体の防御機構であり、心理社会的ストレスによっても誘導されることが知られている。例えば、HPA系は炎症や免疫などを担う遺伝子群の転写因子であるNuclear Factor κB（NF-κB）を抑制する一方で、SAM系はNF-κBを介したTumor Necrosis Factor-α（TNF-α）やInterleukin-1β（IL-1β）の転写促進によって炎症反応を誘導することが知られている（Miller et al., 2009）。このことから心理社会的ストレスで炎症指標が高くなると考えられている。

アレルギーとは、通常は無害な物質に対し免疫系が異常な反応をすることを指す。例えば、グルココルチコイドやカテコールアミンなどがマクロファージにおけるIL-12産生を抑制することで、1型ヘルパーT細胞の分化抑制によって細胞性免疫を低下させ、2型ヘルパーT細胞による抗体産生（液性免疫）を過剰に促進させることでアレルギー反応が増悪すると考えられている（Salicru et al., 2007）。心理社会的ストレスにより免疫機能に異常が生じてアレルギー反応が増悪するプロセスの一つとされる。

こうした関連指標を測定することで、免疫系に関する定量的な機能評価が行われている（本章II-3参照）。

II 心を〈見える化〉する

さまざま方法で心を捉えようという試みは行われてきた。20世紀初頭までの研究は、動物実験もしくは死後脳に基づいた検討が精神生理学的研究法の主流であった。生体の人間で心に関連する脳機能を反映する信号を測定したのは、1920年代のドイツの精神科医ベルガー Berger による脳波の報告が初めてと考えられている。それ以降、生きている人間の心を〈見える化〉するさまざまな技術が生み出されてきた。それぞれの手法には長所と短所があるため、それらを知ったうえで用いていく必要がある。

1. 脳機能計測

①電気生理学的指標

電気生理学的指標として、脳内の神経活動に伴って生じる細胞内外の電流を記録するものに、脳波検査（Electroencephalography; EEG）と脳磁図（Magnetoencephalography; MEG）がある。EEGは、神経細胞のまとまりとしての電流を頭皮上から計測しており、全般的な大脳機能を反映すると考えられている。臨床的には、てんかん・意識障害・睡眠－覚醒障害・器質性脳障害・脳死の診断や判定などによく用いられる。

MEGは、神経細胞内電流を取り巻くように生じる微弱な磁場の変化を計測するものである。一般的な脳波検査よりは空間分解能（微小な空間を捉える能力）が高く、発生源を比較的正確に同定できるため、てんかんなどの神経疾患における異常部位の検出にも臨床場面で用いられることもある。

いずれも、高い時間分解能（高い精度で時間軸の変化を捉える能力）（ミリ秒単位）を有しており、安全性・非侵襲性の高い点が長所である。EEGは空間分解能が低いため部位同定は困難で、MEGは装置維持費が高価である点が短所と言われる。EEGは可搬性があるのに対し、MEGの遮蔽シールドなどの装置は大きく固定する必要がある。

②機能的脳神経画像

ヒトを対象とした脳機能計測技術の近年の発展は目覚ましく、神経活動に伴う

脳血流を捉えることのできるイメージング技術による〈見える化〉が用いられることが多い。神経活動に伴う酸素や糖代謝の消費が起こることで，局所脳血流量が増加する，という一連の過程を，手法は異なるが捉えている。つまり，脳の神経活動を反映した信号を間接的に捉えている。

磁場を用いて血中脱酸素化ヘモグロビン由来のBOLD信号を捉えて脳血流変化の反映を計測する機能的磁気共鳴画像法（functional Magnetic Resonance Imaging; fMRI），近赤外光の良好な組織透過性の特性と血中酸素化ヘモグロビンによる吸収係数を利用して脳血液量変化の反映を計測する近赤外線スペクトロスコピィ（Near-infrared spectroscopy; NIRS；光トポグラフィーとも呼ばれる），放射性同位元素を用いて局所脳血流量や脳代謝の変化の反映を捉える陽電子放出断層法（Positron Emission Tomography; PET）と脳血流シンチグラフィ（Single Photon Emission Computed Tomography; SPECT）などがある。

PETやSPECTは放射性同位元素による被爆や非常に高価な装置維持費用や時間分解能が低い（分単位）といった短所がある反面，空間分解能や定量性に優れるという長所がある。fMRIやNIRSには被爆はなく安全性・非侵襲性・時間分解能（秒単位）に優れる反面，課題遂行中の相対的な血流変化（賦活反応性）を反映した信号を捉えているため定量性が低い。空間分解能はfMRI（mm単位）が最も高く，NIRS信号は大脳皮質のみの機能を大まかに反映（cm単位）している。高磁場の使用・装置維持費用が圧倒的に高価な点はfMRIの短所である。fMRI・PET・SPECTは装置の制限で臥位のみでの計測がほとんどであり，可搬性は装置の固定設置を要しないNIRSのみが有する。いずれもまだ臨床応用に向けた研究段階が多いが，NIRSでは「うつ状態の鑑別診断補助に使用するもの」として2014年に保険適用となり，精神医療の実臨床に応用されている（Takizawa et al., 2014）。

2．自律神経機能計測

自律神経系による生体の調節機能を評価する対象として，睡眠，呼吸，心拍，血圧，体温，排尿，排便，性機能などは中枢調整機能の管理を強く受けていることから，精神生理学的研究に用いられることがある。

驚愕，恐怖，怒り，不安，緊張，興奮などの心理的ストレス負荷により，視床下部・脳幹から脊髄を経由して神経伝達が下行し，交感神経系の賦活を引き起こす。その賦活の程度は，刺激の種類や個体による差異があるが，総じて身体に活力を与えて「闘争か逃走か」の行動を選択・実行するための合目的的反応が生じる。

体温,皮膚電位,筋電図,心電図,脈波,瞳孔計などを非侵襲的に計測することで,こうした交感神経性ストレス反応を,心拍数・心拍出量の増加,血圧上昇,体温上昇・発汗,骨格筋の緊張亢進,瞳孔の散瞳などが起こる程度やおさまる程度で評価することができる。これらの所見を自律神経機能の反映と考えて,量的に解析することが行われている。

例えば,心拍は自律神経活動の影響を大きく受けている。一脈拍の間隔(心電図 R-R 間隔)には周期的な揺らぎがあり,心拍変動(heart rate variability; HRV)と呼ぶ。循環器系の揺らぎ成分には,周波数帯域の異なる 2 つの変動成分が存在する。呼吸にほぼ一致したリズム(0.2Hz 前後)によって起こる高周波成分(High Frequency; HF)と,Myer 波と呼ばれる約 10 秒周期(0.1Hz)のリズムによって起こる低周波成分(Low Frequency; LF)がある(Nunan et al., 2010)。HF は副交感神経機能を主に反映し,LF は交感神経と副交感神経の両方の機能を反映するものと考えられている。脈波変動分析のうち周波数領域解析では,「HF 成分」が副交感神経系の指標,また,LF を HF の副交感神経系成分で除した「LF/HF 比」が交感神経系の指標として,ほぼリアルタイムに定量的評価をすることができる技術もある。

3.内分泌系と免疫系の諸指標の検査

血液あるいは唾液を検体として,下垂体-副腎皮質系,副腎髄質系,その他のホルモンや,免疫系の指標として,NK 細胞活性,T-cell 活性物質,IL-1,TNF,潜在ウィルスに対する抗体価,炎症指標(C-reactive protein [CRP] や Fibrinogen など)などを測定する方法が行われている(Guyton & Hall, 2011)。検体採取・解析・保存方法のそれぞれに特徴があり,日内変動や運動・食事による影響や測定誤差が大きいものもある。研究目的に合わせて,適した指標を選択する必要がある。

例えば,副腎皮質ホルモンであるグルココルチコイドの一種であり古典的な(特に HPA 系の)内分泌系指標である,コルチゾールは主に抗炎症作用ならびに血糖上昇作用を有する。血中コルチゾールレベルの上昇は,さまざまなストレス刺激に伴う適応的反応と考えられているが,高濃度で持続すると免疫機能の低下や脳内の神経可塑性への悪影響(海馬の神経細胞の新生阻害など)を引き起こすことが知られている。これらが臨床的なストレス不適応や情動不調を引き起こし,うつ病などの精神疾患の発症閾値の低下につながる一因と想定されている。唾液中コルチゾールレベルは血中の遊離コルチゾールレベルをよく反映するため

第12章 精神生理学的研究法

(Kirschbaum & Hellhammer, 1989)，簡便に測定できるこの値を測定することもある。唾液中コルチゾールレベルは起床時に高く，その後1時間以内にさらなる上昇を示し，夜間には低い値になるという日内変動がある。慢性ストレスにさらされた後は，この日内変動が平坦化することが知られており，慢性ストレス反応の評価に適するとされる。

また，SAM系の活性を反映する内分泌指標であり，カテコールアミンの一種のノルアドレナリンは，主に昇圧作用や血糖上昇作用を有する。コルチゾールと同様に，ストレス刺激に伴う適応的反応で迅速に上昇するが，血中から唾液への移行が遅いため，唾液検体としての指標には適さない。代わりに，副腎髄質や交感神経終末から血中に分泌されるクロモグラニンAが，唾液中にも顎下腺より分泌されることが知られており，血中ノルアドレナリンレベルと関連が強いため（Toda et al., 2008），SAM系活性の指標として検討されている。唾液中クロモグラニンAレベルにも日内変動があり，起床時が最も高く，その後，約1時間で急速に最低値まで低下して日中ほとんど変化せず，夕方以降に再上昇する。抑うつ症状があると，起床時における最高値が低くなるという研究もあり，減弱したSAM系活性によると考えると，慢性ストレス反応の評価ができる可能性を示唆している。ちなみに，唾液中のコルチゾール・クロモグラニンAは，いずれも日内変動が午後に比較的安定化するため，午後が急性反応の検討には適している時間帯と言える。

4．精神生理学的研究法の着眼点と注意点

①心理学的指標と精神生理学的指標

　心理学的に「心」を把握しようとする際，質問紙調査法（第4章・第5章参照）や面接法（第8章・第9章参照）などで行うことが多いが，その性質上，主観的な側面を計測しており客観性が担保されていない，との批判が常に伴ってきた。精神生理学的研究法では，これに答える形で，同じ個人／集団内における変化や異なる個人／集団間での比較をする場合，客観的に定量化することを目指したアプローチを組み合わせることになる。

　ただし，ある時点の質問紙による心理学的指標と，これまで紹介してきた脳機能計測・自律神経機能計測・内分泌系と免疫系の評価指標による精神生理学的指標は，必ずしも線形の関連が強くないことも多い。逆U字型の関連を認めることもある。それぞれのアプローチで測定している事象や時間軸が異なるために，同じ時点で同一個人／集団でも値や変化の仕方が異なることも当然あり得る。これ

らは単純に代替できるものと言うよりは，相補的な関係にあると考えたほうがよいかもしれない。そのため研究では，より適切な指標の組み合わせを考えていくことになる。

②検査時の留意点

　精神生理学的研究の多くでは生体を対象にするため，すべての指標が時々刻々と変動していることに気づいている必要がある。特に，検査時の内部環境や外部環境に留意する。気温や湿度などの外部環境や睡眠，運動習慣，食事・嗜好品，体位，呼吸などの内部環境によって評価しようとしている指標が変動している可能性を考慮する。例えば，fMRIでは狭い閉所空間で大きな騒音が撮像中に発生するため，検査自体がストレス刺激となり平常時とは異なる状態になる被検者がいることを認識しておくことも大切である。

　また，生理学・生物学的な視点から，一般的に，1）女性は男性より内分泌機能の変動が大きいこと，2）ホメオスターシス自体が子どもでは未完成で，成人にむけて完成し，加齢とともに一部機能低下していくことを踏まえ，性別と年齢の影響を考慮して検査・検討することも忘れてはならない。場合によっては，対象の指標の解析時に，性別・年齢で層化したり，統制したりして検討する必要もでてくる。

　また，自律神経機能の評価は，反応もその消失も速やかであるので，ストレスイベントが過ぎ去ると確認できないことが多い。内分泌系・免疫系の評価は，自律神経機能に比べて，反応出現が遅い特徴がある反面，ストレスイベントが過ぎ去った後にも反応を確認できる。一方で，質問紙・面接などによる心理学的評価は，客観的な定量化は難しいものの，被検者の背景についての質的評価に適している。こうした評価法の特徴にも気をつけながら研究を組み立てることになる。

　精神生理学的な指標を測定する場合，被検者の非侵襲性・安全性に常に考慮をする。特に，内分泌系・免疫系の諸検査における採血時に疼痛や血管迷走神経反射による体調不良（めまいや失神など）が生じることがあり，脳機能計測では放射線被爆が伴うものもあるため，事前に十分に説明し書面で同意（インフォームド・コンセント）を得ておく必要がある。検査時間や刺激や測定に伴う精神的・身体的苦痛にも十分配慮し，なるべく簡便で負担の少ない検査課題を選択するようにし，検査中であっても希望によりいつでも中断できることを事前に保証しておく倫理的配慮も必要である。

第 12 章　精神生理学的研究法

■ Ⅲ　おわりに：「心は目に見えない」

　見えない心を〈見える化〉する試みが，精神生理学的研究法の目標の一つである。「心は目に見えない」ことから，捉えどころのない得体の知れないわからないものであるとして，偏見や不安・恐怖を抱くことに繋がっていることもある。特に心の健康（メンタルヘルス）に関する領域では，何らかの目に見える有用な指標があることで，そうした偏見や不安・恐怖を克服することにもなる可能性がある。

　例えば，「体温が 39℃」「収縮期血圧が 200mmHg」「血液検査で炎症指標が正常値」を大きく超えていれば，学校や会社を休んで療養することに誰も異論はないだろう。しかし，「すべてを悪く考えてしまい落ち込んでいる」ことや，「どこへ行っても人につけられていて怖い」ことで学校や会社を休むとしたら，どう考えるだろうか。休んだ人を「さぼっている」と考える人もいるかもしれない。この「落ち込んでいる感情」「人につけられているという思考」を定量化できたとしたら，人々の心理的苦悩への理解が一歩でも進むだろう。

　心を〈見える化〉することは簡単なことではないが，一側面だけでも可能にすることで，ある指標を改善するように〈育む〉ことができるようになったり，悪化を予防して〈守る〉ことができるようになったりすることができれば理想的ではある。糖尿病も診断・評価する検査値がない時代は，網膜症で失明したり，末梢血管障害で足先が壊死したり，腎不全で亡くなったりと，合併症が「目に見える」形になってからやっと診断ができた。糖尿病は現在ではそれほど恐れられていない疾患となり，鋭敏な検査値があることで重症化する前に治療開始し，合併症の予防ができるようになっている。

　体が重くて動けなくなったり，学校や会社で頭が回らなくなってミスをしたり，自分や他人を傷つけたりと，「目に見える」形になってから，事の重大さにやっと気づくことがある心の健康（メンタルヘルス）の領域においても，糖尿病と同じように，適切な段階で治療開始し，重症化を予防することができる時代が来ることを願ってやまない。

　『星の王子さま』（Saint-Exupery, 1943）の有名な一節にあるように，「いちばんたいせつなことは，目に見えない」のかもしれない。精神生理学的な何か一つの指標だけで，心のすべてを説明することはなかなか困難であろう。その限界も意識しながら総合的な検討をする必要がある。

第4巻　心理学研究法

◆学習チェック表

☐　心の生物学的基盤（脳神経系・内分泌系・免疫系）について理解した。

☐　脳機能計測と自律神経機能計測と内分泌・免疫系の諸検査について説明できる。

☐　精神生理学的研究法と他の心理学的研究法の相違点を理解した。

☐　精神生理学的研究法の留意点を説明できる。

より深めるための推薦図書

東京大学生命科学教科書編集委員会編（2015）現代生命科学．羊土社．

丸山総一郎編（2015）ストレス学ハンドブック．創元社．

日本自律神経学会編（2015）自律神経機能検査　第5版．文光堂．

福田正人編（2009）精神疾患と NIRS．中山書店．

文　　献

Cannon, W. B.（1932）*Wisdom of the Body*. Kegan Paul, Trench Trubner and Company Ltd.（舘隣・舘澄江訳（1981）からだの知恵．講談社学術文庫．）

Guyton, A. C., & Hall, J. E.（2011）*Textbook of Medical Physiology*. 12th Edition. Saunders-Elsevier.

Kirschbaum, C., & Hellhammer, D. H.（1989）Salivary Cortisol in Psychobiological Research: an Overview. *Neuropsychobiology*, 22; 150-169.

LeDoux, J.（1996）*The Emotional Brain: The Mysterious Underpinnings of Emotional Life*. Simon & Schuster.（松本元・川村光毅ほか訳（2003）エモーショナル・ブレイン　情動の脳科学．東京大学出版会．）

Miller, A. H, Maletic, V., & Raison, C. L.（2009）Inflammation and Its Discontents: the Role of Cytokines in the Pathophysiology of Major Depression. *Biological Psychiatry*, 65; 732-741.

Nunan, D., Sandercock, G. R., & Brodie, D. A.（2010）A Quantitative Systematic Review of Normal Values for Short-term Heart Rate Variability in Healthy Adults. *Pacing Clin Electrophysiol*, 33; 1407-1417.

Saint-Exupery, A.（1943）*Le Petit Prince*. Harcourt, Inc.（河野万里子訳（2006）星の王子さま．新潮文庫．）

Salicru, A. N.. Sams, C. F., & Marshall, G.D.（2007）Cooperative Effects of Corticosteroids and Catecholamines upon Immune Deviation of the type-1/type-2 Cytokine Balance in Favor of tyape-2 Expression in Human Peripheral Blood Mononuclear Cells. *Brain, Behavior, and Immunity*, 21; 913-920.

Takizawa, R., Fukuda, M., Kawasaki, S., Kasai, K., Mimura, M., Pu, S., Noda, T., Niwa, S., & Okazaki, Y.（2014）Neuroimaging-aided Differential Diagnosis of the Depressive State. *Neuroimage*, 85; 498-507.

Toda, M., Den, R., & Morimoto, K.（2008）Basal Levels of Salivary Chromogranin A, but not α-amylase, are Related to Plasma Norepinephrine in the Morning. *Stress and Health*, 24: 323-326.

第13章 研究レビュー

第13章

研究レビュー

岡田　涼

🔑 *Keywords*　研究レビュー，記述的レビュー，メタ分析，一次研究と二次研究，効果量

Ｉ　研究をレビューする

　日常生活の中で感じる疑問に対して，心理学的な研究を行うことで何かしらの答えを得ることができる。例えば，「お小遣いをあげることは子どもの学習意欲を高めるのか？」という疑問をもったとする。その疑問について，自分で実験を行い，得られたデータを分析することで，一つの解答が得られるだろう。

　ただし，すぐに研究にとりかかるのは早計である。お小遣いと学習意欲の関係については，すでに誰かが研究を行っている可能性もある。もしそうだとすると，その研究が報告されている論文を読めば疑問は解消されるかもしれない。しかし，過去に行われた研究には問題点があり，改めて検証し直す必要があるという場合もあり得る。あるいは，これまでにいくつか類似の研究が行われているものの，研究ごとに結果が違っているということもあるかもしれない。いずれにしても，過去にどのような研究が行われてきたかをよく調べなければ，意義のある研究を行うことは難しい。

　実は，「お小遣いをあげることは子どもの学習意欲を高めるのか？」というテーマについては，「報酬と動機づけ」という観点からすでに膨大な研究が行われている。もしこのテーマに関心をもったのであれば，まずとりかかるべきなのは，過去に行われた研究（これを先行研究という）をよく調べることである。

　自分が関心をもったテーマについて，関連する先行研究を調べ，そこから情報を収集し，まとめていくプロセスを研究レビュー（research review）あるいは文献レビュー（literature review）という。本章では，心理学における研究レビューの意義や具体的な方法についてみていく。まず，研究レビューの役割を押さえた

169

うえで，研究レビューの2つの方法を紹介する。その後，近年よく用いられるようになってきているメタ分析について，その手続きを少し詳しく解説する。そして，メタ分析を用いた実際の研究例を紹介する。

II 研究レビューの方法

1．研究レビューの役割

　自分で研究計画を立ててデータを収集する前段階として，関連する先行研究をレビューすることは重要である。これまでにどんなことが明らかになっているのか，どのような方法で実験や調査が行われてきたのかを知らなければ，適切な研究計画を立てることはできない。その意味では，自分でデータを収集して分析することと，研究をレビューすることは一つのセットであると言える。

　一方で，研究レビューが一つのオリジナルな研究になることもある。あるテーマについて，膨大で多様な研究が蓄積されている場合には，それらを整理してまとめること自体にさまざまな意義がある[注1]（表1）。クーパー（Cooper, 2017）は，研究レビューの目的には，①他の研究者が行ってきたことや提唱してきたことを統合する，②先行研究を批判的に検討する，③関連すると考えられる領域をつなげる，④各領域で中心となる研究課題を特定する，という4つがあるとしている。いずれの目的のもとに行う場合でも，心理学的に意義のあるテーマについて関連する先行研究を幅広く収集し，独自性のある視点で分析を試みれば，それ自体が価値のあるオリジナルな研究になるのである。

　研究レビューによる論文をレビュー論文ということがある。日本の心理学に関する学術雑誌では，「展望」という論文種別でレビュー論文が掲載されていることが多い。また，国内外で，『心理学評論』や『Psychological Bulletin』など，レビュー論文を専門に掲載している学術雑誌もある。

2．記述的レビュー

　研究レビューには，主に2つのタイプがある。一つは，記述的レビューもしくはナラティブレビュー（narrative review）と呼ばれるものであり，心理学研究において伝統的によく用いられてきたレビューの方法である。

　記述的レビューでは，個々の研究者が関心のあるテーマについて，関連する研

注1）表中にある一次研究（primary study）とは，通常行われる個々の研究のことである。それに対して，研究レビューは二次研究（secondary study）と呼ばれる。

第 13 章　研究レビュー

表 1　研究レビューが必要な理由（Gough et al., 2017 をもとに作成）

理由 1.	個々の研究は常に間違っている可能性がある。偶然に間違った結果が得られていることもあるし、研究の計画や実施、報告の仕方に問題がある場合もある。結果がねつ造されていることもあり得る。
理由 2.	個々の研究は、リサーチクエスチョンや研究の焦点、研究が行われた文脈などの点で妥当性に限界を抱えている。
理由 3.	多くの研究に基づく研究レビューは、個々の研究よりも包括的で強い研究の全体像を示すことができる。
理由 4.	すべての先行研究や最新の研究を把握しておくことは、個々の研究者にとって荷が重い作業であることが多い。
理由 5.	研究レビューによって得られる知見は、新たに行われる一次研究の結果を解釈するための基盤となる。
理由 6.	先行研究を考慮せずに行われた一次研究は、不必要であったり、不適切であったり、あるいは倫理的に問題のある研究になってしまうことがある。

究の結果を整理し、研究結果をまとめていく。まとめ方はそれぞれの研究によってさまざまである。一つには、特定の概念や研究領域がどのように展開されてきたかという視点でまとめる場合がある。例えば、鹿毛（1994）は、「内発的動機づけ」という概念が提起された経緯から、その後の研究文脈でどのように捉えられてきたかについて、研究史の視点でまとめている。また、関連する研究を包括するような理論モデルを提案するようなレビュー論文もある。大対ら（2007）は、子どもの学校適応をアセスメントするためのモデルとして、①行動的機能、②学業的・社会的機能、③学校適応感という三水準からなるモデルを提案し、そのモデルに沿って先行研究の知見を整理している。他にも、障害者に対する潜在的態度について測定方法の点からレビューした論文（栗田・楠見，2014）や、回避方略の効果に関する研究結果の非一貫性について、何を回避するのかという視点を導入することで捉え直したレビュー論文もある（村山・及川，2005）。

　記述的レビューによる論文には、その目的によってさまざまな構成の仕方がある。しかし、多くの先行研究を幅広くレビューすることと、独自の視点で先行研究の知見を捉え直すことは必須の条件である。少数の研究を単に羅列するだけでは、一つのオリジナルな研究にはならない。

3．メタ分析

　研究レビューのもう一つの方法はメタ分析（meta-analysis）である。メタ分析が記述的レビューと大きく異なるのは、先行研究の結果を数量的に統合するとこ

ろである。例えば，自尊感情を高める介入プログラムの効果を調べた研究があったとする。その研究では，介入群と統制群とで有意な差が得られていた。しかし，同じ介入プログラムの効果を調べた別の研究では，有意な差が得られていなかったとする。このように，研究ごとに結果が異なっていた場合，どのように考えればよいだろうか。一つでも有意な差が出ていることに注目して，「介入プログラムには効果がある」と考えたくなるかもしれない。あるいは，結果が一貫していないのだから，「効果があるとはいえない」と判断したほうがよいのだろうか。また，有意な結果を示した研究の数と有意でない研究の数を数えて，どちらが多いかによって判断するということを思いつく人もいるかもしれない。これらの方法はどれも正しいとは言えない。

　研究ごとに結果が異なっているという状況は，実際の心理学研究でもよくある。メタ分析では，それらの研究の結果をすべて統合して結論を出す。特に，効果量と呼ばれる指標を統合することで，特定のテーマに関する結論を導きだすことを試みる。

　効果量（effect size）は，変数間の関連や群間の差など，効果の大きさをあらわす統計的な指標である。効果量にはさまざまなものがあるが，代表的なものは，標準化された平均値差と積率相関係数である（その他の効果量の詳細については，大久保・岡田，2012 を参照）。標準化された平均値差（d）は，2 つの群の間の平均値の差が標準偏差いくつ分にあたるかを示すものであり，以下の式で表される。式中の「2 群をプールした標準偏差」は，2 群のサンプルサイズと標準偏差から推定した共通の標準偏差である。

$$効果量\, d = \frac{群1の平均 - 群2の平均}{2群をプールした標準偏差}$$

　積率相関係数は，通常の一次研究でよく用いられるピアソンの積率相関係数（r）であり，以下のように 2 つの変数間の共分散を各変数の標準偏差の積で割ったものである。

$$効果量\, r = \frac{x と y の共分散}{x の標準偏差 \times y の標準偏差}$$

　メタ分析では，個々の研究で報告されている効果量は，母集団から抽出された一つの標本であると考える。そのため，同一のテーマに関する複数の効果量を集めて，それらを統合することで，母集団での効果量がどれぐらいであるかを推定

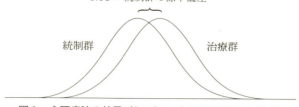
図1　心理療法の効果（Smith et al., 1977 をもとに作成）

するのである。

　メタ分析の例として有名なのは，スミスら（Smith et al., 1977）が行った心理療法の効果に関するメタ分析である。心理療法に何らかの効果があるか否かは，多くの臨床家や心理学者が興味をもつテーマである。実際，今日でも心理療法の効果を評価しようとする試みは，効果研究として膨大な数が行われている（南風原，2011）。スミスら（Smith et al., 1977）は，不安の低減や自尊感情の向上などに対する心理療法の効果を検討した 375 の研究についてメタ分析を行った。その結果，心理療法には，効果量でいうと 0.68 の効果があることが示された（図1）。すなわち，効果の指標について治療群の平均値は治療を受けなかった統制群の平均よりも，標準偏差 0.68 分高かったのである。もし仮に，統制群の治療効果の指標の平均値が 10 点，標準偏差が 5 だったとすると，治療群の平均値は 13.4 点となる。この結果は，心理療法に比較的はっきりした効果があることを示している。

4．記述的レビューとメタ分析の違い

　記述的レビューとメタ分析では，その手続きや目的，考え方など，多くの点で違いがある。一般的には，手続きの厳密さや客観性が保証されているということや，サンプルサイズや効果の程度を考慮していることなど，いくつかの点で記述的レビューよりメタ分析のほうが優れているとされることが多い（山田・井上，2012）。また，同じ文献をレビューしたとしても，両者で異なる結論を導く可能性もある。クーパーら（Cooper et al., 1980）は，研究者や大学院生に研究レビューを行わせる実験を行い，記述的レビューよりもメタ分析のほうが，よりデータに即した結論を引き出しやすいことを明らかにしている。

　ただし，すべての点において記述的レビューがメタ分析に劣っているわけではない。伝統的な記述的レビューに対しては，レビューの手続きや文献の選定が主観的であるということや，有意か否かという二値的な判断で研究を扱っているこ

となど，いくつかの点から批判がなされることがある。メタ分析は，そういった記述的レビューの短所を克服する方法ではある。その一方で，特定の概念の変遷を追うといったことや，内容的なところに踏み込んだ理論モデルを構築するということは，必ずしもメタ分析の得意とするところではない。むしろ，記述的レビューの形で，一つひとつの論文を読み込んで，質的な部分に注目してまとめるほうが適していることもある。実際には，明らかにしたいことや研究目的に応じて，両者を使い分けたり，補い合ったりすることが必要である。

III　メタ分析の手続き

1．メタ分析の7段階モデル

メタ分析にはいくつかの手順がある。クーパー（Cooper, 2017）は，メタ分析の手続きとして，表2にある7段階モデルを提案している。現在報告されているメタ分析の多くは，この7段階モデルに沿う形で行われている。

まず，自分が関心をもっている問題や仮説にとって，どのような研究結果やエビデンスが関連しているかを明確に定める（①問題を定式化する）。メタ分析で扱う概念や介入方法，比較する条件などを具体化することが必要である。その次に，メタ分析に含める研究が掲載されている文献を検索する（②文献を検索する）。検索方法や検索語を決め，手続きを明確に定めたうえで検索する。文献を収集したら，それらを読み，効果量やサンプルサイズなど必要な情報を取り出す（③研究から情報を収集する）。同時に，集めた研究の質や特徴を評価する（④研究の質を評価する）。メタ分析に含めることができないような方法で行われた研究や，研究目的と関連がないと判断できる研究はこの段階で省く。分析の対象とするデータが決まったら，そのデータをもとに母集団での効果量を推定し（⑤研究の結果を分析し，統合する），得られた結果を考察する（⑥エビデンスを解釈する）。結果の解釈にあたっては，得られた結果がどこまで一般化できるのか，どのような限界があるのかなどを慎重に検討する。最後に，一連の手続きと結果をまとめて論文や研究発表の形で公表する（⑦結果を公表する）。

この手続きは，通常の一次研究と大きく異なるものではない。リサーチ・クエスチョンを明確にし，データを収集して結論を出すという流れは同じである。ただし，メタ分析ではデータの源が個人ではなく研究であり，収集するデータも素データではなく加工された統計量である。そのため，データ収集の過程や分析において，メタ分析に特有のいくつかの注意点がある。

第13章　研究レビュー

表2　メタ分析を行う手順（Cooper, 2017 をもとに作成）

段階	内容
①問題を定式化する	どのようなエビデンスが興味のある問題や仮説と関連しているかを判断する。
②文献を検索する	情報源と検索のための用語を特定し，文献の検索を行う。
③研究から情報を収集する	検索した研究から必要な情報をコーディングする。
④研究の質を評価する	収集したデータの質と対象としている問題の一致度を判断する。
⑤研究の結果を分析し，統合する	収集したデータ（効果量）を統合し，研究間の差異について分析する。
⑥エビデンスを解釈する	統合された結果について，頑健性，一般化可能性，限界の観点から要約する。
⑦結果を公表する	読み手にとって必要な情報を提示する形で結果を公表する。

2．文献の検索

　一次研究では，個々人の回答や行動をデータとするため，多くの人に質問紙に回答してもらったり，実験に参加してもらったりする。メタ分析では，個々の一次研究の結果をデータとする。そのため，文献を探して，そこから研究結果に関する情報を抽出することが必要となる。

　関連する文献を探す方法はいくつかある。メインとなるのは，データベースを用いた検索である。海外の文献を検索するうえでは，PsycINFO（http://www. apa. org/pubs/databases/psycinfo/）や Education Resources Information Center（ERIC: https://eric. ed gov/）が利用できる。日本語の文献については，CiNii（http://ci. nii. ac. jp/）や J-STAGE（https://www. jstage. jst. go. jp/browse/-char/ja/）が役立つ。これらのデータベースにおいて，自分が扱っているテーマに関するキーワードを設定して検索を行う。その際，一つのキーワードだけで検索を行うのではなく，複数のキーワードを用いたほうが関連する研究を探し出せる可能性が高くなる。例えば，攻撃性に関する研究を探したい場合には，「aggression」だけでなく，「aggressive behavior」や「aggressiveness」などに変形させたり，「violence」など類似のキーワードでも検索してみたほうがよい。

　他の検索方法として，ハンドサーチや引用文献検索などがある。ハンドサーチは，関心のあるテーマに関する研究が掲載されている代表的な学術雑誌について，一定期間に掲載された論文をすべてしらみつぶしにチェックしていく方法である。引用文献検索は，収集した文献や関連する分野の代表的なレビュー論文を

見つけ，その引用文献をチェックする方法である。いずれにしても，一つの方法だけで検索するのではなく，なるべく複数の方法を組み合わせて検索することが重要である。

ただし，どれだけ工夫しても，検索には限界があることも意識しておかなければならない。世界中で行われた研究がすべて公表されているわけではなく，特に有意な結果が得られなかった研究は公表されないままになりやすい。このことを引き出し問題（file-drawer problem）や公表バイアス（publication bias）と呼ぶ。多くの場合，検索によって見つけることができるのは，有意な結果が得られ，公表された研究である。そういった研究だけを統合すると，変数どうしの関連や効果を実際よりも過大に見積もってしまうことになる。このことを防ぐために，当該のテーマの代表的な研究者に未公表の研究がないかを問い合わせたり，事後的に公表バイアスの影響を評価し，補正することが必要である。

3．情報の収集

メタ分析に含める研究を収集したら，そこから必要な情報を取り出す必要がある。この作業をコーディングという。リプジーら（Lipsey et al., 2001）は，「研究の特徴に関する情報」と「研究の結果に関する情報」の２つをコーディングしておくことを推奨している。研究の特徴に関する情報は，研究のタイトルや出版年，対象者の平均年齢や男女比，研究の方法，研究が行なわれた年などである。研究の結果に関する情報は，効果量やサンプルサイズ，検定に用いられた統計量，尺度の α 係数，使った尺度の名前などである。

効果量をコーディングするうえでは，いくつか注意すべき点がある。まず，どのレベルの概念を扱うかを考える必要がある。心理学の概念には，幅の広い包括的なものから，その中の一部と考えられるものまで多様なものがある。例えば，自尊感情やポジティブ感情などは，広い意味でのウェルビーイングという概念の下位概念であると考えることができる。研究としてどのレベルの概念を扱うのかを明確に定めておかなければならない。また，効果量の独立性を保つようにコーディングすることが必要である。効果量の独立性とは，一つのサンプルから一つの効果量だけが得られている状態になっていることを指す。同じサンプルから複数の効果量が報告されている場合には，それらの平均値を用いたり，どれか一つを選択するなどの工夫が必要である（Cooper, 2017）。

4．統計的分析

　効果量などの情報をコーディングしたら，それらをもとに母集団での効果量を推定する。個々の研究の結果から，一般的にどれぐらいの関連や差があるのかを考えるのである。母集団での効果量を推定する方法には，研究者によっていくつか異なるものが提案されている（Johnson et al., 1995）。しかし，基本的な考え方は，サンプルサイズで重み付けをしたうえで効果量の平均値を算出し，それを母集団での効果量の推定値とするというものである。

　例として，子どもの自尊感情を高めるための介入プログラムの効果を検証した研究が5つあったとしよう。表3に仮想データを示す。2つの群間の平均値に比較的大きな差がある研究も，あまり差がない研究もあることに注目してもらいたい。メタ分析では，これら5つの効果量の重み付き平均を求め，それを母集団での効果量の推定値とする。重み付き平均効果量は，以下の式で求める。

$$重み付き平均効果量＝\frac{（各研究の重み×各研究の効果量）の合計}{各研究の重みの合計}$$

　各研究の重みは，「1／効果量の分散」で求めることができる。ここでの効果量の分散は，サンプルサイズを用いて以下のように計算する。

$$分散＝\frac{群1の人数＋群2の人数}{群1の人数×群2の人数}＋\frac{効果量の二乗}{2×（群1の人数＋群2の人数）}$$

　この分散の正の平方根を標準誤差という。研究ごとに効果量の値は異なっており，ばらついている。標準誤差は，この効果量の標本分布の標準偏差であり，効果量の値のばらつきの大きさを示している。分散の式はやや複雑であるが，表3にあるように，サンプルサイズが大きいほどその値が小さくなっていることに注目してほしい。とりあえずは，分散や標準誤差は，サンプルサイズの大きさを反映しており，ひいてはそれが各研究での効果量の推定の正確さを反映していると思っておいてもらえばよい。

　各研究の重みが求められたので，表3にある合計を使って重み付き平均効果量を求める。すると，43.09/70.88=0.61となり，5つの研究から推定される効果量は0.61となる。

　また，重み付き平均効果量の信頼区間を求めることもできる。信頼区間は，母集団から標本抽出を何度も繰り返した場合，一定の確率でその間に母数（母集団

表3　5つの研究例とメタ分析の計算過程

	実験群			統制群			効果量	分散	重み	重み×効果量
	N	Mean	SD	N	Mean	SD				
1	20	4.50	0.70	20	4.00	0.80	0.67	0.11	9.48	6.30
2	50	4.80	0.60	50	4.30	0.50	0.91	0.04	22.68	20.53
3	10	4.20	0.80	10	4.10	0.60	0.14	0.20	4.99	0.71
4	30	3.90	0.60	30	3.80	0.90	0.13	0.07	14.97	1.96
5	40	4.30	0.50	40	3.90	0.60	0.72	0.05	18.77	13.59
合計									70.88	43.09

注：Nはサンプルサイズ，Mean は平均値，SD は標準偏差を示す。

での効果量など）を含む区間のことである。得られた統計量の推定精度を示すものであり，95%信頼区間が用いられることが多い。95%信頼区間は以下のように求められる。

95%信頼区間＝重み付き平均効果量±1.96×重み付き平均効果量の標準誤差

ここでの重み付き平均効果量の標準誤差は，

$$\sqrt{(1/\text{各研究の重みの合計})}$$

で求めることができるため，表3の例では0.12となる。統計的仮説検定に照らしていうと，95%信頼区間が0を含んでいなければ，5%で有意であるということに相当する。今回の例では，95%信頼区間は［0.38, 0.84］となる。

ここまでの計算は，固定効果モデルを想定して行っていた。固定効果モデル（fixed effect model）は，母集団では効果量が一つの値に定まっていることを想定するモデルである。一方で，母集団でも効果量が一定の幅をもって分布していると想定する変量効果モデル（random effects model）もある。実際には，どちらのモデルを想定するかを選択したうえで計算を行うことになる。また，そのモデルの選択と関連して，研究間での効果量のばらつきを評価することも必要である。そのための指標として，Q統計量やI^2値がある。2つのモデルの考え方や，ばらつきを評価する手続きの詳細については，山田・井上（2012）や岡田・小野寺（2018）を参照してもらいたい。

IV　メタ分析の実際

1．日本人の自尊感情の性差に関するメタ分析

　メタ分析の研究例として，日本人の自尊感情の性差に関するメタ分析を紹介する（岡田ら，2015）。自尊感情とは，自己に対する肯定的な見方や価値ある存在としての感覚を表す概念であり，心理学においてもっとも多くの研究が行われてきたものの一つである。

　自尊感情については，古くから性差が存在することが指摘されており，女性よりも男性のほうが自尊感情が高いとされてきた。その理由として，学校における男女の立場の違いや社会的な性役割の違いなどが挙げられている（Zeigler-Hill, 2013）。しかし，日本人に限定した場合，自尊感情に性差がみられるかどうかについては，必ずしも研究結果が一貫していなかった。つまり，自尊感情には性差があるとする研究もあれば，性差はないとする研究もみられるのである。岡田ら（2015）は，日本人を対象に行われた研究を収集し，メタ分析によって日本人の自尊感情に性差があると言えるのかどうかを調べた。

2．文献検索と情報のコーディング

　メタ分析に含める研究が掲載されている文献は，ハンドサーチとデータベース検索をもとに収集された。ハンドサーチとして，『心理学研究』や『教育心理学研究』など，自尊感情に関する研究論文を多く掲載している学術雑誌7誌について，1980年から2009年までに掲載された論文をすべて調べた。次に，CiNiiとJ-STAGEを用いて，関連する文献を検索した。

　検索にヒットした文献の中から，ローゼンバーグ（Rosenberg, 1965）の自尊感情尺度の日本語版を用いている研究を選び出した。さらに，男女ごとの平均値や標準偏差を報告していること，入院患者などの特殊サンプルではないことなど，いくつかの基準（これらの基準を適格性基準ということがある）を満たす研究を選定した。その結果，50個の研究が分析対象となった。合計サンプルサイズは18,603人（男性8,594人，女性10,009人）であった。

　収集した研究について，分析に必要な情報をコーディングした。コーディングした情報は，男女ごとの平均値，標準偏差，サンプルサイズ，対象者の年齢の平

表4　日本人の自尊感情の性差に関するメタ分析の結果（岡田ら, 2015をもとに作成）

	研究数	サンプルサイズ	効果量	95%信頼区間
全体	50	18603	0.17	[0.12, 0.21]
年齢段階				
中高生	5	3926	0.34	[0.28, 0.41]
大学生	22	8028	0.19	[0.14, 0.24]
成　人	15	4085	0.07	[−0.01, 0.15]
高齢者	8	2564	0.14	[−0.02, 0.31]
調査年				
1980-1989	9	3405	0.23	[0.16, 0.30]
1990-1999	15	5987	0.17	[0.07, 0.27]
2000-2009	26	9211	0.13	[0.07, 0.20]

均もしくは年齢範囲，調査年，翻訳の種類である[注2]。これらのうち，年齢や調査年，翻訳の種類は，自尊感情の性差の程度に影響を及ぼす可能性のある変数として考えられたものである。

3．統計分析の結果とその解釈

　ここでは，効果量として先に紹介したdを修正したヘッジス（Hedges, 1981）のgという指標を用いた。ただし，意味としてはdとの大きな違いはなく，値が大きいほど2つの群間の平均値の差が大きいことを示す。今回は，男性の平均値から女性の平均値を引いているため，正の値である場合には，女性よりも男性のほうが自尊感情が高いことを表している。

　分析の結果は，表4のようになった。50個の研究全体でみると，効果量は0.17であった。大きな効果ではないものの，女性よりも男性のほうが自尊感情が高いことがわかる。また，対象者の年齢ごとに分けると，興味深い傾向がみえてくる。中高生を対象とした研究では，効果量が0.34と，他の年齢段階より大きくなっている。大学生の効果量は，それに次いで0.19という値であり，成人や高齢者では効果量の値が小さくなり，95%信頼区間も0を含んでいる。このことから，年齢段階が上がっていくにつれて，自尊感情の性差はおおむね小さくなっていく傾向

注2）ローゼンバーグの自尊感情尺度の日本語版には，翻訳が異なるいくつかのバージョンが存在するため，どのバージョンであるかが翻訳の種類としてコーディングされた。

第13章　研究レビュー

にあると言える。さらに，調査年ごとの結果に注目すると，1980年代から2000年代に向かうにつれて，効果量の値が小さくなっている。つまり，現代に近づくにつれて，次第に自尊感情の性差がなくなってきているのである。

V　まとめ

　本章では，研究レビューの役割や種類についてみてきた。特に，メタ分析の手続きと実際の研究例を少し詳しく説明した。従来は記述的レビューによって研究の文脈を整理することが多かったが，近年ではメタ分析に対する関心が高まってきている。メタ分析は記述的レビューの欠点を補うものとして，日本でも多くの研究論文が報告されるようになってきた。ただし，メタ分析と記述的レビューでは，それぞれ得意とするところが異なるため，目的に応じて使い分けたり，併用したりすることが大事である。

　研究レビューは心理学の研究を発展させていくうえで欠かすことのできないものである。個々人がばらばらに一次研究を蓄積していくだけでは，心理学全体としての進歩は望めない。一人ひとりが研究領域全体を見渡して，足りないところや不十分なところにうまくピースをあてはめる形で研究を行う必要がある。そのためには，日々積み重ねられている個々の一次研究を，一段高いところから俯瞰する視点でまとめる作業が不可欠である。一次研究を蓄積し，それらを研究レビューによってより一般化された知見としてまとめるという循環の中で心理学の研究は進んでいくのである。

◆学習チェック表
□　研究レビューの必要性について理解した。
□　記述レビューとメタ分析の特徴について説明できる。
□　メタ分析の手続きの流れを理解した。

より深めるための推薦図書
　山田剛史・井上俊哉編（2012）メタ分析入門―心理・教育研究の系統的レビューのために．東京大学出版会．
　岡田涼・小野寺孝義編（2018）実践的メタ分析入門―戦略的・包括的理解のために．ナカニシヤ出版．
　Grim, L. G., & Yarnold, P. R. (Eds.) (1995) *Reading and Understanding Multivariate Statistics.* American Psychological Association. (小杉考司監訳 (2016) 研究論文を読み解くための多変量解析入門：基礎編―重回帰分析からメタ分析まで．北大

路書房）

文　献

Cooper, H. M.（2017）*Research Synthesis and Meta-analysis: A Step-by-step Approach.* 5th Edition. Sage.

Cooper, H. M., & Rosenthal, R.（1980）Statistical Versus Traditional Procedures for Summarizing Research Findings. *Psychological Bulletin*, 87; 442-449.

Gough, D., Oliver, S., & Thomas, J.（Eds.）（2017）*An Introduction to Systematic Reviews.* 2nd Edition. Sage.

南風原朝和（2011）臨床心理学をまなぶ7　量的研究法．東京大学出版会．

Hedges, L. V.（1981）Distribution Theory for Glass's Estimator of Effect Size and Related Estimators. *Journal of Educational Statistics*, 6; 107-128.

Johnson, B. T., Mullen, B., & Salas, E.（1995）Comparison of Three Major Meta-analytic Approaches. *Journal of Applied Psychology*, 80; 94-106.

鹿毛雅治（1994）内発的動機づけ研究の展望．教育心理学研究，42; 345-359.

栗田季佳・楠見孝（2014）障害者に対する潜在的態度の研究動向と展望．教育心理学研究，62; 64-80.

Lipsey, M. W., & Wilson, D. B.（2001）*Practical Meta-analysis.* Sage.

村山航・及川恵（2005）回避的な自己制御方略は本当に非適応的なのか．教育心理学研究，53; 273-286.

岡田涼・小野寺孝義編（2018）実践的メタ分析入門―戦略的・包括的理解のために．ナカニシヤ出版．

岡田涼・小塩真司・茂垣まどか・脇田貴文・並川努（2015）日本人における自尊感情の性差に関するメタ分析．パーソナリティ研究，24; 49-60.

大久保街亜・岡田謙介（2012）伝えるための心理統計―効果量・信頼区間・検定力．勁草書房．

大対香奈子・大竹恵子・松見淳子（2007）学校適応アセスメントのための三水準モデル構築の試み．教育心理学研究，55; 135-151.

Rosenberg, M.（1965）*Society and the Adolescent Self-image.* Princeton University Press.

Smith, M. L., & Glass, G. V.（1977）Meta-analysis of Psychotherapy Outcome Studies. *American Psychologist*, 32; 752-760.

山田剛史・井上俊哉編（2012）メタ分析入門―心理・教育研究の系統的レビューのために．東京大学出版会．

Zeigler-Hill, V.（2013）The Importance of Self-esteem. In: V. Zeigler-Hill (Ed.) *Self-esteem.* Psychology Press. pp.1-20.

第14章　研究倫理

第14章

研究倫理

金沢吉展

--- *Keywords*　インフォームド・コンセント，虚偽の説明，秘密保持，多重関係，利益相反，IRB，ベルモント・レポート，倫理審査委員会

I　職業倫理の基本

1．職業倫理の重要性

　法や職業倫理を守ることは援助を行う場合にも重要であるが（野島，2018），研究においても守るべきルールがある。本章では，人を対象とした研究を行う際に守る必要のある事柄について説明したい。

2．職業倫理の基本原則

　心理師の職業倫理の基本として，以下の7原則（表1）を理解しておく必要がある。

　次に，架空の研究状況を設定して，上記の基本原則が実際の研究場面においてどのように理解され，実践されるのか，説明したい。

II　架空状況

　下記の架空状況にはどのような倫理的問題が含まれているだろうか。そして，どのように対応する必要があるか，倫理的な問題が生じないようにするにはどのようにすれば良いか，まず読者にお考えいただきたい。

1．卒業論文

　X大学心理学科4年の学生Aは，以下の内容で卒業論文を作成することとした。

183

表1　心理師の職業倫理の7原則（金沢，2006を一部改変；金沢，2018より転載）

第1原則：相手を傷つけない，傷つけるようなおそれのあることをしない
相手を見捨てない，同僚が非倫理的に行動した場合にその同僚の行動を改めさせる，など。
第2原則：十分な教育・訓練によって身につけた専門的な行動の範囲内で，相手の健康と福祉に寄与する
効果について研究の十分な裏付けのある技法を用いる。心理検査の施行方法を順守し，マニュアルから逸脱した使用方法（例：心理検査を家に持ち帰って記入させる）を用いない。自分の能力の範囲内で行動し，常に研鑽を怠らない。心理師自身の心身の健康を維持し，自身の健康状態が不十分な時には心理師としての活動を控える。専門スキルやその結果として生じたもの（例えば心理検査の結果）が悪用・誤用されないようにする。自身の専門知識・スキルの誇張や虚偽の宣伝は行わない。専門的に認められた資格がない場合，必要とされている知識・スキル・能力がない場合，自身の知識やスキルなどがその分野での規準を満たさない場合は心理師としての活動を行わず，他の専門家にリファーするなどの処置をとる，など。
第3原則：相手を利己的に利用しない
多重関係を避ける。クライエントと物を売買しない。物々交換や身体的接触を避ける。勧誘（リファーなどの際に，クライエントに対して特定の機関に相談するよう勧めること）を行わない，など。
第4原則：一人ひとりを人間として尊重する
冷たくあしらわない。心理師自身の感情をある程度相手に伝える。相手を欺かない，など。
第5原則：秘密を守る
限定つき秘密保持であり，秘密保持には限界がある。本人の承諾なしに心理師がクライエントの秘密を漏らす場合は，明確で差し迫った生命の危険があり相手が特定されている場合，虐待が疑われる場合，そのクライエントのケアなどに直接かかわっている専門家などの間で話し合う場合（例えば相談室内のケース・カンファレンスなど），などに限られる。ただし，いずれの場合も，クライエントの承諾が得られるようにしなければならない。また，記録を机の上に置いたままにしない，待合室などで他の人にクライエントの名前などが聞かれることのないよう注意する，といった現実的な配慮も忘れないようにする必要がある。なお，他人に知らせることをクライエント本人が自身の自由意思で強制されることなく許可した場合は守秘義務違反にはならない。
第6原則：インフォームド・コンセントを得，相手の自己決定権を尊重する
十分に説明した上で本人が合意することのみを行う。相手が拒否することは行わない（強制しない）。記録を本人が見ることができるようにする，など。
第7原則：すべての人々を公平に扱い，社会的な正義と公正・平等の精神を具現する
差別や嫌がらせを行わない。経済的理由などの理由によって援助を拒否してはならない。一人ひとりに合ったアセスメントや援助を行う。社会的な問題への介入も行う，など。

第14章　研究倫理

①テーマ

Aのテーマは「幼児期における児童虐待が大学生の希死念慮に与える影響」である。選んだ理由は，自分自身が幼い頃に実の親から虐待を受けたことを悩み，高校時代から大学入学時にかけて死にたいと思うようになったが，大学の学生相談室でカウンセリングを受けて気持ちが安定し，それ以来，自分と同じような体験を持つ人たちの力になりたいと思ったからである。

②研究方法

a. 参加者

指導教員が担当する学部授業の受講生200名を対象とし，無効回答を除いて180名の回答が得られることを予想する。

b. 質問紙

表紙にA自身の氏名・学籍番号と指導教員名を明記のうえ，この調査が自身の卒業論文作成のための調査であり，得られた結果は卒業論文以外の目的では用いられないことを明示した。次に，調査の概要として次のように記述した。

「あなたのこれまでの他者との関係についてお尋ね致します。質問にはすべて回答してください。回答は無記名でお願い致します。回答には正解・不正解はありませんので，あまり深く考えずにお答えください。回答用紙はすべて指導教員の研究室内のロッカーに鍵をかけて保管のうえ，卒業論文作成が終了した時点でシュレッダーにより処分致します。回答に要する時間は15分ほどです」

表紙に続いて，デモグラフィックシート（年齢，学年，性別，家族構成，所属学科），過去の被虐待体験について回答を求めるリッカート式質問紙，抑うつの程度を測定する尺度，および希死念慮の程度を測定する尺度を用いることとした。抑うつと希死念慮に関する尺度は先行研究において用いられているものを用いたが，過去の被虐待体験については適切と思われるものを見つけることができなかった。そこでAは自分自身で質問紙を作成して用いることにした。

質問紙の最後にAは，「これまでの他者との関係についてインタビューを私が実施いたします。ご協力をいただける方は，下記にお名前と連絡先メールアドレスをご記入ください」と記載し，記入欄を設けた。

c. 手続き

授業時間中に質問紙を配布して記入を求めることについて，Aは指導教員から既に了解を得ている。Aは授業終了20分前に教室に到着し，質問紙を配布し受講生たちに回答を依頼した。指導教員はその際，「Aさんの大事な卒業論文の研究

です。皆さん協力してください」とアナウンスを行い，教壇の上から調査実施を見守った。

2．修士論文

大学院に進学したAは，子ども時代に虐待を受けて希死念慮を抱いている思春期の人たちを対象とした心理的援助法の開発を行うことを目的として，修士論文の研究計画を作成した。その際Aは，自身が求めているような効果的な援助法が見当たらないと考え，集団療法を基盤として，そこに認知行動療法を自分なりにアレンジして加えた独自の心理療法を作り上げた。その効果を確かめるために，以下の方法で研究を行うこととした。

a. 参加者

後輩の学部3・4年ゼミ生（合計12名）に参加を依頼することとした。

b. 質問紙

卒業研究実施時と同様，表紙には，自身の氏名・学籍番号と指導教員名を明記のうえ，この調査が自身の修士論文作成のための調査であり，得られた結果は修士論文以外の目的では用いられないことを明示した。次に，この研究の概要として次のように記述した。

「あなたの現在のお気持ちについてお尋ね致します。質問にはすべて回答してください。回答は無記名でお願い致します。回答には正解・不正解はありませんので，あまり深く考えずにお答えください。得られた回答はすべて指導教員の研究室内のロッカーに鍵をかけて保管のうえ，修士論文作成が終了した時点でシュレッダー処分致します。回答に要する時間は10分ほどです」

表紙に続いて，デモグラフィックシート（卒業論文と同内容），被虐待体験に関する質問紙，抑うつ尺度，および希死念慮の程度を測定する尺度を用いることとした。抑うつと希死念慮に関する尺度は，卒業論文時と同一である。被虐待体験については，卒業論文で用いた項目への回答について因子分析を行い，得られた2因子7項目を用いた。

c. 手続き

後輩12名それぞれに対してAは直接メールで研究参加を依頼した。教室に集合した12名に対してAは，まず上記の質問紙への回答を求めた。次に，12名を6名ずつの2群（実施群・統制群）に無作為に振り分け，別々の教室に案内した。統制群の6名には，集団療法場面と認知行動療法に関する映像教材（計60分間）をスクリーンに映し出して観るように指示した。実施群については，自らが開発

した上述の心理療法をＡ自身が実施した。60分間の後，各群の参加者は，抑うつ尺度と希死念慮の尺度に回答した。

III　架空状況に見られる倫理的問題

　上記の架空状況における倫理的問題点について，表1に示す7原則を適宜参照しながら以下に述べてみたい。

1．卒業論文

①テーマ

　心理職には，職業倫理として，人々の幸福，安寧，福祉のために自らの知識やスキルを用いることが求められている（American Psychological Association [APA]，2017；金沢，2006）。今日大きな社会的課題となっている虐待や自殺に取り組もうとする姿勢は評価されるものの，自分自身の体験と密接に結びつく事柄をテーマとして取り上げることに不都合はないだろうか。

　自身と同様の体験を有する人々を対象として研究を行う際は，研究者側が研究参加者の体験や状態を理解しやすくなる一方，相手との違いを矮小化しやすく，研究実施や結果の解釈においてバイアスがかかりやすくなり，さらには，研究者側にとっての情緒的負担が生じてしまうことが指摘されている（Hofmann & Barker，2017）。そうなると，研究に必要な客観性や公正さが失われてしまう（第7原則）のみならず，自身の問題意識を満足させるような結論を導き出そうとすることにつながってしまうおそれもある（第3原則）。自身とテーマとの間に適度な距離を持つことができるかどうか，テーマ選定の段階から注意が必要である。

②研究方法

　研究実施に際しては，自分が行おうとする研究について，実施できるだけの知識とスキルを有していなくてはならない（第2原則）。学部生は卒業論文作成までの学習の中で，調査や実験などの研究手法を学んでいるはずである。しかし受け身で学んだだけで実際に研究が実施できるというわけではない。また，Ａ自身が作成した質問紙を用いたことも問題である。この質問紙によって得られた結果が，Ａ自身の考え（バイアス）を反映してしまい，虐待について正確な情報を反映するとは限らないのみならず（第2原則），内容によっては，回答すること自体が参加者に過度の負担を強いてしまうおそれもある（第1原則）。Ａ自身の作成に

よる質問紙を用いることは，信頼性や妥当性（第4章・第5章参照）という研究方法の点からも問題であるが，倫理的にも問題を生じるおそれがある。

　心理学の研究の多くは実際の人間を対象として行われる。研究参加者を集めることは予想外に苦労するものである。時間の限られている卒業論文や修士論文に取り組む学生にとって，早く多くの参加者を集めたいと思うのは自然な気持ちである。

　しかし人を無理やり研究に参加させることはできない。まず参加者からインフォームド・コンセントを得なければならない（第6原則）。インフォームド・コンセントとは，研究を実施する側が，参加者に対して，研究の内容・方法などについて正確に説明を行い，参加者がその研究に参加するか否か，自由意思で決めることができるようにすることを指す（表1参照：金沢，2006）。インフォームド・コンセントが成立するための基本的要件としては，十分な情報，意思決定能力，任意性（選択の自由）が挙げられている（Richards, 2003）。研究者は，当該研究の意義・目的・方法・期間，研究参加者として選定された理由，研究参加者に生じる負担ならびに予測されるリスクおよび利益，個人情報の取り扱いなどについて，事前に十分に説明しなくてはならない（APA, 2017；文部科学省・厚生労働省，2017）。

　Aの研究の場合，「あなたのこれまでの他者との関係についてお尋ね致します。質問にはすべて回答してください」と教示しているが，これは，回答を強制しているだけではなく，曖昧かつ研究内容とは異なる目的を学生たちに示しており，インフォームド・コンセントの原則に反している。しかし，インフォームド・コンセントの内容や研究方法によって，参加者の回答が影響を受ける可能性がある（Resnick & Schwartz, 1973; Sigmon et al., 1997）という厄介な問題がある。研究の内容を正確に伝えることによって，本来の研究目的が達せられない可能性がある場合にはどのようにすればよいのだろうか。日本心理学会は，「研究の真の目的を知らせることが，実験参加者の反応を変化させ，学術的価値を減じてしまう可能性がある場合，原則として，真の研究目的を知らせないこと，あるいは虚偽の説明を行うことが，やむをえないと倫理委員会などで承認を受けたものに限り」虚偽の説明を行うことができること，しかしその場合には「遅くとも研究終了時点で実験参加者に虚偽の説明があったことを伝え，真の目的を知らせなければならない」（公益社団法人日本心理学会，2011, p.14）と，厳しい条件を課している。すなわち，例外的な場合，かつ，倫理委員会による承認を受けた場合を除き，研究について正確に説明を行わなくてはならないのである。

秘密保持は研究においても重要な原則である（第5原則）。無記名回答であっても，研究室内のカギのかかるロッカーに保存しておくことは大切な保管方法である。保管する期間については，実際の資料・情報は3年間，記録は5年間保管しておくことが求められている（文部科学省・厚生労働省，2017）。

面接調査の場合は，面接の時間や場所などについて連絡を行う必要があることから，参加者の氏名や連絡先などを知る必要が生じる。この場合は，上記のように保管方法に留意することに加えて，参加者それぞれに記号あるいは番号を付し，それぞれの参加者の氏名などとは別々に保管して，どの番号が誰なのか，簡単にはわからないように配慮して保管する必要がある。面接内容を逐語化し，逐語録などのデータをパソコンに保管する場合は，個人などが特定される情報の記号化に加えて，ファイルにパスワードを設定しておくことも忘れてはならない。

インフォームド・コンセントは，参加者の選択の自由を保障する。したがって，研究参加に同意しないこと，また，いったん同意してもそれを撤回することができること，ならびに，不同意や同意撤回によって不利益な扱いを受けないことを保障しなくてはならない（APA, 2017；文部科学省・厚生労働省，2017）。授業時間中に，しかも担当教員が見守る中，「すべて回答してください」と教示することは，研究参加への不同意や回答を拒む権利を保障していることにならない。授業時間中に配布して回答を求められた場合，出席している学生が，研究参加を拒んで退席するということは実質的に困難である。

参加者の保護を基に考えると，授業終了後の休み時間や掲示などを用いた参加者募集のアナウンス，あるいは，後述するインターネットを用いた調査などがより適切と言える。

2．修士論文

①テーマ

Aが開発した実験的手法は，研究参加者に対してどのような効果をもたらすのか不明である。行われる援助法が効果不明の実験的なものであること，もし参加者が他の方法を希望する場合にはどのような方法が可能なのか，援助対象群と比較対照群への振り分けがどのように行われるのかなどについて，十分な情報を提供したうえで，研究参加について参加者の判断に委ねることが必要である（第6原則）（APA, 2017）。

研究に際しては，十分な知識・スキルをもって実施しなくてはならない（第2原則）が，この援助法を実施するだけの十分なスキルをAが有しているとは考え

にくい。研究実施においては，参加者にとってどのような結果が生じうるか予測し，参加者にとってリスクの高い研究を行ってはならない（一般社団法人日本心理臨床学会，2016；公益社団法人日本心理学会，2011）のであるが，今回のような実験的手法の場合，参加者にとっての負担や不利益も予想することが難しい。しかも，十分な知識・スキルを有しない学生が行おうとするのであるから，参加者への影響はなお一層不明である。このように考えると，今回のAの援助方法に関する研究は，倫理的にみて不適切と言える。

　読者の中には，上述のようにリスクの高い研究を行ってはならないのであるから，虐待，抑うつ，希死念慮といった内容について尋ねること自体が，参加者にとって負担なのではないかと考える方もおられるかもしれない。しかし，被虐待体験などの研究参加者を対象とした研究からは，研究参加について，肯定的な反応が得られていることがわかる。過去の被虐待体験に関する研究に参加した人たちは，研究に参加して自分の体験を語る機会を得たことについて好意的に捉えている場合が多い一方で，調査参加者に対する調査者側の接し方の重要性も指摘されている（Becker-Blease & Freyd, 2006）。暴力被害（Cook et al., 2015）や災害被害（Hambrick et al., 2016）といった外傷的な体験に関する調査においても，参加者にとって，研究参加によるプラス面のほうが大きいことが報告されている。しかしながら，自身の体験を語ることは強い感情を伴う情緒的な体験であることも報告されており（Cook & Bosley, 1995），調査を行う側の接し方ならびに調査実施に関する訓練の重要性が論じられている（Parkes, 1995）。

　これらの研究からは，過去の辛い体験について尋ねること自体が参加者を傷つけるリスクが高いと言うことはできないと言えよう。しかし，これらの研究は海外で行われた調査であることから，日本でも同様の結論を想定してよいか，疑問が残る。したがって，このようなテーマを取り上げる場合には，同様の経験を有している人たち（サポートグループやNPOなど）や当該のテーマに詳しい専門家などから，研究の内容・方法について助言を得ることが必要であろう。

②研究方法

　参加者がゼミの後輩であることから，研究実施前に既に互いに知り合いであり，研究終了後も顔を合わせる機会があることが予想される。このような状況は多重関係の問題を生じる状況である（第3原則）。研究を行う側と参加する側との間には，研究に関わる関係以外の関係を持たないことが基本である。今回の研究の場合，後輩たち各自についてのさまざまな情報を得ることになるだけではなく，実験

第 14 章　研究倫理

的援助法を行うカウンセラーとそのクライエントという立場にもなってしまう。ゼミの先輩・後輩関係以外に種々の関係が重なってしまうことは，とりわけ後輩の側により多くの負担を生じることになる。このような研究は実施すべきではない。

　Aの研究でに統制群を用いているが，統制群やプラシーボ群といった，援助的介入を行わない群を設定して研究を行うことについては，研究方法の点からも倫理的観点からも批判が強い（Castonguay, 2002; Herbert & Gaudiano, 2005）。援助を受ける群は利益を得る可能性が高い一方で，統制群は何も得るものがない，あるいは不利益を受けることが想像されるだけではなく（公益社団法人日本心理学会，2011），参加者自身が被援助群・統制群のどちらに分類されるか，選ぶことができない（第6原則）からである。

　援助方法の効果を比較しようとする場合の他の研究方法として，遅延統制群（delayed control group）を用いて，例えば，A群よりも1週間遅らせてB群への援助を開始し，この1週間に得られたデータを「統制群」データとして用いることができる。あるいは，両群に一定数の参加者が集まった時点で最初の統計的検定を行い，その時点で有意差が見られない場合には研究を終了し，有意差が見られた場合には，さらに一定数の参加者が得られた段階で2回目の統計的検定を行う，といった集団逐次法（group sequential methods）（Noble et al., 2005）もある。また，A群にはA療法，B群にはB療法を用いて比較することも可能である。さらに進んだ研究方法としては，心理療法の技法を要素に分解して，それらの各要素を一つずつ減らした場合の効果を検証する方法（ディスマントリング法）や，逆にそれらの要素を一つずつ加えていった場合の効果を検証する付加法（Borkovec & Sibrava, 2005）もある。このように，多様な研究方法を知ることは，倫理的にもより適切な研究を実施することにつながっていく。

　被虐待体験，抑うつ，希死念慮を測定した場合，回答者の中に，抑うつ得点あるいは希死念慮が高い人たちが存在する可能性がある。とりわけ参加者が多人数かつ無記名である場合は，その人たちを特定することは困難である。しかし，たとえ研究目的でデータを得る場合であっても，援助が必要な相手を無視してはならない（第1原則）。そこでAが行うべき方法は，援助が必要と思われる参加者への対応について，事前に明確化しておくことである（公益社団法人日本心理学会，2011）。質問紙の最初のページに，複数の援助機関（例えばAの大学の学生相談室，近隣の精神科クリニックなど）を明示し，相談・受診を勧めることがしばしば行われている。

　最近ではインターネットを用いた研究も行われている。インターネットによっ

て，多様な研究参加者を募ることができ，質問紙を配布する場合に比べて研究参加への強制度を減じることができるなどのプラス面もあるが，インターネット上の情報流出やプライバシー保護などの課題もある。インターネットを用いた研究を行う場合は，インターネットの技術的な事柄について十分に知識を得，事前に少人数を対象とした予備的な研究を行って問題点を洗い出し，トラブル発生について準備を行っておくことが勧められる（Hoerger & Currell, 2012）。

　学部生・大学院生の違いにかかわらず学生が研究を行う場合，指導教員の責任は重い。指導教員には，研究の計画，実施，成果の発表などのプロセスにおいて，研究の倫理的な側面について指導を行うとともに，参加者が傷つくことのないよう，学生に対して細かな指導を行う責任がある（APA, 2017；公益社団法人日本心理学会，2011）。

Ⅳ　研究発表に関わる留意点

　学生Aのように，個人的な興味関心から研究をスタートさせる人は多いであろう。しかし研究は個人的興味のために行うのではないことを理解する必要がある。きっかけは個人の興味関心であっても，研究というものは社会のために行われるのであり，研究に携わる者はすべて，社会に対する責任の下に研究を実施する。どのような研究であっても完璧なものはなく，一つの研究ですべての課題に対して答えが得られるわけではない。したがって，参加者のプライバシー保護などの措置を講じたうえで，自身が何を行っているか，どのような成果が得られたか，正確に公開し，他の人々や他の研究者からの意見・疑問や批判に答えなくてはならない（日本学術会議，2013；文部科学省・厚生労働省，2017）。それによって，一つの研究の成果が検証され，新たな研究成果の蓄積につながっていく。

　公表にあたっては，研究参加者のプライバシーを保護すること（第5原則）や公表の仕方についてあらかじめインフォームド・コンセントを得ること（第6原則）は言うまでもない。他者を傷つける表現や差別的な表現なども行ってはならない（第1原則，第7原則）。また，研究が公表される機会を増やそうとして，自身が行った同一の研究を複数の雑誌に投稿することは二重投稿と呼ばれ，禁止されている。

　ごく普通の常識で考えても，嘘をついたり他人のものを盗んだり，自分の利益のために他人を利用することは許されないのは当然のことである。これを研究の場に置き換えるとどうなるだろうか。

　自分の用いたデータや得られた結果が思わしくない場合，それを自分に都合の

第14章　研究倫理

良いものに書き換えてしまうことは改ざんである。他人の文章・表現や発見など
を，出典を明示することなく自分の論文などに用いることは剽窃である。データや
論文のでっち上げはねつ造である。いずれも許されない行いである。とりわけ，他
者の文章や論文などを引用する場合，その引用の仕方について注意が必要である。
他者の文献から文章をそのまま引用したり，出典を明記しなかったり，直接引用と
間接引用の区別が不明確などの過ちは意外に多いものである。出典を明示せずに他
者の文章をそのまま用いることは，著作権の侵害にもつながる重大な過ちである。

　研究発表の際に注意すべき点に，著者の順番がある。研究は多くの場合，複数
の人々が協力して行う作業である。一般に，研究を公表する場合，その研究に対
して与えられる社会的評価については，筆頭著者に対して最も大きい評価が与え
られる。大学などにおける研究業績審査においては，筆頭著者として発表した著
書・論文のみが業績審査の対象となる場合もある。このため，著者の順番は重要
なポイントである。順番の決定については，その研究に対する実際の貢献度をも
って決めること，後からトラブルにならないよう，順番を決める基準についてあ
らかじめ当事者間で合意を得ておくことが定められている（APA, 2017；公益社
団法人日本心理学会，2011）。

　研究内容・成果について公開することは，他の研究者への責任であるだけでな
く，社会に対する説明責任に基づくものである。一方，研究参加者に対しても，
自身が参加した研究では何が行われたのか，どのような結果が得られたのか，で
きるだけ早い段階で知らせることが必要である。とりわけ，研究開始時点におい
て虚偽の説明を行った研究（研究にあたって虚偽の説明を行うことは，しばしば
「ディセプション」と呼ばれる）の場合は，その参加者からのデータ収集が終わっ
た時点において，参加者に対して，その研究の内容と真の目的について説明を行
い（この説明を「ディブリーフィング」と呼ぶ），参加者が研究参加同意を撤回す
る機会を保障しなければならない（APA, 2017）。ディセプションは相手を欺くこ
とになることから，第4原則に反するだけではなく，インフォームド・コンセン
ト（第6原則）にも背くことになる。やむを得ず虚偽の説明を用いた研究を行っ
た場合には，参加者が傷つくことのないよう，最大限の配慮が必要である。

■ V　研究倫理に関する国内外の状況

1．研究実施に関わるガイドライン

　文部科学省・厚生労働省（2017）が定める「人を対象とする医学系研究に関す

る倫理指針」は，医学系の研究に関するガイドラインであるが，心理学における研究を実施する際にも順守することが求められる。また，研究において，第三者との間に利害関係が発生する場合がある。例えば，心理検査を出版する企業から研究助成を受けて研究を行う場合に，その企業が出版する検査の信頼性を疑わせるような結果を得た際は，研究者が不正確な研究結果を公表してしまう懸念が生じる。自分の指導教員が指導する心理療法アプローチの効果を検証した際に，比較対象群よりも効果が劣っていた場合，正直に研究結果を報告することは必ずしも容易ではないであろう。このように，「外部との経済的な利益関係等によって，公的研究で必要とされる公正かつ適正な判断が損なわれる，又は損なわれるのではないかと第三者から懸念が表明されかねない事態」（厚生労働省，2017，p.1）は「利益相反」と呼ばれている。このような状況において研究を行う場合は，まず利益相反の状況にあることを公開したうえで（厚生労働省，2017），中立性を維持し，仮に助成を受けている企業などにとって不利な結果であったとしても隠匿したりせず，正確に報告することが求められている（公益社団法人日本心理学会，2011）。

2．学会や大学などが定める規定

今日，大学などの機関において，学生・教職員も含めた倫理綱領・倫理規程が定められている。また，さまざまな学会も同様の規定を有しており，さらには，学会やいくつかの出版社は，論文投稿に関する規定も設けている。自身が所属する機関や学会などが定めるこれらのルールを熟知し順守することは当然である。加えて，学会などの論文投稿規定も熟知しておくことが求められる。先述の二重投稿の禁止などは，論文投稿規定に明記されていることも多い。

3．研究倫理審査

米国では，連邦政府から資金を得ている機関において人を対象とした研究を行う場合には，Institutional Review Board（IRB；施設内倫理委員会）を設置して，研究倫理審査を行うことが法律（National Research Act of 1974）により義務づけられている。この法律によって設置された米国政府の委員会により，人を対象とした研究の際に重視すべき倫理的原則が示された。それは，人に対する尊敬，善行，公正の3原則である。「ベルモント・レポート」（National Commission for the Protection of Human Subjects of Biomedical and Behavioral Research, 1979）と呼ばれる報告書に明記されたこの3原則に基づき，その後の米国における人を

第14章 研究倫理

対象とした研究の審査・規制が行われるようになった（Fried, 2012）。また，この法律を根拠とした連邦政府の連邦規則により，IRBの人数，構成，審査に必要な書類など，細かな規定がなされている（U. S. Department of Health and Human Services, 2009）。

一方，日本の文部科学省・厚生労働省（2017）が定める「人を対象とする医学系研究に関する倫理指針」によれば，研究責任者は，研究実施前に研究計画書を作成して研究機関の長の許可を受けなければならず，研究機関の長は，当該研究の実施の適否について，倫理審査委員会の意見を聴かなければならないとされており，倫理審査委員会に提出する書類や，倫理審査委員会の構成などについても定められている。つまり，医学系の研究においては，米国のIRBに類似したシステムが日本でも存在していると言える。しかしこれはガイドラインに過ぎない。また，医学系の研究についての規定であって，心理学においてこの種のシステムは本章執筆時点ではまだ存在しない。日本の心理学においては，個々の研究者の判断に大きく委ねられていると言ってよい。

4．研究倫理教育

個々の研究者の判断に委ねられているのであれば，研究倫理教育の重要性は極めて高いと言える。しかし，研究倫理教育についても各研究者・各機関に委ねられているのが日本の心理学における現状である。

現在，科学研究費助成事業（科研費）に応募する際には，研究倫理教育に関する教育講座を受講することが義務づけられている（独立行政法人日本学術振興会，2017）。また，科研費に限らず，医学系の研究を行う場合には，研究倫理について教育・研修を受けることが義務付けられている（文部科学省・厚生労働省，2017）。しかしそれ以外の場合，研究倫理に関する教育は，各機関・各研究者に任されていると言える。

多様な研究方法について熟知し，参加者にとっての被害を最小限に抑えた研究を実施するためには，早い段階からの教育が欠かせない。大学1年生の基礎的な科目の段階から，具体的な研究例（例えば，スタンレー・ミルグラム Milgram による権威への服従に関する実験やフィリップ・ジンバルドー Zimbardo による刑務所についての実験）を取り上げて，その問題点について検討し，上級学年においては，教員のアシスタントとして，さらには学生自身が研究を実施して，その中で倫理的な研究手法を学んでいくというプロセスが望ましい（Peden & Keniston, 2012）。この点を考えると，指導する教員の責任は重い。

195

VI 何のために研究を行うのか

　Aのような学生にとって，研究は卒業や学位取得を左右する鍵となる。大学教員などの研究者にとっても，研究費獲得や昇進時の判断材料とされるなど，研究する側にとっての益は明白である。しかし研究を行う側は，研究の重要性を過度に重視した「する側」意識をもってしまい，研究参加者（「される側」）について考えなくなってしまう危険性がある。実際，心理学の研究への参加者は，研究参加体験について否定的な感想を持ち（Brody et al., 1997, 2000），研究参加によるメリットもないと考えている（Brody et al., 2000）場合があることが指摘されている。

　両者の立場の違いは，研究者側に判断の歪みをもたらす危険がある。研究にはリスクや参加者にとっての負担が伴う。研究する側はリスクと益のバランスを冷静に公正に判断し，可能な限りリスクの少ない研究を行わなくてはならない（National Commission for the Protection of Human Subjects of Biomedical and Behavioral Research, 1979）。しかし研究を「する側」にとって研究倫理は，しばしば，倫理審査や論文査読を通すための面倒な手続として捉えられてしまう。

　参加者の人権と福祉を尊重し，参加者が害を被ることのないような研究を行うためには，複数の研究方法や参加者の選択方法などに精通し，結果がもたらす影響を考慮し，結果の発表方法についてあらかじめ検討し，必要な場合には他者からのアドバイスを得るという，事前の準備が欠かせない（Sieber, 2000）。それに加えて，研究の方法や参加者への接し方について，基礎から訓練を積み重ねるという，初歩からの研究者教育（第2原則），そして，複数の人々によって研究の内容・方法などについて検討するプロセスを惜しまないことが求められる。

◆学習チェック表
☐　倫理審査委員会の役割について理解した。
☐　研究に関わるさまざまなガイドラインについて理解した。
☐　研究実施の際に留意すべき倫理的原則について説明できる。
☐　研究発表の際に生じ得る倫理的問題について説明できる。
☐　多様な研究方法を学ぶことの必要性について理解した。

より深めるための推薦図書
　金沢吉展（2006）臨床心理学の倫理をまなぶ．東京大学出版会．
　日本発達心理学会監修，古澤頼雄・都筑学・斉藤こずゑ編（2000）心理学・倫理ガイ

第14章　研究倫理

ドブック―リサーチと臨床．有斐閣．

日本パーソナリティ心理学会企画，安藤寿康・安藤典明編（2011）事例に学ぶ心理学
者のための研究倫理　第2版．ナカニシヤ出版．

ネイギー T. F.（村本詔司監訳，浦谷計子訳，2007）APA 倫理規準による心理学倫理
問題事例集．創元社．

デビソン G. C.・ニール J. M.・クリング A. M.（下山晴彦編訳，2007）テキスト臨床心
理学2　研究と倫理．誠信書房．

文　　献

American Psychological Association(2017)*Ethical Principles of Psychologists and Code of Conduct*.
Author.

Becker-Blease, K. A., & Freyd, J. J.（2006）Research Participants Telling the Truth About Their
Lives: The Ethics of Asking and Not Asking About Abuse. *American Psychologist*, 61; 218-226.

Borkovec, T. D., & Sibrava, N. J.（2005）Problems with the Use of Placebo Conditions in
Psychotherapy Research, Suggested Alternatives, and Some Strategies for the Pursuit of the
Placebo Phenomenon. *Journal of Clinical Psychology*, 61; 805-818.

Brody, J. L., Gluck, J. P., & Aragon, A. S.（1997）Participants' Understanding of the Process of
Psychological Research: Informed Consent. *Ethics & Behavior*, 7; 285-298.

Brody, J. L., Gluck, J. P., & Aragon, A. S.（2000）Participants' Understanding of the Process of
Psychological Research: Debriefing. *Ethics & Behavior*, 10; 13-25.

Castonguay, L. G.（2002）Controlling is Not Enough: The Importance of Measuring the Process
and Specific Effectiveness of Psychotherapy Treatment and Control Conditions. *Ethics and
Behavior*, 12; 31-42.

Cook, A. S., & Bosley, G.（1995）The Experience of Participating in Bereavement Research:
Stressful or Therapeutic? *Death Studies*, 19; 157-170.

Cook, S. L., Swartout, K. M., Goodnight, B. L., Hipp, T. N., & Bellis, A. L.(2015)Impact of Violence
Research on Participants Over Time: Helpful, Harmful, or Neither? *Psychology of Violence*, 5;
314-324.

独立行政法人日本学術振興会（2017）平成 30 年度科学研究費助成事業公募要領．https://www.
jsps. go. jp/j-grantsinaid/03_keikaku/data/h30/h30koubo. pdf#search=%27%E7%A7%91%
E5%AD%A3%E7%A0%94%E7%A9%B6%E8%B2%BB+%E5%85%AC%E5%8B%9F%E8%A6%81
%E9%A0%98%27 2018 年 3 月 24 日取得

Fried, A. L.（2012）Ethics in Psychological Research: Guidelines and Regulations. In: H. Cooper
(Editor-in-Chief), *APA Handbook of Research Methods in Psychology*: Vol.1. Foundations,
Planning, Measures, and Psychometrics. (pp.55-73) American Psychological Association.

Hambrick, E. P., O'Connor, B. M., & Vernberg, E. M.（2016）Interview and Recollection-based
Research with Child Disaster Survivors: Participation-related Changes in Emotion and
Perceptions of Participation. *Psychological Trauma: Theory, Research, Practice, and Policy*, 8;
165-171.

Herbert, J. D., & Gaudiano, B. A.（2005）Moving from Empirically Supported Treatment Lists
to Practice Guidelines in Psychotherapy: The Role of the Placebo Concept. *Journal of Clinical
Psychology*, 61; 893–908.

Hoerger, M., & Currell, C.（2012）Ethical Issues in Internet Research. In: Knapp, S. J. (Ed.), *APA

197

Handbook of Ethics in Psychology: Vol.2. Practice, Teaching, and Research. (pp.385-400) American Psychological Association.

Hofmann, M., & Barker, C.（2017）On Researching a Health Condition that the Researcher Has also Experienced. *Qualitative Psychology*, 4; 139–148.

一般社団法人日本心理臨床学会（2016）倫理綱領. https://www. ajcp. info/pdf/rules/014_rules_511. pdf　2018 年 3 月 20 日取得

金沢吉展（2006）臨床心理学の倫理をまなぶ. 東京大学出版会.

金沢吉展（2018）公認心理師の法的義務および倫理. In：一般社団法人日本心理研修センター監修：公認心理師現任者講習会テキスト［2018 年版］（pp.15-20）金剛出版.

公益社団法人日本心理学会（2011）公益社団法人日本心理学会倫理規程. https://psych. or. jp/wp-content/uploads/2017/09/rinri_kitei. pdf　2018 年 3 月 19 日取得

厚生労働省（2017）厚生労働科学研究における利益相反（Conflict of Interest: COI）の管理に関する指針. http://www. mhlw. go. jp/file/06-Seisakujouhou-10600000-Daijinkanboukousei kagakuka/0000152586. pdf　2018 年 3 月 24 日取得

文部科学省・厚生労働省（2017）人を対象とする医学系研究に関する倫理指針. http:// www. mhlw. go. jp/file/06-Seisakujouhou-10600000-Daijinkanboukouseikagaku ka/0000153339. pdf　2018 年 3 月 10 日取得

National Commission for the Protection of Human Subjects of Biomedical and Behavioral Research（1979）*The Belmont Report.* https://www. hhs. gov/ohrp/sites/default/files/the-belmont-report-508c_FINAL. pdf　2018 年 3 月 30 日取得

日本学術会議（2013）科学者の行動規範　改訂版. http://www. scj. go. jp/ja/info/kohyo/pdf/kohyo-22-s168-1. pdf　2018 年 3 月 10 日取得

Noble, R. E. S., Gelfand, L. A., & DeRubeis, R. J.（2005）Reducing Exposure of Clinical Research Subjects to Placebo Treatments. *Journal of Clinical Psychology*, 61; 881-892.

野島一彦編（2018）公認心理師の職責. 遠見書房.

Parkes, C. M.（1995）Guidelines for Conducting Ethical Bereavement Research. *Death Studies*, 19; 171-181.

Peden, B. F., & Keniston, A. H.（2012）What and when Should Undergraduates Learn About Research Ethics? In: R. E. Landrum & M. A. McCarthy (Eds.), *Teaching Ethically: Challenges and Opportunities.* (pp.151-160) American Psychological Association.

Resnick, J. H., & Schwartz, T.（1973）Ethical Standards as an Independent Variable in Psychological Research. *American Psychologist*, 28; 134-139.

Richards, D. F.（2003）The Central Role of Informed Consent in Ethical Treatment and Research with Children. In: W. O'Donohue & K. Ferguson (Eds.), *Handbook of Professional Ethics for Psychologists: Issues, Questions, and Controversies.* (pp.377-389) Sage.

Sieber, J. E.（2000）Planning Research: Basic Ethical Decision-making. In: B. D. Sales & S. Folkman (Eds.), *Ethics in Research with Human Participants.* (pp.13-26) American Psychological Association.

Sigmon, S. T., Rohan, K. J., Dorhofer, D., Hotovy, L. A., Trask, P. C., & Boulard, N.（1997）Effects of Consent Form Information on Self-disclosure. *Ethics & Behavior*, 7; 299-310.

U. S. Department of Health and Human Services（2009）*Code of Federal Regulations Title 45, Public Welfare, Part 46, Protection of Human Subjects.* https://www. hhs. gov/ohrp/regulations-and-policy/regulations/45-cfr-46/index. html#46. 107　2018 年 3 月 21 日取得

索　引

アルファベット

α（アルファ）係数　54, 56, 58, 68, 176
κ（カッパ）係数　77, 78, 91
ω（オメガ）係数　54, 56, 58, 64
CHC 理論　123
G-P 分析　56
I^2 値　178
IRB　194, 195
I-T 相関　56
KJ 法　80, 90, 91
PASS 理論　123
Q 統計量　178

あ行

アウトカム　137, 140, 149-152
　　——評価　151
　　——モニタリング　151
アカウンタビリティ→説明責任
アクション・リサーチ　145
アナログ研究　121
一次研究　170-175, 181
一致度の指標　77
一致率　77
　偶然の——　77-79
　評定者間の——　78, 103
　見かけの——　77, 78
一定化→均一化
一般化（一般化可能性）　24, 36, 52, 98, 107,
　　117, 138, 140, 141, 145, 146, 152, 174,
　　175, 181
逸話記録法→行動描写法
因果関係　15, 17, 18, 24-36, 64-66, 115, 118,
　　138, 140
因子的妥当性　53, 56, 64, 67, 68
インターネット　189, 191, 192
インタビューガイド　100
インフォームド・コンセント　59, 81, 82, 98,

142, 153, 166, 184, 188, 189, 192, 193
引用　11, 193
引用文献検索　175
ヴント Wundt, W. M.　24
エスノグラフィック・リサーチ　75
エピソード記録法→行動描写法
エビデンスに基づく臨床実践　140
縁故法　99
横断研究　62, 64

か行

回帰係数　58, 59
回帰分析　58, 59
改ざん　193
階層データ　92
介入効果　121
外部者　73-75
会話分析　102
カウンターバランス　28
学習障害（LD）の検査　129
確認的因子分析　56, 68
仮説　14, 17, 34, 46, 48, 51, 58, 79, 93, 97,
　　98, 101, 103-105, 114-116, 118, 137,
　　140, 148, 174, 175
仮説検証　97, 114, 148
　　——型研究　98, 101
仮説生成　79, 97, 140
　　——型研究　101, 137
傾き　58, 67
カテゴリー作成　78, 80, 85, 91, 103-105
カテゴリーシステム　76, 77
観察法　11-17, 19, 24, 49, 50, 71, 84, 101,
　　143, 144, 146, 151
　　→参加観察法，自然観察法，実験観察法，
　　　非参加観察法も参照
記述的レビュー　170, 181
基準関連妥当性　53

索 引

機能的磁気共鳴画像法（fMRI）126, 163
キャノン Cannon, W. B. 159
共変関係 18
虚偽の説明 188, 193
均一化（斉一化，恒常化，等化，一定化）31, 43, 45
近赤外線スペクトロスコピィ（光トポグラフィー NIRS）126, 163
偶然的観察法 73　→自然観察法も参照
グラウンデッド・セオリー・アプローチ（GTA）80, 101, 105, 140, 144
クロス集計表 104, 118
系統的事例研究 140
決定係数 58
研究参加者（研究協力者，研究対象者）15-20, 72-74, 81, 88-90, 95, 138, 143, 147, 148, 152, 153, 187-193, 196
研究設問→リサーチ・クエスチョン
研究立案 12, 13
研究倫理 11, 12, 74, 106, 183, 193-196
　　──教育 195
研究レビュー 11, 12, 169
検査法 11, 72, 120, 139, 151
効果研究 138, 140, 173
効果量 172-181
交感神経 159-165
合議制質的研究法 142
交互作用 33, 34, 37, 38
恒常化→均一化
構成概念 78, 79, 85, 86
構成概念妥当性 53
構造化 98, 100, 112, 118
構造化面接 98
構造方程式モデリング 59, 66, 67, 69
行動描写法（逸話記録法，エピソード記録法）75, 80
行動目録法（チェックリスト法）75-77, 84
交絡 26, 45
　　──変数 26-36
コーディング 80, 85, 90-93, 175-179
個人差 28, 33, 43, 47, 68, 121
固定効果モデル 178
個別式検査 120
個別面接法 97
コラボレーション（協働）145

混合要因計画 34

さ行

再テスト法 54
作業検査法 130
参加観察法（参与観察法）73-75, 79, 84, 143
　　交流的── 74
　　非交流的── 74, 87, 143
参加者間要因 32-34, 43
参加者内要因 32-34
サンプリング（標本抽出）52
　　スノーボール・── 99
サンプルサイズ 20, 172-180
サンプル台帳 52
参与観察法→参加観察法
時間見本法 75-77
時系列計画 36
自己評価式 120, 132
自己評定法 130
事象見本法 75, 76, 79, 84
自然観察法 19, 72, 73, 79, 84, 85, 87, 93
事前－事後計画 27-29, 36
実験計画法 28, 34, 35
実験研究 121
実験者効果 99
実験条件 25-30, 36
実験単位 36, 37
実験的観察法 15, 19, 73, 74
実験法 11-19, 24, 28, 34, 38, 72, 74, 96, 97, 99, 138, 148
実践的研究法 11, 136, 152
　　──の評価 152
実践的フィールドワーク 137, 143
質的分析 79, 80, 95, 98, 101-106, 115, 140, 142, 148
質的変数 50, 51
質的方法 72, 75, 79
質問紙 17, 28, 35, 49-59, 62-69, 99, 130, 165, 175, 185-192
　　──検査 121, 127, 131, 132
質問紙調査法 11-19, 49, 62, 72, 96, 97, 101, 109, 144, 146, 151, 152
シナプス 157
自閉スペクトラム症（ASD）の検査 128

社会的望ましさ　50, 121
尺度（質問紙尺度）49-58, 63-69, 103, 115,
　　128, 131-133, 140, 141, 151, 176, 179,
　　180, 185-187
　　──水準　51
　　──得点　51, 56, 58, 68
自由記述　63, 147
修正版グラウンデッド・セオリー・アプロー
　　チ（M-GTA）80
収束的妥当性　53, 56, 64, 68
従属変数　17, 18　26, 27, 30-35, 43, 46, 47,
　　58, 141
縦断研究　62, 64, 66, 67
集団式検査　120
集団逐次法　191
縦断データ　69, 92
縦断的観察　84
集団面接法　97
主観性　73, 102, 105
準実験　28, 36, 148
症状評価の検査　120, 131
剰余変数　26, 28, 36
職業倫理　183, 187
　　──の7原則　184
処理−効果関係　18
自律神経系　156, 159, 160, 163
事例研究　98, 106, 107, 116, 117, 120, 137-
　　143, 152, 153
事例報告　116, 117, 140
神経細胞（ニューロン）156-158, 162, 164
神経心理学的検査　120, 123
ジンバルドー Zimbardo, P.　195
信頼区間　177, 178, 180
信頼性（尺度の）54-57, 63, 69, 77, 78, 80,
　　85, 91, 92, 103, 117, 121, 188, 194
水準　32-34, 42, 43, 124, 128, 171
スーパーヴィジョン　107, 116
スキナー Skinner, B. F.　20
ステークホルダー　148, 149, 151
スミス Smith, M. L.　173
斉一化→均一化
生活機能の検査　133
成人愛着面接（AAI）112
精神生理学的研究法　11, 12, 156, 162, 165,
　　167

生態学的妥当性　72, 143
正答率　39, 47
折半法　54
切片　67
説明責任（アカウンタビリティ）60, 136,
　　148, 193
潜在曲線モデル　84, 92, 93
潜在変数　67
相関　26, 51-56, 59, 64, 65, 68, 156
　　──関係　15, 18, 56
　　──係数　51, 52, 56
相互主観性　73
操作　16-19, 25-28, 32, 36, 42, 44, 45, 47,
　　73, 125, 127
　　──的定義　78, 85
　　人為的──　73
組織的観察法　73　→自然観察法も参照

た行
体性神経系　159
他者評価式（観察者評価式）120, 129
多重関係　142, 153, 184, 190
多段抽出法　52
妥当性（尺度の）45, 52-57, 63, 67, 69, 77-
　　81, 104, 121, 133, 143, 144, 153, 171,
　　188
　　──の三位一体観　53
　　→因子的妥当性，基準関連妥当性，構成概
　　念妥当性，収束的妥当性，生態学的妥当
　　性，内容的妥当性，併存的妥当性，弁別
　　的妥当性，予測的妥当性，臨床的妥当性
　　も参照
ダブルバーレル　55
ダミー→フィラー
多要因計画　33
単一事例実験　35, 36, 141
探索的因子分析　56, 63, 67
単純無作為抽出法　52
チェックリスト法→行動目録法
遅延統制群　191
知能検査　122
注意欠如多動症（ADHD）の検査　129
中枢神経系　157
調査研究　62, 69, 95, 120
調査面接法　95-103, 109-114, 118, 146

索引

調整モデル 57, 59
著者の順番 193
定数 24, 25
ディスマントリング法 191
ディセプション 193
ディブリーフィング 193
定量化 40, 165-167
データ対話型分析 105
データベース検索 179
適応行動の検査 133
テクニカルレポート 151
天井効果 121
投影法 130
等化→均一化
当事者性 105
統制群 35, 36, 172, 173, 178, 186, 191
統制条件 25-30, 35, 36
ドキュメント法 144, 146, 151
独立変数 17, 18, 26-29, 32-36, 43, 58
トップダウン式分析 98, 109, 115, 118
トライアンギュレーション 80, 144, 152
トランスクリプト 95, 102

な行
内的一貫性 54, 56, 58, 64, 68
内部者 73-75, 79, 143
内分泌系 159-161, 164-166
内容的妥当性 53, 63, 64
ナラティブレビュー 170
慣れの効果 27, 29, 33, 45
二次研究 170
二重乖離 47
二重投稿 192
日誌法（日記法） 75, 79, 114, 116
ねつ造 171, 193
脳画像検査 123, 126
脳機能 123, 127, 162
脳血流シンチグラフィ（SPECT） 126, 163
脳磁図（MEG） 162
脳神経系 156, 157, 159
脳波検査（EEG） 162

は行
パーソナリティ検査 130
パーテン Parten, M. B. 76

バイアス 13, 80, 139, 140, 187
　公表── 176
媒介モデル 57, 58
パス図 59
発達検査 127
発達障害の検査 127-129
発話データ 96, 101-104, 114
場面見本法 75, 76, 79
半構造化面接 19, 98, 133
ハンドサーチ 175, 179
反応時間 33, 39, 42, 43, 46, 47
ピアソンの積率相関係数 51, 172
引き出し問題 21, 176
非構造化面接 98
非参加観察法 73-75
秘密保持 85, 90, 142, 153, 184, 189
標準誤差 177, 178
標準偏差 46, 60, 172, 173, 177-179
剽窃 193
評定尺度法 75-77
非臨床群 121
疲労の効果 29, 33, 121
フィールド・エントリー 85, 88, 89, 144
フィールド研究 86
フィールド実験 35
フィールドノーツ 79, 80, 90, 144
フィラー 44, 45
フォーカス・グループ・インタビュー 97, 146
付加法 191
副交感神経 159, 160, 164
複線経路・等至性モデル（TEM） 80
プライバシー 81, 82, 98, 110, 111, 192
プラシーボ群 191
ブロードマン Brodmann, K. 158
プローブ質問 101
プログラム評価 137, 148-151
プロセス評価 151
文献レビュー→研究レビュー
分散分析 38, 46
分析ユニット 102-104, 117
併存的妥当性 53
並列モデル 57, 59
ヘッジスの g 180
ベルガー Berger, H. 162

ベルモント・レポート 194
変数 14, 24-36, 49-60, 62-69, 172, 176, 180
　→交絡変数，質的変数，従属変数，剰余変
　　数，潜在変数，独立変数，無作為変数，
　　量的変数も参照
変動パターン 67-69
弁別的妥当性 53, 56, 64, 68
変量効果モデル 178
母集団 32, 52, 100, 172, 174, 177, 178
ボトムアップ式分析 97, 101, 105, 116,
　118
ホメオスターシス 159, 160, 166
　——の三角形 159
本観察 90

ま行

末梢神経系 157, 159
マッチング 31, 32, 45
マルチメソッド 144, 152
マルチレベル構造方程式モデル 64
ミルグラム Milgram, S. 195
無作為化 32, 45
　——実験 36
無作為抽出 31, 52
無作為変数 47
無作為割り当て 30, 36
名義尺度 51, 52
メタ分析 138, 141, 170-181
　——の7段階モデル 174
免疫系 156, 159-166
面接法 11-19, 49, 50, 72, 95, 109, 144, 146,
　151, 165
　→個別面接法，集団面接法，調査面接法，
　　臨床面接法も参照
メンバー・チェック 105, 152

や行

有意抽出 52
床効果 121
要因 32-35, 38, 42-47, 62, 64, 65, 67, 69,
　75, 101, 107, 115, 122, 138, 142, 143,
　149, 152
要因計画 32-34
　——法 32
陽電子放出断層法（PET）126, 163

予測的妥当性 53
予備観察 78, 87, 88, 92
予備調査 55, 63

ら行

ライフヒストリー 109-116
ラテン方格デザイン 29, 30
ラポール 74, 99
ランダム化比較試験 138
利益相反 194
リサーチ・クエスチョン（研究設問）50, 96,
　103, 137, 139-141, 144, 145, 174
リッカート尺度 49, 185
リフレクシブ（リフレクシビティ）118, 145,
　152
量的分析 84, 92, 101, 103, 105, 109, 114,
　148
量的変数 50, 51
量的方法 75, 76, 78, 85
臨床群 121
臨床的妥当性 152, 153
臨床面接法 95, 100, 106-108, 116, 118
倫理委員会 81, 82, 88, 89, 188, 194
倫理規程 81, 194
倫理綱領 81, 194
倫理審査委員会 195　→倫理委員会
倫理的配慮 59, 63-69, 81, 98, 110, 142, 153,
　166
レヴィン Lewin, K. 145
連関 52, 105
ロジックモデル 149-152

付　録

付録
大学及び大学院における必要な科目

○大学における必要な科目
A．心理学基礎科目
①公認心理師の職責
②心理学概論
③臨床心理学概論
④心理学研究法
⑤心理学統計法
⑥心理学実験
B．心理学発展科目
（基礎心理学）
⑦知覚・認知心理学
⑧学習・言語心理学
⑨感情・人格心理学
⑩神経・生理心理学
⑪社会・集団・家族心理学
⑫発達心理学
⑬障害者（児）心理学
⑭心理的アセスメント
⑮心理学的支援法
（実践心理学）
⑯健康・医療心理学
⑰福祉心理学
⑱教育・学校心理学
⑲司法・犯罪心理学
⑳産業・組織心理学
（心理学関連科目）
㉑人体の構造と機能及び疾病
㉒精神疾患とその治療
㉓関係行政論
C．実習演習科目
㉔心理演習
㉕心理実習（80時間以上）

○大学院における必要な科目
A．心理実践科目
①保健医療分野に関する理論と支援の展開
②福祉分野に関する理論と支援
③教育分野に関する理論と支援
④司法・犯罪分野に関する理論と支援
⑤産業・労働分野に関する理論と支援の展開
⑥心理的アセスメントに関する理論と実践
⑦心理支援に関する理論と実践
⑧家族関係・集団・地域社会における心理支援に関する理論と実践
⑨心の健康教育に関する理論と実践
B．実習科目
⑩心理実践実習（450時間以上）
※「A．心理学基礎科目」、「B．心理学発展科目」、「基礎心理学」、「実践心理学」、「心理学関連科目」の分類方法については、上記とは異なる分類の仕方もありうる。

○大学における必要な科目に含まれる事項
A．心理学基礎科目
①「公認心理師の職責」に含まれる事項
　1．公認心理師の役割
　2．公認心理師の法的義務及び倫理
　3．心理に関する支援を要する者等の安全の確保
　4．情報の適切な取扱い
　5．保健医療，福祉，教育その他の分野における公認心理師の具体的な業務
　6．自己課題発見・解決能力
　7．生涯学習への準備
　8．多職種連携及び地域連携
②「心理学概論」に含まれる事項
　1．心理学の成り立ち
　2．人の心の基本的な仕組み及び働き
③「臨床心理学概論」に含まれる事項
　1．臨床心理学の成り立ち
　2．臨床心理学の代表的な理論
④「心理学研究法」に含まれる事項
　1．心理学における実証的研究法（量的研究及び質的研究）
　2．データを用いた実証的な思考方法
　3．研究における倫理
⑤「心理学統計法」に含まれる事項
　1．心理学で用いられる統計手法
　2．統計に関する基礎的な知識
⑥「心理学実験」に含まれる事項
　1．実験の計画立案
　2．統計に関する基礎的な知識
B．心理学発展科目
（基礎心理学）
⑦「知覚・認知心理学」に含まれる事項
　1．人の感覚・知覚等の機序及びその障害
　2．人の認知・思考等の機序及びその障害
⑧「学習・言語心理学」に含まれる事項
　1．人の行動が変化する過程
　2．言語の習得における機序

⑨「感情・人格心理学」に含まれる事項
 1. 感情に関する理論及び感情喚起の機序
 2. 感情が行動に及ぼす影響
 3. 人格の概念及び形成過程
 4. 人格の類型，特性等
⑩「神経・生理心理学」に含まれる事項
 1. 脳神経系の構造及び機能
 2. 記憶，感情等の生理学的反応の機序
 3. 高次脳機能障害の概要
⑪「社会・集団・家族心理学」に含まれる事項
 1. 対人関係並びに集団における人の意識及び行動についての心の過程
 2. 人の態度及び行動
 3. 家族，集団及び文化が個人に及ぼす影響
⑫「発達心理学」に含まれる事項
 1. 認知機能の発達及び感情・社会性の発達
 2. 自己と他者の関係の在り方と心理的発達
 3. 誕生から死に至るまでの生涯における心身の発達
 4. 発達障害等非定型発達についての基礎的な知識及び考え方
 5. 高齢者の心理
⑬「障害者（児）心理学」に含まれる事項
 1. 身体障害，知的障害及び精神障害の概要
 2. 障害者（児）の心理社会的課題及び必要な支援
⑭「心理的アセスメント」に含まれる事項
 1. 心理的アセスメントの目的及び倫理
 2. 心理的アセスメントの観点及び展開
 3. 心理的アセスメントの方法（観察，面接及び心理検査）
 4. 適切な記録及び報告
⑮「心理学的支援法」に含まれる事項
 1. 代表的な心理療法並びにカウンセリングの歴史，概念，意義，適応及び限界
 2. 訪問による支援や地域支援の意義
 3. 良好な人間関係を築くためのコミュニケーションの方法
 4. プライバシーへの配慮
 5. 心理に関する支援を要する者の関係者に対する支援
 6. 心の健康教育
（実践心理学）
⑯「健康・医療心理学」に含まれる事項
 1. ストレスと心身の疾病との関係
 2. 医療現場における心理社会的課題及び必要な支援
 3. 保健活動が行われている現場における心理

社会的課題及び必要な支援
 4. 災害時等に必要な心理に関する支援
⑰「福祉心理学」に含まれる事項
 1. 福祉現場において生じる問題及びその背景
 2. 福祉現場における心理社会的課題及び必要な支援
 3. 虐待についての基本的知識
⑱「教育・学校心理学」に含まれる事項
 1. 教育現場において生じる問題及びその背景
 2. 教育現場における心理社会的課題及び必要な支援
⑲「司法・犯罪心理学」に含まれる事項
 1. 犯罪・非行，犯罪被害及び家事事件についての基本的知識
 2. 司法・犯罪分野における問題に対して必要な心理に関する支援
⑳「産業・組織心理学」に含まれる事項
 1. 職場における問題（キャリア形成に関することを含む。）に対して必要な心理に関する支援
 2. 組織における人の行動
（心理学関連科目）
㉑「人体の構造と機能及び疾病」に含まれる事項
 1. 心身機能と身体構造及びさまざまな疾病や障害
 2. がん，難病等の心理に関する支援が必要な主な疾病
㉒「精神疾患とその治療」に含まれる事項
 1. 精神疾患総論（代表的な精神疾患についての成因，症状，診断法，治療法，経過，本人や家族への支援を含む。）
 2. 向精神薬をはじめとする薬剤による心身の変化
 3. 医療機関との連携
㉓「関係行政論」に含まれる事項
 1. 保健医療分野に関係する法律，制度
 2. 福祉分野に関係する法律，制度
 3. 教育分野に関係する法律，制度
 4. 司法・犯罪分野に関係する法律，制度
 5. 産業・労働分野に関係する法律，制度
㉔「心理演習」に含まれる事項
 （略）
㉕「心理実習」に含まれる事項
 （略）

執筆者一覧

村井潤一郎（文京学院大学人間学部）＝編者
藤川　　麗（駒沢女子大学人間総合学群）＝編者

井関　龍太（いせきりゅうた：大正大学人間学部）
篠ヶ谷圭太（しのがやけいた：学習院大学文学部）
野澤　祥子（のざわさちこ：東京大学大学院教育学研究科附属発達保育実践政策学センター）
野村　晴夫（のむらはるお：大阪大学大学院人間科学研究科）
松田　　修（まつだおさむ：上智大学総合人間科学部）
滝沢　　龍（たきざわりゅう：東京大学大学院教育学研究科臨床心理学コース）
岡田　　涼（おかだりょう：香川大学教育学部）
金沢　吉展（かなざわよしのぶ：明治学院大学心理学部）

監修　野島一彦（のじまかずひこ：九州大学名誉教授・跡見学園女子大学）
　　　繁桝算男（しげますかずお：東京大学名誉教授・慶応義塾大学）

編者略歴
村井潤一郎（むらいじゅんいちろう）
東京大学教育学部卒業。
東京大学大学院教育学研究科博士後期課程修了，博士（教育学）。
文京学院大学人間学部教授。
主な著書：『はじめてのR―ごく初歩の操作から統計解析の導入まで』（北大路書房，2013），『Progress & Application 心理学研究法　第2版』（編集，サイエンス社，2021），『嘘の心理学』（編集，ナカニシヤ出版，2013），『心理学の視点―躍動する心の学問』（編集，サイエンス社，2015）ほか

藤川　麗（ふじかわうらら）
東京大学教養学部卒業。
東京大学大学院教育学研究科博士後期課程修了，博士（教育学），公認心理師，臨床心理士。
駒沢女子大学人間総合学群教授。
主な著書：『臨床心理のコラボレーション―統合的サービス構成の方法』（東京大学出版会，2007），『心理学の実践的研究法を学ぶ』（分担執筆，新曜社，2008），『学生相談必携GUIDEBOOK 大学と協働して学生を支援する』（分担執筆，金剛出版，2012），『Progress & Application 心理学研究法　第2版』（分担執筆，サイエンス社，2021）ほか

公認心理師の基礎と実践④［第4巻］
心理学研究法

2018年8月8日　第1刷
2024年4月1日　第4刷

監修者　野島一彦・繁桝算男
編　者　村井潤一郎・藤川　麗
発行人　山内俊介
発行所　遠見書房
制作協力　ちとせプレス（http://chitosepress.com）

〒181-0001 東京都三鷹市井の頭2-28-16
TEL 0422-26-6711　FAX 050-3488-3894
tomi@tomishobo.com　https://tomishobo.com
遠見書房の書店　https://tomishobo.stores.jp

印刷　太平印刷社・製本　井上製本所

ISBN978-4-86616-054-2　C3011
©Nojima, K., Shigemasu, K., & Tomishobo, Inc.　2018
Printed in Japan

※心と社会の学術出版　遠見書房の本※

遠見書房

全巻刊行！完結！

公認心理師の基礎と実践　全23巻

監修　（九州大学名誉教授）**野島一彦**・（東京大学名誉教授）**繁桝算男**

最良の実践家・研究者による公認心理師カリキュラムに沿った全23巻のテキスト・シリーズ！各2200円〜3080円

❶公認心理師の職責 ◇ 野島一彦（跡見学園女子大）／❷心理学概論 ◇ 繁桝算男（慶応義塾大）／❸臨床心理学概論 ◇ 野島一彦ほか／❹心理学研究法 ◇ 村井潤一郎（文京学院大）ほか／❺心理学統計法 ◇ 繁桝算男ほか／❻心理学実験 ◇ 山口真美（中央大）ほか／❼知覚・認知心理学 ◇ 箱田裕司（京都女子大）／❽学習・言語心理学 ◇ 楠見 孝（京都大）／❾感情・人格心理学 ◇ 杉浦義典（広島大）／❿神経・生理心理学 ◇ 梅田 聡（慶應義塾大）／⓫社会・集団・家族心理学 ◇ 竹村和久（早稲田大）／⓬発達心理学 ◇ 本郷一夫（東北大）／⓭障害者・障害児心理学 ◇ 柘植雅義（筑波大）ほか／⓮心理的アセスメント ◇ 津川律子（日本大）ほか／⓯心理学的支援法 ◇ 大山泰宏（放送大）／⓰健康・医療心理学 ◇ 丹野義彦（東京大）／⓱福祉心理学 ◇ 中島健一（愛知学院大）／⓲教育・学校心理学 ◇ 石隈利紀（東京成徳大）／⓳司法・犯罪心理学 ◇ 岡本吉生（日本女子大）／⓴産業・組織心理学 ◇ 新田泰生（神奈川大）／㉑人体の構造と機能及び疾病 ◇ 斎藤清二（立命館大）／㉒精神疾患とその治療 ◇ 加藤隆弘（九州大）ほか／㉓関係行政論 ◇ 元永拓郎（帝京大）［名前は筆頭編者，所属は刊行時］

混合研究法の手引き
トレジャーハントで学ぶ
研究デザインから論文の書き方まで
　　　　マイク・フェターズ／抱井尚子編
優れた研究論文を10のポイントを押さえて読み解くことで，混合研究法を行うためのノウハウがよく分かる。宝探し感覚で学べる入門書。2,860円，B5並

思いこみ・勘ちがい・錯誤の心理学
なぜ犠牲者のほうが非難され，完璧な計画ほどうまくいかないのか
　　　　　　　（認知心理学者）杉本　崇著
マンガをマクラに，「公正世界信念」「後知恵バイアス」「賭博者の錯誤」「反実思考」「計画の錯誤」といった誤謬の心理学が学べる入門書。1,980円，四六並

質的研究法 M-GTA 叢書 1
精神・発達・視覚障害者の就労スキルをどう開発するか——就労移行支援施設（精神・発達）および職場（視覚）での支援を探る
　　　　（筑波技術大学）竹下　浩著
就労での障害者と支援員の相互作用をM-GTA（修正版グランデッドセオリーアプローチ）で読み解く。2,420円，A5並

乳幼児虐待予防のための多機関連携のプロセス研究——産科医療機関における「気になる親子」への気づきから
　　　　（山口県立大学）唐田順子著
【質的研究法 M-GTA 叢書 2】看護職者の気づきをいかに多機関連携につなげるかをM-GTA（修正版グランデッドセオリーアプローチ）で読み解く。2,420円，A5並

価格は税込みです